HUIGUI SHIXIAO

回归实效

——企业成长管理之路

王树毅　著

知识产权出版社

全国百佳图书出版单位

图书在版编目(CIP)数据

回归实效:企业成长管理之路/王树毅著. —北京:知识产权出版社,2015.9
ISBN 978-7-5130-3600-9

Ⅰ.①回… Ⅱ.①王… Ⅲ.①企业管理－研究 Ⅳ.①F270

中国版本图书馆CIP数据核字(2015)第149434号

内容提要

本书在有效整合并创新经典管理理论的基础上,探讨企业成长规律及其管理问题,解决企业管理实践中关于管理效益与效率的困惑,以便企业能够延长生命周期、加快成长速度、提高成长质量、摆脱成长困境、减少成长风险。

本书从历史发展和时间延续的角度、由细节具体的点向整体全貌的角度、由企业自身向整个外部世界普遍性的角度,全方位剖析企业成长管理问题,适合阅读了大量管理类书籍并具有一定管理经验的管理者阅读,是企业管理者必备的案头工具书。

责任编辑:李海波   责任出版:孙婷婷

回归实效——企业成长管理之路
HUIGUI SHIXIAO——QIYE CHENGZHANG GUANLI ZHILU
王树毅 著

出版发行:	知识产权出版社 有限责任公司	网 址:	http://www.ipph.cn
电 话:	010-82004826		http://www.laichushu.com
社 址:	北京市海淀区马甸南村1号	邮 编:	100088
责编电话:	010-82000860转8582	责编邮箱:	277199578@qq.com
发行电话:	010-82000860转8101/8029	发行传真:	010-82000893/82003279
印 刷:	北京中献拓方科技发展有限公司	经 销:	各大网上书店、新华书店及相关专业书店
开 本:	720mm×1000mm 1/16	印 张:	20.25
版 次:	2015年9月第1版	印 次:	2015年9月第1次印刷
字 数:	328千字	定 价:	58.00元

ISBN 978-7-5130-3600-9

老板的苦恼

◆ 一路走来，企业已经小有成就，但为什么突然对企业开始有些力不从心的感觉？

◆ 辛苦创业多年，为什么企业还是没做大做强，还是发展得这么慢？

◆ 高薪聘请的职业经理人，具有丰富的管理知识，甚至常发表组织如何盈利的高见，还有敬业的工作态度，然而为什么最终却总是陷入无所作为的境地？

◆ 花大价钱聘请了知名咨询顾问，图表、数据、逻辑，样样十分专业，为什么看上去钱好像是打了水漂？

◆ 为什么常常有一种安徒生童话《皇帝的新装》里皇帝的感觉？

职业经理人的苦恼

◆ 在上一家公司取得了不错的成绩，为什么来到这家企业却做得如此泄气？

◆ 虽然饱读管理书籍，满腹经纶，怎么还总觉得知识和理论用不上、用不好，管理还是凭着感觉走？

◆ 为什么有关管理的书读得越多越不知所措？在一个嘈杂的管理理论世界里，各种理论层出不穷，有没有一条快速掌握并适应管理工作的捷径，让我们不再迷惑？

◆ 常常怀疑自己，真的能胜任这份工作吗？

自序　好好活着

什么叫成功？经过九死一生还能好好地活着，这才是真正的成功。

——任正非

人类从事企业经营活动的历史已有数千年，每个企业家都希望自己的企业能够做大做强，能够长盛不衰，能够持续成长。可现实常常事与愿违。很多企业是昙花一现式的"流星"企业，甚至更多的企业连昙花一现都没有过，就在无人知晓中夭折了。有的企业虽经过了迅速而轰烈的发展，却又在迅速而轰烈中砰然倒下。也有些企业尽管艰难地存活下来，却长期维持着原有的经营模式和经营规模，艰辛而平淡地经营着自己的"百年小店"。健康而长寿的企业占少数，但这种类型的企业是企业成长追求的理想。

据美国《财富》杂志报道，美国大约有62%的企业寿命不超过5年，中小企业平均寿命不到7年，大企业平均寿命不足40年，只有2%的企业存活达到50年。一般的跨国公司平均寿命为10~12年，世界1000强企业平均寿命为30年，世界500强企业平均寿命为40~42年，卓越企业平均寿命为108年。《科学投资》2003年的研究数据显示，中国中小企业平均寿命大体也就在3~4年，中国每年有近100万家企业倒闭，在5年内倒闭的占60%，10年内倒闭的占85%，中关村6000家企业存活8年以上的仅占3%。

就像人的成长生命周期一样，企业也有其必然的生命周期。也许有些自然规律和法则我们无法改变，然而这并不意味着就只能坐以待毙，任其自然发展；即使能改变的程度很有限，我们也需要努力为之。正如华为创始人任正非所说："生命总要终结的，我们现在所做的一切努力就是延长华为的寿命，不要死得那么快，更不要死得那么惨。"

成长无疑是企业共同的愿望，然而成长的目标不仅仅在于规模，成长质量是另外一个重要追求。2003年世界500强企业排第一名的沃尔玛，销售额达到2630亿美元，而与此相比，微软322亿美元的销售额就小了很多。但是微软100亿美元的利润相比沃尔玛90亿美元利润而言，高出了将近10亿美元。处于成长期的企业总希望快速长大，处于成熟期的企业总希望保持年轻和活力，这都是企业对成长质量的追求。

一个企业成长的成功或失败，归结起来无非是内因和外因两个方面互相作用的结果。外因是指自然、社会、经济、政治、技术等环境因素，这些因素有时是不可抗拒的。当这些因素影响到企业成长时，企业有时确实无可奈何，需要顺势而为。内因是指企业的文化、战略、组织管理及市场营销等管理因素。这些因素对于企业而言是可以掌握和控制的，通过对这些因素的掌控，企业在一定程度上可以决定自己的命运。

事实上，很多企业一直在试图掌控自己的命运，可是大多数企业的管理实践做得并不是很成功。社会上有大量的管理咨询顾问凭借自己片面的成功经验和理论来提供咨询服务，商学院MBA教育的教材基本都是以成熟期企业成功的案例为标准编制的。结果，由于企业在实践中没有认清企业的成长规律，不是强行将企业某一阶段的正常现象当作问题予以干涉，便是对企业某一阶段迫切需要解决的问题视而不见。这种不良实践，轻则导致企业营养不良，重则导致企业畸形病态，甚至直接葬入坟墓。

例如，新生儿没有牙齿，6岁左右会经历换牙，直到12岁多牙齿才能长全；女孩子十几岁才有初次月经，并在未来数年才逐步形成规律，再往后会有更年现象。如果我们都以正常成年人或某一阶段特征作为标准解决问题，则不仅无益于问题的解决，反而会带来灾难性的后果。

试着想一想，给新生儿装了满口假牙会造成什么后果？给一个青春期的女孩滥用了生理激素，又会是什么后果？可见，按照事物成长规律办事是十分重要的，企业管理实践亦是如此。

无论如何，我们是希望企业能够活得长一些，活得好一些。即使对于那些病入膏肓、非死不可的企业，我们也希望它们能死得更有价值、更有尊严一些，知道自己因何而死。本书的主要目的是在综合并创新经典理论基础上，通过对企业成长规律的认识，结合正确的对管理因素的掌控，使企业掌握自己的成长命运，尤其是希望能对企业的以下五个成长迷思起到抛砖引玉的作用。

- 企业如何能延长生命周期？
- 企业如何能加快成长速度？
- 企业如何能提高成长质量？
- 企业如何能摆脱成长困境？
- 企业如何能减少成长风险？

前　言

美国著名变革管理学者伊查克·爱迪思认为，管理的职能有两个，一是实现效益，二是实现效率。然而遗憾的是，在我们这个时代，有关管理的书籍和文章可谓汗牛充栋，却很少能解决管理的效益和效率问题。

管理学家哈罗德·孔茨1961年曾用"丛林"比喻当时管理理论中出现的混乱状态，并指出伴随着大量学术研究而来的是管理理论的分歧和冲突。这种理论的混乱导致了经理人对管理知识的偏颇滥用，而管理效率却并未得到很大的提高。究其原因：一是对管理认识分割，缺乏系统整合意识，每个人都只是抓了管理的一个方面却忽略了管理的其他方面；二是盲目相信片面化的所谓成功经验，追赶时髦，缺乏循证假设检验思想。正是这种认识的偏颇，造成了人们对管理理论及方法的滥用和错用，管理实践因而也就成了追求"管理时尚"的行为。

亨利·明茨伯格在《战略历程》一书中把人们对管理的认识视为"盲人摸象"，并这样批评战略管理理论的分割混沌状态："他们（学者和咨询师）像屠夫（包括我们在内）一样，为了方便自己把现实分割成块，有时只使用事物的某一部分而忽视了其余部分。就好像偷猎者掠取象牙而任大象躯体腐烂一样。"

斯坦福大学商学研究院组织行为学教授杰弗瑞·菲佛在《管理真相：事实、传言与胡扯》中写道："管理没有灵丹妙药，企业不能只追求潮流，不能不切实际地进行管理实践模仿。"例如，假设你去看医生，医生对你说："我要给你做个阑尾切除手术。"而当你问他为什么的时候，医生却回答："因为我给上个患者做过，他病情好转了。"听了这样的话，你恐怕会拔腿就跑吧？但奇怪的是，在大多数企业中，管理者宁可相信权威的观点和其他企业看似可行的措施，也不愿意进行合乎逻辑的思考。殊不知，模仿一种管理手段，"如果你说不清某一做法能够提高绩效的潜在逻辑或理论体系时，那它很可能就是一种迷信，你模仿的不过是毫不相关的东西，甚至是有害的东西。"

汤姆·彼得斯在《重新想象》一书中认为，商业世界，甚至可以说整个世界，都充斥着沉闷的东西。有些人挥舞着新奇的管理工具，有些人沉迷于大量的财务数字，有些人试图用IT解决所有问题（如ERP、CRM等），有些人则耽于逻辑严谨的分析……为此，彼得斯愤怒了，用他的话说，"我怒不可遏！"

伊查克·爱迪思认为，很多出色的理论和方法都被歪嘴和尚念歪了经，如参与管理、全面质量管理等，都因为被滥用而蒙上了失效的灰尘，使它们变成了装点门面的工具，而真正的管理精髓和实质却没有获得，结果所期望的效果最后也没有达到。

英国新锐管理学家弗里克·韦穆伦认为，管理时尚之所以能够流行开来，很大部分是人们从众行为的结果。由于从众行为的影响，"最佳管理实践"的扩散竟然像狂犬病毒的传播一样。"这种病的一个典型的症状就是患此传染病的狗口吐泡沫，它自然会努力将其甩掉，在此过程中狂犬病毒也随之甩了出去。就这样，病毒快速地扩散开来。此外，染病的狗还会无休止地游荡，将病毒扩散到更多的地方。与此相似，只要形成扩散的机制，愚蠢的管理实践同样可以快速地流行起来。"因此，韦穆伦告诫大家："下一次，当你在商业会议或讲座上，看到主讲人试图用炫目的PPT描绘他们所使用的这一新管理技术的迷人之处，而你就快要被打动的时候，请将这位先生想象成一条拖着口水的狗，然后再考虑一下你的想法。"

以上学者的言论也许有些过于激烈，甚至在观点上也有些偏激，但不可否认，所有这些并非传说。批评者所持的观点，个个铁证如山，难以辩驳。既然如此，那么我们又如何进行良好的企业管理实践呢？

明茨伯格认为"综合是管理的真正精髓"，防止企业界这种对管理理论偏颇滥用的最好办法是"综合"。而要实现有效的综合，则需要我们真正把握管理理论和工具的来龙去脉，不仅要知其然，更要知其所以然。通过综合，以形成正确的管理理论来指导实践，而不是用切割成面目全非的局限认识，来主导企业的全局。通过综合并进行循证假设检验，以选择最适宜的管理理论和方法，而不是不假思索地东施效颦。

彼得·德鲁克认为，专业化分工是一把双刃剑，专业部门像细胞一样不断分裂增长，各部门很自然地局限于各自的专业里，难以从公司整体的角度去思考和行动。这种情况下，内部协作便成为最大的问题，因此建议企业设置更多的"综合管理者"而非专业经理。明茨伯格同样认为，"那些仅仅专注于管理某一方面而忽略了其他方面的管理大师，实际上并未拓宽我们认识管理的眼界，反而使我们的理解变得狭隘了。"

针对滥用问题，杰弗瑞·菲佛认为，循证管理是解决滥用问题的最佳方案。循证管理的核心是重视实践和证据，而不能轻信直觉，不能以记忆代替思考，更不能用空谈代替行动，进而要善于以旁观者的眼光，通过小心假设检验来对待自己的组织管理实践。特别是对于那些过往已经取得了不错成就的企业，往往会在新时代被后起之秀替代，原因就在于其内部已经僵化和自满，因此对其管理实践进行模仿时，一定要循证假设检验其适用性。

目前关于管理的书籍尽管很多，但绝大多数没有以"综合"的角度来阐述管理问题，结果引发了管理理论和方法的口水战。一方面，管理"专家"们在不遗余力地推销自己的点子，正如"盲人摸象"寓言中，那些只抓住大象一个部分的人一样，他们相信自己的"实践"与判断，"事实如此，岂能有错"。另一方面，那些抓住大象另一个部分的人，又用大量的事实与证据进行无情的反驳。例如，阿德里安·伍尔德里奇编写的《企业巫医》和《管理大师》、杰弗瑞·菲佛编写的《管理真相：事实、传言与胡扯》，他们对管理理论和实践进行了毫不留情的，甚至是带血剥皮式的抨击。

正是基于上述种种现状和事实，本书试图在综合并创新经典理论基础上，从整合的角度探讨企业成长管理。为了实现整合，采用了与多数学者正好相反的方法认识成长管理。这些方法有从近及远看、从点及面看、从内及外看，通过这几种看待事物的方法实现有效的管理实践整合。

从近及远看，是从历史发展和时间延续的角度认识企业成长管理。任何思想和理论，如果一心关注于现在，割裂了历史的演化过程和发展趋势，只会造成知其然而不知其所以然，不仅对老瓶装新酒的东西浑然不知，反而胡捧乱赞。他们既不知过去，也就不会把握未来，结果在企业成长道路上，成了其他企业的盲目跟屁虫。例如，活力曲线是源自GE的最佳实践，在听了杰克·韦尔奇激情澎湃的演讲之后，福特公司前任首席执行官雅克·纳赛尔认为活力曲线无疑就是拯救福特的法宝，而没有认识到GE活力曲线之所以能有效发挥作用，是以GE公司10年打造的坦率和公开文化为基石的，其不假思索地引入优秀企业，生搬硬套，结果栽了一个大跟头。

从点及面看，是由细节具体的点向整体全貌的角度看。从自己所处的地理位置点出发，再逐步扩展开看，才能真正看清位置。看不到整体全貌，才是我们常常迷路的原因。地图的作用就是从整体上向你展示了你的位置和更远处的情况。中国人常说"只见树木不见森林"，指的就是那些只看局部不看全局的现象，没有认清楚局部与全局的客观联系，用孤立的观点看问题，结果犯了形而上学的错误。

从内及外看，是由企业自身向整个外部世界的普遍性角度看。任何事物之间都有着或多或少的联系，从本质的角度看，事物之间都可以找到共性。正如世界上所有的物体，无论如何不同，都可以用原子、质子、电子去解释。企业管理也一样，无论企业经营的范围有多大的不同，企业的管理问题有多大的差别，其实都可以归结为一些近似本质的要素来解释。而由于许多企业缺乏对这些管理问题的实质把握，结果在成长的路上，只能就事论事地解决问题，而不能把握实质，从而根除问题。

为了更好地阐述如上所述的管理方法，本书共分三部分内容。第一篇主要从宏观的角度介绍企业成长管理理论、原理及概念，特别是爱迪思博士的企业生命周期理论。如果缺乏对企业成长周期的把握，必然会造成因未能把握核心而进行不当管理，结果导致企业拔苗助长式的成长或者迟缓生长，最终导致企业的短命夭折。除生命周期理论外，本篇同时也介绍了企业成长的三大基石：基因、资源、能力。这正如生物的健康成长，任何一种主要要素的不良，都难以使其持续健康成长。

第二篇主要从中观的角度介绍企业成长四个方面系统的核心管理。企业除了在宏观层面上具有生命属性外，在中观层面上同时具有运动工具的属性。在更快、更好实现企业目标的过程中，企业需要在文化与战略、组织与运营、人力资源与学习成长、品牌与营销这四个方面的良好配合。这四个方面如同汽车的导航与方向控制系统、车架与传动系统、动力与燃料系统、车轮与轮胎系统，它们共同形成企业成长管理的中观层面内容。本篇中除了对企业成长的四个方面进行系统的核心管理介绍外，也探讨了企业管理审计系统。企业管理审计正如汽车的维护与保养一样，只有定期进行，形成体系，才能使企业管理长期维持良好运转。

第三篇主要在一些企业自身成长与外部社会普遍性问题方面进行了探讨，如企业盈利与社会责任、商业伦理、企业政治、企业变革、管理决策思维等问题。通过对这些问题的探讨，思考企业管理内容表象下面所隐藏的心智、人格、角色和动机等普遍性的实质问题。外部普适性的东西虽然可能难以为企业成长提供具体的操作方法，但它们却有助于把握实质，根除企业成长中的某些问题。

本书内容中对企业成长微观管理的问题涉及较少，甚至没有专门去关注。因为已有其他浩瀚的管理书籍和文章，足以让我们找到需要的答案，这些书籍和文章之多，甚至已使我们疲惫不堪，重复内容就不在此赘述，只是在某些方面和问题上，基于作者有不同的观点，才会在部分内容上有适度的阐述。

另外，本书只是从组织管理的角度针对企业管理学内容中"理事"部分进行了阐述，而对于从管理者个人"管人"角度部分的"领导力"内容暂不予阐述，因为后者不仅太过微观，而且对组织效率的作用目前一直具有争议。本书的目的只为提高管理的效率，而领导力只对少数人的、局部的管理效率提高有些意义，有时把握和使用不好，甚至会起到负效率；从另一种角度讲，领导力是管理手段和技术缺失情况下的应急补充。关于领导力的内容，也许我们会在以后出版书籍的话题中探讨。

为了帮助读者更好地理解和阅读此书，在本书最后增加了书籍导读部分。不论是接受还是批判，可能的话，都建议读者去阅读这些书籍。因为，一方面这些作品对本书的形成起到了重要启发作用，另一方面这些作品在某些内容阐述上比本书更为专业和精彩。

目　录

第二篇　管理聚焦

第三篇　管理探秘

第一篇
成 长 之 理

规律是物质运动过程本身所固有的、本质的必然的联系，不依人的意志创造、改变、转移或消除。不管人们是否认识或接受，它都客观地存在并起着作用。无论什么人，只要违背了客观规律，在实践中必然会遭到失败，甚至受到惩罚。

尊重规律并不意味着人们在规律面前无能为力，更不排斥人们在实践中利用规律。企业的成长过程也具有规律，我们只有在管理中尊重、理解和应用这种规律，企业才能更好地发展。企业管理实践中的许多重大失败，就是因为企业管理者未能按照事物发展的规律办事，结果出现了拔苗助长式的成长笑话，陷入了森林迷失式的成长困境。有一些管理者终日忙忙碌碌却永远无所作为，与他们未能把握企业成长规律，抓不住企业问题的核心和重点有关。

本篇主要从宏观的角度介绍企业成长管理理论、原理及概念，特别是爱迪思博士的企业生命周期理论。同时提出了企业成长的三大基石（基因、资源、能力），并将它们与企业生命周期理论进行了整合，使企业生命周期理论更具有实践意义。本篇有助于管理者把握企业成长管理的规律，并从一个较高的高度、较宽的广度、较远的跨度看清和把握企业管理的方向和重点。

第一章 成长管理概述

1.1 企业成长实质

1.1.1 企业是一个生命体

在谈"企业成长管理"这个话题前，我们首先需要弄明白的一个问题就是"企业因何而生，企业为何而存在"。也许，许多人会认为这个问题简单得可笑，而事实上，就是这么一个简单的问题，人们对它的研究竟有220多年的历史。

传统管理理论对企业本质的认识建立在企业是一部机器这样一个假设基础上。这种对企业"机械性"的理解，是工业革命的副产品之一。早在1776年，亚当·斯密就在《国富论》一书中论述了企业的本质与经济性，认为劳动分工使企业各项功能相互区别并走向专业化，进而提高了生产效率，而这正是企业产生的根本原因。此后，马克思（1867）、熊彼特（1911）、科斯（1937）、威廉姆森（1975）等，都从经济学的角度提出过对企业本质的看法。尽管他们的看法有所不同，但都是在企业机械性假设基础上，以企业追求利润最大化为目的，来讨论"企业因何而生，企业为何而存在"这个问题的。

与传统管理理论不同，现代企业管理理论对企业本质的认识是建立在把企业看作一个生命有机体这一新的假设基础上的（见图1-1）。基于这种假设，产生了企业生命周期理论、企业生态理论及其他基于企业生物体假设的企业管理理论。

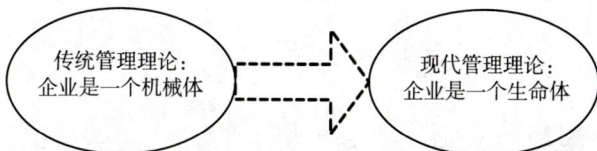

图1-1 传统管理理论与现代管理理论对企业本质的认识

关于企业生命体的看法最早可以追溯到马歇尔的经济理论。马歇尔在1890年就认为：一国的企业群体犹如一片巨大的森林，在竞争的社会中，为了获得竞争空间，一些企业会成长壮大，另一些企业则会凋零；而且由于企业自身的不断庞大，也会由于管理控制的限度，而最后衰亡。

1965年，美国学者戈登尼尔以如何防止组织的停滞与衰老为论题，系统地讨论了社会组织的生命力与生命周期问题，并首次将企业生命问题由经济学领域引入管理学的领域。

1972年，美国哈佛大学教授拉芮·格雷纳在《组织成长的演变和变革》一文中首次提出企业生命周期的概念，由此引发了人们将企业作为一个生命体看待的生命周期理论。此后，尼尔森（1982）、温特（1984）从进化论的角度研究企业，奎因（1983）、丘吉尔（1983）等人则从管理阶段与风格的角度研究企业。而1989年伊查克·爱迪思的《企业生命周期》则是这一理论的经典代表之作。企业生命周期理论认为，企业像生物有机体一样，有一个从诞生、成长、壮大、衰退直至死亡的过程，因此应从企业生存发展周期的角度，把握企业发展规律，寻求企业管理对策。

1994年，保罗·霍肯在其所著的《商业生态学：可持续发展的宣言》中，利用生态思想系统探讨了商业活动与环境问题的相互关系。企业生态理论从生物群和仿生态的角度研究企业与企业环境之间的关系，从而寻找解决企业问题的对策。之后，詹姆斯·穆尔出版了《竞争的衰亡：商业生态系统时代的领导与战略》一书，提出了"商业生态系统"的概念，架构了基于共同进化模式的企业战略全新设计思路。1998年肯·巴斯金出版了《公司DNA：来自生物的启示》一书，从生物遗传的角度研究企业。2001年罗启义出版了《企业生理学：企业活力探源》，又从生理学的角度研究企业。

这些著作都是把企业看成一个活的生命体：企业具有和一般自然生物系统相似的关系特征和生命生理特征，企业具有诸如新陈代谢、自我复制和突变功能，企业具有心智、躯体、精神等一应俱全的内容。

1.1.2 成长是生命的本质追求

生命是生物体最重要的内容，是生物体具有的生存发展的性质和能力，是生物体生长、繁殖、代谢、应激、进化、运动、行为表现出来的生存发展意识。恩格斯在《反杜林论》中曾给生命下了这样的定义：生命是蛋白体的存在形式，这个存在形式的基本因素在于和它周围外部自然界不断地新陈代谢，而且这种新陈代谢一旦停止，生命就随之停止，结果便是蛋白质的分解。而现代生物学给生命下的定义为：生命是生物体所表现出来的自身繁殖、生长发育、新陈代谢、遗传变异及对刺激产生反应等复合现象。分子生物学给生命下的定义则又为：生命是由核酸和蛋白质等物质组成的分子体系，它具有不断繁殖后代及对外界产生反应的能力。尽管这些定义在表述上有所区别，但我们不难看出它们都表达了这样一个概念：成长是生命的本质追求。

对于具有生命体的企业而言，其存在的目的是健康成长，而非片面地追求利润最大化；其存在的目的在于为客户创造价值，而非单纯地提供产品或服务。比如，许多公司已经进行工商登记注册，但这些公司中的很多却不能被称作企业。有的公司只是为了做生意，有时它们仅仅是为了一单或几单生意而开办了公司，或者其公司只不过是掩人耳目的幌子，又或者是出于其他目的或用途而已。这些公司与我们这里提到的企业概念有本质的区别。

1.1.3 企业成长与发展概念

我们在谈论事物过程时，经常用到的两个词就是"成长"和"发展"。这两个词有一定的区别与联系。成长泛指事物走向成熟的过程，简而言之，就是个体自身不断变得更好更强的过程。成长是一种渐进的量变过程，强调事物的生命体特征。而发展则是指事物由小到大、由简单到复杂、由低级到高级的变化过程。发展是一种阶段性的、质的跳跃变化过程，强调的是事物的意识、精神变化特征。

尽管成长与发展的概念和内涵不同，但二者在适用于同一事物的变化时又有一定的联系，甚至不易区分。量变积累产生质变，量变是渐变过程，质变是变革或突破过程，是阶段性过程。因此，成长的积累导致了发展的产生，发展是成长的突破和变革过程。正是成长和发展的这种交织，有时成长阶段和发展阶段在本质上很难区分，可视为一致。经济学家伊迪丝·彭罗斯在其所著的《企业成长理论》一书中认为，成长不仅可以用来指单纯数量上的增加，而且也可以引申为规模扩大或是发展过程导致质量上的提高，因此"经济成长"和"经济发展"常常可以互换使用。

这里我们强调这两个概念不是为了对"成长"和"发展"概念本身的辨析，而是为了减少因人们对这两个术语在不同场合的交织使用而影响读者对本书提到的"成长"一词的疑惑，从而统一对本书提到的"成长"一词的理解。本书中不使用"发展"一词，而一致使用"成长"及"成长阶段"来代替。

1.2 企业成长理论

1.2.1 经济学的企业成长理论

对企业成长的研究可以追溯到古典经济学家亚当·斯密1776年出版的《国富论》一书。在《国富论》中，斯密通过制针工厂的例子说明了企业生产作业中的分工提高了劳动生产效率，同时也促进了企业生产规模的扩大，而这又进一步深化了企业的分工与协作，如此循环往复，最后通过企业规模经济的获得，实现了企业的成长。而新古典经济学家马歇尔则倾向把企业的存在与发展看作一个有机过程。马歇尔在1890年出版的《经济学原理》一书中认为，随着企业规模的扩大，企业的灵活性下降，竞争力下降，使企业规模扩大的负面效应大于正面效应，最终会不利于企业成长；同时，随着企业的成长，企业家的精力和寿命都会成为企业成长的制约因素。

新制度经济学代表人物科斯在1937年发表的《企业的性质》一文中首次使用交易成本概念对企业的本质作出解释，认为企业成长就是企业边界扩大的过程，企业成长的动因在于节约交易费用[1]。威廉姆森在科斯的基础上又提出资产专用性[2]、不确定性[3]和交易频率是决定企业能否最优成长的重要因素。

熊彼特于1942年在《资本主义、社会主义与民主》一书中从创新的角度思考企业成长的内涵，认为企业成长是一个非连续的、突发的、迅猛的创造性毁灭的过程，而推动这个过程的主体就是从事创造性毁灭活动的企业家，企业的成长甚至资本主义经济的发展和经济周期都依赖于企业家的创新行为。

---

[1] 交易费用：经济学概念，是指完成一笔交易时，交易双方在买卖前后所产生的各种与此交易相关的成本。
[2] 资产专用性：经济学概念，是指用于特定用途后被锁定很难再移作他用性质的资产。
[3] 不确定性：经济学概念，指经济主体对于未来的经济状况尤其是收益与损失的分布范围及状态不能确知。

钱德勒1977年在《看得见的手——美国企业的管理革命》一书中认为，现代大型一体化工商企业的诞生是市场和技术发展的必然结果。同时，企业是行政协调对市场协调的替代，是"看得见的手"对"看不见的手"的替代。钱德勒还明确指出："在新技术和扩大了的市场能经由生产和分配过程以空前的速度提供产品和服务时，管理上有形的手就取代了市场力量无形的手。"从钱德勒的理论以后，对于企业成长的研究由经济学的角度转向了对管理学的研究。

1.2.2 企业成长动力理论

英国约翰霍普金斯大学教授彭罗斯在1959年出版的《企业成长理论》一书中提出了企业成长的概念，并认为企业成长主要取决于企业能否更为有效地利用现有的资源。彭罗斯注意到，由于资源的不可分割性、资源间的不平衡性及理性和能力的有限性原因，企业总是存在着未被利用的资源，而对未被充分利用的企业资源的继续利用是企业成长的原因。她批评了传统"规模经济论"单纯从物质资源的一定时点及从经济、数量纯生产角度来把握企业成长的研究方法，主张应将企业成长视为一个不断地挖掘未利用资源的无限动态变化的经营管理过程。彭罗斯认为管理资源是企业成长的源泉，突破管理服务供给的限制、释放管理能力对企业成长有着显著的意义。继彭罗斯资源理论之后，现代企业资源观之父巴尼在1991年发表了《企业资源与可持续竞争优势》一文，并认为在公司之间可能存在着一种异质或差异，正是这些差异使一部分公司保持着竞争优势。彭罗斯和巴尼理论的共同之处在于以企业资源的视角研究企业的成长。

除了企业资源理论外，汉默和普拉哈拉德于1990年发表了《企业核心能力》一文，提出了企业核心能力的概念。他们认为，企业的竞争优势来自企业配置、开发与资源保护的能力，决定企业竞争优势的能力是企业多方面资源、技术和不同技能的有机组合，而不是单纯的企业资源。企业核心能力提出之后，有关的研究逐渐成为管理理论界的热点之一，不同的研究者分别从不同角度对核心能力概念和理论进行了探讨。但一致的观点是：企业核心能力是企业竞争优势的来源，是企业成长的动力。

随着核心能力理论的快速发展，20世纪80年代初期，迈克尔·波特基于产业组织理论的战略管理理论提出后，核心能力的一些局限性也浮现出来，能力理论遇到前所未有的自身发展障碍，因为核心能力理论不能解释动态市场上企业如何获取竞争优势及为什么某些企业具有持续竞争优势。基于这种情况，福斯（Foss）认为传统的能力理论是以静态的环境分析为基础的，因而缺乏对资源或能力产生过程的分析。由于企业所处环境的动态变化，对企业来说，某一时点形成的核心能力不一定能长期维持。为此，替斯（Teece）、皮萨诺（Pisano）和苏安（Shuen）于1997年提出了"动态能力"的概念，并建立了一个动态能力分析的框架，探寻在动态环境下企业成长的源泉。

尽管能力理论和资源理论看上去有些不同，但事实上，无论是能力理论还是资源理论都强调企业的能力来源于企业的独特资源。作为企业独特资源而言应该具备价值性、稀缺性、不可完全模仿性和不可完全替代性的特征。而企业所拥有的知识则是最难以模仿和交易的，并且满足以上四个特征，于是学者们将这种独特资源的思考转向了企业知识的方向。佐罗和温特于1999年从组织知识演化的角度将企业动态能力定义为："动态能力是一种集体的学习方式，通过动态能力，企业能够系统地产生和修改其经营性惯例，从而提高企业的效率。"在知识经济时代背景下，企业所有的资源中，知识无疑是最具战略性的资源和资产，由此知识观的企业成长理论产生了。

继知识成长理论之后，有学者认为，早期管理学视角的企业成长理论几乎不考虑外部环境对企业成长绩效的影响，这种"封闭系统模式"可能不能解释所有的企业成长现象。古拉提（Gulati）和莱特尔（Letter）（2005）认为无论构建什么样的组织，无论组织属于什么产业，无论组织处于什么样的竞争环境，有一个确定的事实是，组织必然建立在与环境的关系中。后来，学者韦克伦德（Wiklund）、帕泽尔特（Patzelt）和谢菲尔德（Shepherd）把环境关系资源概括到了企业成长理论模型中，于是又产生了基于社会关系的成长动力理论。该理论认为企业所嵌入的环境中的关系也是企业的资产，而且是一种宝贵的资产。正如韦恩·贝克所言，"知识就是财富"，但是"关系更是财富"，如何建立社会关系网络、开发"社会资本"是企业成功的关键要素之一。

鲍威尔（Powell）等指出，组织与组织之间或组织与其他利益相关者之间发生着许许多多非金钱交易的关系。正如德鲁克在《未来的组织》一书的引言中指出："组织并不仅仅是实现经济功能，组织最主要的是社会性的、人文性的。"贝特（Burt）认为关系可能是横向的，如相互竞争的企业管理者之间的对话，不同企业研究人员的资源共享，同一产业内企业间的董事"互锁"；关系也可能是纵向的，如营销人员与客户代表间的友谊，生产商与做散工者的长期关系等。这些许多的关系联结都"嵌入"于各种形式的关系中。也有学者发现企业在关系网络中的位置与企业的政治影响呈正相关关系，与战略联盟构建呈正相关关系，与组织学习呈正相关关系，与创新呈正相关关系，这些都有助于提高企业绩效，促进企业成长。朱晓霞与彭正龙（2009）提出，企业成长从本质上说，是获取资源及整合内外部资源能力的提高，企业家社会关系的显性支持与隐性支持将有助于企业的成长。

尽管关系成长理论将企业成长向社会学方向关注，但其具有很大的局限性和片面性。而结合企业社会关系学的企业成长理论则是组织生态成长理论。组织生态学是在组织种群生态理论基础上发展起来的一门新兴交叉学科。它借鉴生物学、生态学、社会学等学科的知识，结合新制度经济学和产业经济学等学科的理论来研究组织个体的发展及组织之间、组织与环境之间的相互关系，经过20多年的发展，组织生态学已成为组织理论的一个重要分支。组织生态成长理论主要有两种模式：一种是企业集群成长，另一种是企业竞争成长。企业集群观认为，相互依赖或竞争的企业之间可以通过合作，共同抵御危机和扩张市场，从而实现成长。企业竞争成长观认为，企业之间为了争夺生态位而激烈竞争，通过优胜劣汰方式实现成长。

综观整个企业成长理论的发展脉络，共经历了三个阶段，即从经济学到管理学，再到社会经济学的发展。在这三个发展阶段中，一些典型理论、代表人物、主要观点见表1-1。

表1-1　企业成长理论发展

理论范畴		代表人物	主要观点	企业成长驱动力
经济学	古典经济学与新古典经济学	亚当·斯密（1776）马歇尔（1890）	古典经济学的企业成长主要是指扩大产量，认为企业成长的动因是对规模经济、范围经济和多元经济的追求	分工和企业内部能力
	新制度经济学	科斯（1937）威廉姆森（1964）	企业成长就是企业边界扩大的过程，企业成长的动因在于节约市场交易费用	资产专用性、不确定性和交易效率

续表

理论范畴		代表人物	主要观点	企业成长驱动力
管理学	企业资源观	彭罗斯（1955）巴尼（1986）	企业成长必须以一定的内部资源为条件，尤其是要拥有其他企业所缺乏的并具有战略性意义的独特资源	独特资源
	企业能力观	汉默、普拉哈拉德（1990）	企业核心能力是企业竞争优势的来源，是企业成长的一种动力源泉	核心能力
	动态能力观	替斯、皮萨诺、苏安（1997）	企业能力理论不仅要从深层认识到企业成长的根源，而且要认识到为适应不断变化的市场环境，企业必须不断地更新自身能力，发展新的能力	企业整合、构建及重塑企业内外能力以适应快速变化的环境的能力
	知识的企业成长理论	佐罗、温特（1999）	动态能力是一种集体学习活动模式，企业通过它系统地完善旧经营性惯例，创造新惯例，从而提高企业效率	原有组织惯例与动态能力
		巴顿（1995）刘冀生（2002）	企业的核心能力是一个动态的知识系统	组织知识
社会经济学	新经济社会学	古拉提、莱特尔（2000后）	网络关系与企业绩效间有正相关关系，以及网络关系与企业存活间有正相关关系	战略联盟构建、组织学习、创新
		汉南、弗里曼（1997）波特（1980）	企业之间存在着相互关系，这种关系对企业具有重要意义	生态的争夺或相互依赖

1.2.3 企业成长阶段理论

企业成长阶段理论是把企业成长发展看作一种由若干阶段组成的过程，研究该过程中各个阶段的特征与问题，研究在不同阶段中影响企业成长的关键因素。企业成长阶段理论研究始于20世纪50年代，发展至今已有20多种阶段模式并形成了多种学派，但最具影响力的是伊查克·爱迪思的生命成长阶段理论。成长阶段模型尤其是基于生命成长阶段的模型特别受大家欢迎，原因在于它能够预测企业成长阶段的问题和特征，可以帮助管理人员拨开迷雾，清楚地了解企业成长的过程，使管理人员知道企业各阶段管理的重点和特点。

马森·海尔瑞（1959）是最先提出可以用生物学中的"生命周期"观点来看待企业的学者，他认为企业的发展也应符合生物学中的成长曲线。在此基础上，海尔瑞进一步提出企业发展过程中会出现停滞、消亡等现象，并指出导致这些现象出现的原因是企业在管理上的不足，即一个企业在管理上的局限性可能成为其发展的障碍。哥德纳（1965）指出，企业和人及其他生物一样，也有一个生命周期。但与生物学中的生命周期相比，企业的生命周期有其特殊性，主要表现在：第一，企业的发展具有不可预期性。一个企业由年轻迈向年老可能会经历20~30年时间，也可能会经历好几个世纪的时间。第二，企业的发展过程中可能会出现一个既不明显上升也不明显下降的停滞阶段，这是生物生命周期所没有的。第三，企业的消亡也并非不可避免，企业完全可以通过变革实现再生，从而开始一个新的生命周期。

此后，斯坦梅茨（1969）系统地研究了企业成长过程，发现企业成长过程呈S形曲线。根据S形曲线企业成长阶段一般可划分为直接控制、指挥管理、间接控制及部门化组织四个阶段。海尔瑞及斯坦梅茨关于企业成长阶段的研究是企业成长阶段论的理论雏形。

邱吉尔和刘易斯（1983）从企业规模和管理因素两个维度描述了企业各个发展阶段的特征，提出了一个五阶段成长模型，即企业生命周期包括创立阶段、生存阶段、发展阶段、起飞阶段和成熟阶段。

格雷纳（1972）认为组织的变化分为演进和变革两种形式，企业组织就是通过演进和变革的交替在向前发展。在格雷纳看来，当企业成长到一定的阶段，就会遇到某种危机，但如果企业能够克服这种危机的障碍，就会进入一个新的发展阶段。根据格雷纳的划分，可将企业成长阶段划分为因创意而成长阶段、因指导而成长阶段、因授权而成长阶段、因协调而成长阶段和因合作而成长阶段。

伊查克·爱迪思可以算是企业生命周期理论中最有代表性的人物之一。他在《企业生命周期》一书中，把企业成长过程分为孕育期、婴儿期、学步期、青春期、盛年期、稳定期、贵族期、官僚初期、官僚期及死亡期共十个阶段（见图1-2）。爱迪思认为企业成长的每个阶段都可以通过灵活性和可控性两个指标来体现：当企业初建或年轻时，充满灵活性，作出变革相对容易，但可控性较差，行为难以预测；当企业进入老化期，企业对行为的控制力较强，但缺乏灵活性，直到最终走向死亡（见图1-3）。

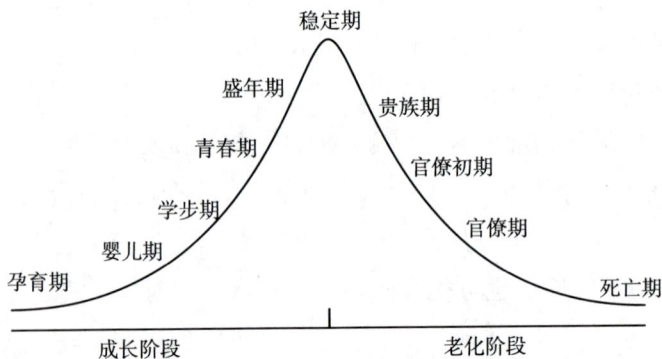

图1-2 爱迪思的企业生命周期阶段划分

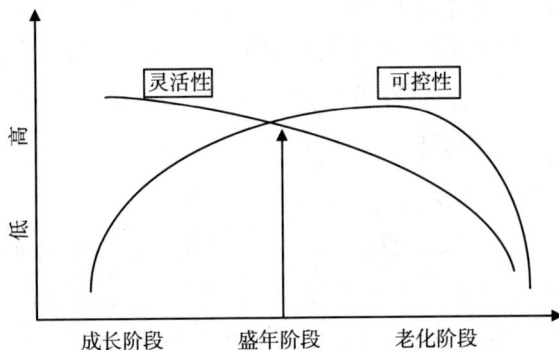

图1-3 企业成长过程中的灵活性与可控性变化

在西方学者对企业生命周期研究的基础上，我国学者对此又进行了修正和改进，主要代表人物有陈佳贵和李业。陈佳贵（1995）对企业生命周期进行了重新划分，他将企业生命周期分为孕育期、求生存期、高速发展期、成熟期、衰退期和蜕变期。这不同于以往以衰退期为结束企业生命周期的研究，而是在企业衰退期后加入了蜕变期，这个关键阶段对企业可持续发展具有重要意义。李业（2000）在此基础上又提出了企业生命周期的修正模型，他不同于陈佳贵将企业规模大小作为企业生命周期模型的变量，而是将销售额作为变量。以销售额作为纵坐标，其原因在于销售额反映了企业的产品和服务在市场上实现的价值，销售额的增加也必须以企业生产经营规模的扩大和竞争力的增强为支持，它基本上能反映企业成长的状况。他指出企业生命的各阶段均应以企业生命过程中的不同状态来界定。因此，他将企业生命周期依次分为孕育期、初生期、发展期、成熟期和衰退期。

到目前为止，尽管学者们对企业成长阶段理论的研究和探索的脚步从来都没有停止过，但这些理论尚无法对爱迪思的企业生命周期阶段理论造成破坏性冲击。

1.3 企业成长管理的意义

1.3.1 延长企业生命周期

延长生命周期是企业的最基本需求。企业生命如同人的生命，首要的需求就是活着。每个人自生下来都不希望夭折，而且尽可能要生存、长寿。尽管人们的劳动还有其他的追求和意义，但不可否认，生存和长寿是最基本的需求。企业亦然，把企业家作为个人需求和企业需求剥离开来之后，企业的最基本需求就是生存和长寿。

这里我们一定要将企业家作为个人的需求和企业的需求剥离开来看待，因为尽管企业家对企业具有绝对的控制权，包括可以决定一个企业的生死存亡，但企业家的需求和利益在某种程度上并非与企业的需求和利益完全一致。企业家经常可能为了实现自己的控制欲而亲手把企业毁灭，企业家可能为了自己的利益而抽干了企业的血液。企业要完成"从企业家的企业，到企业的企业家"转型。

企业生命周期研究和实践者爱迪思在为企业进行管理咨询服务时，在讨论会的领导核心位置上常常摆上一把空椅子，那个座位不是留给董事长的，也不是留给CEO的，那把椅子上永远坐着一个不会说话、看不见真面貌的"主人"，它就是"企业"，我们在进行企业重大决策时要考虑和尊重"企业"这个"当事人"的意见（见图1-4），站在它的立场上思考问题，而它的首要需求就是生存和长寿。

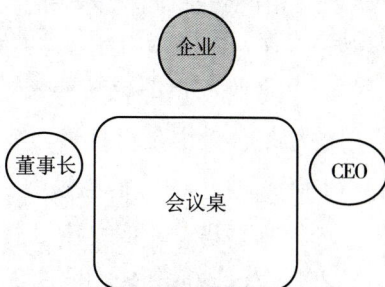

图1-4　企业重大决策会议座位安排

然而遗憾的是，很多企业是昙花一现式的"流星"企业，甚至更多的企业连昙花都没有现过，就在无人知晓中夭折了。据美国《财富》杂志报道，美国大约62%的企业寿命不超过5年，只有2%的企业存活达到50年，中小企业平均寿命不到7年，大企业平均寿命不足40年；一般的跨国公司平均寿命为10~12年，世界1000强企业平均寿命为30年，世界500强企业平均寿命为40~42年。而根据《科学投资》2003年的研究数据，中国中小企业平均寿命大体也就在3~4年，中国每年有近100万家企业倒闭。

就像人的成长生命周期一样，企业也有其必然的生命周期。也许有些自然规律和法则我们是无法改变的，即使能改变也是很有限的，然而这并不意味着我们就坐以待毙，任其自然发展。人不能抗拒衰老和死亡，但可以延缓衰老和延长生命。通过医学技术的应用，通过物质生活条件的改善，人的平均寿命可以不断提高。在欧洲资本主义兴起以前，世界各地区的人口平均寿命都很短。到18世纪，欧洲资本主义迅速发展，人们物质生活条件有所改善，欧洲人口的平均寿命开始有了显著的提高。到19世纪中叶，欧洲的平均寿命超过了40岁。到20世纪末，发达地区人口的男女平均预期寿命分别达到71.1岁和78.7岁，男女平均预期寿命最高的日本已分别达到76.8岁和82.9岁。

对于企业而言，也可以通过合理的成长管理延长企业的生命周期，提高企业寿命。统计研究的结果表明，美国中小企业的平均寿命不到7年，大企业的平均寿命不超过40年。欧洲和日本企业的平均寿命为12.5年。跨国公司的平均寿命为40~50年。我国中小企业的平均寿命则为2.9年，企业集团的平均寿命为7~8年。企业这种寿命的差距说明，企业寿命是可以延长的，只要我们把握企业成长规律，采取适当和合理的管理手段，企业生命完全可以得到延长。

一个企业成长的成功或失败，归结起来无非是内因和外因两个方面互相作用的结果。外因是指自然、社会、经济、政治、技术等环境因素，这些因素有时是不可抗拒的，而当这些因素影响到企业成长时，有时企业确实无可奈何。内因则是指企业的文化、战略、组织管理及市场营销等管理因素，这些因素是企业可以掌握和控制的，通过对这些因素的掌控，企业可以在一定程度上决定自己的命运。正如华为创始人任正非所说的："生命总要终结的，我们现在所做的一切努力就是延长华为的寿命，不要死得那么快，更不要死得那么惨。""华为的最低战略是：活下去。"

1.3.2 加快企业成长速度

毋庸置疑，企业不仅追求长寿，而且要追求速度。在当今处处充满竞争的社会中，成长速度落后于竞争对手就意味着失败和风险。企业成长速度低于竞争对手，企业的生命就会受到挑战。低于竞争对手的成长速度就意味着竞争对手挤占了自己的生存空间。当今企业发展犹如"逆水行舟，不进则退"，企业不能脱离竞争对手而生存在一个真空中，企业不可能独善其身而不去关注成长速度。

在地球上目前濒临灭绝的树种多数是生长缓慢的树种。例如，红豆杉是世界上公认的濒临灭绝的天然珍稀树种，这种树在自然条件下生长速度缓慢，再生能力很差。由于生长速度缓慢，在物竞天择的自然丛林法则中，红豆杉周围的其他快速生长树种在有限的生存空间中获得了更多份额的阳光、营养，结果将红豆杉的生存空间挤压得越来越小，最后红豆杉渐渐从丛林竞争中消失。企业之间的竞争亦是如此。

在实践中，人们通常用营业收入增长率这一单一指标来衡量企业的增长速度。这里首先需要指出的是，企业增长速度不等于企业成长速度，然而作为一个综合概念的企业成长速度，目前还没有一个切实可行的评价指标，因此我们也只能用这个并不完善的指标来参考性地衡量企业的成长速度。美国学者厄维克·弗莱姆兹认为：企业低于15%的年增长速度可以看作正常增长；15%~25%的增长速度看作快速增长；25%~50%的增长速度则是高速增长；50%~100%的增长速度是超速增长；而超过100%的速度增长则是光速增长。因此，对于任何行业的企业而言，至少保持15%的年增长速度是企业成长的最基本要求。而且，在保证这个基本要求基础上，企业应该与同行业相应的竞争对手进行比较，不低于竞争对手的增长速度才更具有参考价值。

齐蒂克有这样一段描述："在亚洲的每一天早晨，一只鹿醒了。它知道它必须比最快的老虎跑得还要快，否则，它必死无疑。在亚洲的每一天早晨，一只老虎醒了。它知道它必须比最慢的鹿跑得更快，否则，它必然饿死。无论你是鹿，还是老虎，都无关紧要——当太阳升起来的时候，你必须跑得更快。"在竞争日趋激烈的今天，企业的成长速度的竞争亦是如此。

1.3.3 提高企业成长质量

成长无疑是企业共同的命题，然而成长的目标，不仅仅在于企业的规模或者是营业收入的增长率。利润或者投资回报率也是企业成长的重要指标。例如，2011年宝钢集团实现营业收入3133亿元，实现利润总额仅187亿元；相比之下，巴西淡水河谷公司全年营业收入仅为603.89亿美元，而净利润却高达228.85亿美元。除了宝钢经受这种痛苦的煎熬外，其中还不乏大批亏损者，更多的企业正经受赔本赚吆喝的痛苦折磨。2011年苹果公司营业收入282.7亿美元，利润高达66.2亿美元，相比之下诺基亚营业收入386.59亿欧元，亏损10.73亿欧元。2003年世界500强排名第一的沃尔玛，销售额达到2630亿美元，与此相比，微软322亿美元的销售额就小了很多，但是微软的利润却达到了100亿美元，高出沃尔玛将近10亿美元。

除了利润或者投资回报率，企业成长过程中的其他品质也是值得关注的。比如，企业本身价值的增长、企业对社会产生的价值、企业内部管理机制的协调与健康、企业的增长方式、资产比例、企业的灵活性、企业活力、企业知识与能力的积累、企业分配制度、企业短期收益与长期收益的协调。

归根到底，企业的成长质量取决于企业对企业自身、内外部客户和社会所创造的价值高低。对企业自身而言，企业要有足够的利润满足企业自身的运营和发展。对于企业内外部客户而言，企业要满足利益相关者合理的需求，为他们带来更多的价值。对于社会而言，企业要提升效益，促进社会的进步与发展。

韦尔奇的GE时代[1]

GE历代CEO中，以上一任CEO杰克·韦尔奇最为突出，我想用"国土无双"来形容韦尔奇也不为过。韦尔奇从1981年开始执掌GE的20年中，把GE从全球十几名的公司，发展成全世界最盈利、市值最高的公司。1981年，GE的营业额为250亿美元，2000年达到1300亿美元，纯利润超过100亿美元。GE的市值从1981年的140亿美元达到5000亿美元，全世界只有微软的市值在瞬间里超过5000亿美元。在韦尔奇担任CEO的20年里，GE每年给股东带来的投资回报超

[1] 参见 吴军. 浪潮之巅[M]. 北京:电子工业出版社,2011:221-223.

过20%，接近巴菲特的波克夏·哈萨韦的水平。到韦尔奇退休时，GE旗下有9个单独的部门，如果作为独立的公司，都有资格入选财富500强。

1960年，25岁的韦尔奇从伊利诺斯大学获得博士学位后，就进入GE从事技术工作。11年后，他成为GE最年轻的部门总经理，又过了10年，他成为GE历史上最年轻的CEO，那一年他刚过45岁。在GE工作了20年后，韦尔奇对GE这个百年老店的优势和问题看得一清二楚。和很多历史悠久的跨国公司一样，GE在管理上官僚作风严重，在业务上保守，在分配上平均主义。在整个20世纪70年代，GE没有什么发展，人数却年年增加。到80年代初，GE的员工数达41万之多，但是它只在传统的供电、发动机和照明领域还保持着原有的优势，其他部门都差强人意。

韦尔奇上任后提出了变革的口号。首先，在人事上，它将高管的人数裁减了一半，同时裁掉了10%表现最差的经理。GE以前级别森严，上下级沟通渠道不畅，韦尔奇为了改变这种风气，有时很不"职业地"越级了解情况或者传递自己的想法。韦尔奇后来在自己的回忆录中认为，他这种不守规矩的做法是他给GE带来的最大价值。像GE这样"传统"的公司，以前只有高管们有股票期权，而一般员工是没有股票期权的，韦尔奇改变了这个规矩，将期权的范围扩大到1/3的员工。在接下来的5年里，韦尔奇裁掉了8万雇员，并且通过出售一些部门又减少了3万雇员，到1985年，GE只剩下30万人。

在GE的业务发展方向上，韦尔奇作了重大的调整，他大刀阔斧地出售了很多部门，并且进行了大量的并购。1986年，GE回收了RCA全部的股份，从而将NBC变成自己的独资子公司，并且在电视和娱乐业占领了制高点。

韦尔奇在GE的CEO生涯中，另一个大手笔就是大力推动金融资本与制造业相结合，在不到10年里，将GE的金融业务扩展到全世界。今天，GE商业银行在全球50多个国家有分支机构。今天的GE基本上保留了韦尔奇留下的布局，经过业务重组GE成为最具有活力的公司之一。

韦尔奇不断地淘汰前景不好的商业部门，不断地融入新兴的产业部门，经过20年时间，终于成功地将GE从传统的工业公司打造成集高科技、高附加值服务、金融和娱乐于一体的航空母舰。

韦尔奇不仅留给了GE一笔丰厚的财富，包括在全球庞大的资产、价值几百亿美元的GE品牌（注释：GE的品牌今天值520亿美元）和管理之道，而且长期培养出众多工业界领袖。由于GE的每一个部门都堪比一个财富500强的公司，并且很多部门之间并没有太大的联系，如GE工业部门和它的NBC就没有什么关联，因此，GE为每个部门设立了一个独立的CEO（相当于政府的省长）。韦尔奇从这些人里面提拔和培养他的接班人，其中最著名的是三个候选接班人Jeff Immelt、Jim McNerney和Nardelli。韦尔奇在他任GEO的最后几年里，非常注意培养和考验他们三个人。但是，GE最终的CEO只能有一个，而Immelt在竞争中胜出了。McNerney随后去了3M公司担任CEO，几年后他担任了波音公司的CEO，扭转了波音对空中客车的颓势。另一位候选人Nardelli离开GE后担任了美国最大的建材公司Home Depot的CEO，五年里将Home Depot的营业额和利润翻了一番。

后韦尔奇时代的GE，每年仍在持续高速发展，而且发展速度是美国GDP增长速度的三倍。从2003年到2007年，GE仍保持每年14%的营业额增长和16%的盈利增长。

GE虽然庞大，但是从来不缺乏创新。它的创新早已经不是在一两个技术和一两种产品上了，而是行业的创新，它在历次技术革命中都没有落伍。作为发明电灯并且最早利用电的公司，它是电气时代的先锋，而后它又掀起了无线电和电视的浪潮。在近20年全球信息化浪潮中，它没有参与计算机技术的竞争，而是另辟蹊径在医疗仪器方面开创出一片新领域。近几年来，随着世界对全球变暖的关注，核能和可再生能源（风能和太阳能）将取代一些传统化石燃料（原油、煤炭和天然气）的趋势越来越明显，而GE早已在这两方面取得了领先。当金融危机过去后，GE仍将是世界上最强大、最富有竞争力的公司。

1.3.4 摆脱成长困境

"家家有本难念的经"，对于任何一个企业在任何发展阶段都会遇到这样那样的问题和困惑。处于成长期的企业总希望长大，处于成熟期的企业总希望保持年轻和活力。企业成长的困境是如此之多，我们甚至几乎无法完全罗列。即使是中国首屈一指的华为也有成长的困境，如2012年，就有网友揭示了华为十大内耗问题，深刻揭示了华为成长中组织设计、组织协调、绩效考核、官僚主义、马屁文化、教条主义、夜郎自大等成长中的困境。而此后，田涛和吴春波所著《下一个倒下的会不会是华为》更是引起了大家的反思。关于华为的反思，也是今天发展到一定规模的中国民营企业应该共同思考的问题。

同样，新东方也不例外。2013年俞敏洪在继发表《在改变的时代改变自己》之后，又发表了"闭嘴宣言"，之所以发表"闭嘴宣言"，是由于新东方的发展面临困境，因此俞敏洪表示将不再到处游历演讲，而要静下心来好好思考新东方如何摆脱困境的问题。据悉，2012年，新东方新开了200多间学校，极速扩张导致员工人数激增40%，这让新东方的运营成本和管理模式遭到了严峻挑战，仅从2010年下半年到2012年上半年，新东方就亏了4亿元；同时在在线教育上，新东方也不算是做得最好的，新东方的互联网之路走得磕磕绊绊。俞敏洪承认，新东方的互联网战略并不清晰，在很大程度上是摸着石头过河，"因为新东方没有互联网基因，思维方式传统，所以必然会碰上各种思维和现实障碍"。在地面教育时代，新东方是当仁不让的霸主，而在移动互联时代，缺乏互联网基因的它本身无力兴起潮流，只能顺势而动。俞敏洪在《在改变的时代改变自己》的讲话中表达了这些困惑。

在改变的时代改变自己[1]

我们面临一个变革的时代。我有一个比喻，本来你想娶一个女人好好过一辈子，结果娶回家被窝还没有热，这个女人可能就被别人抢走了。在这个时代，任何控制和权威都失去了意义。权威和控制权被消减其实是件特别好的事情，因为在权威和控制的社会里，创新和发展是扯淡。我喜欢微信，不是因为它好用，而是它消减了移动、联通和中国电信三大运营商，让它们失去垄断市场，让中国人民一年省下接近千亿元费用。

在这样的一个时代，个人英雄主义重新来临，任何一个个人英雄都有可能出头露面。原来不管你多么英雄，都要权威点头才能露出水面；今天任何人只要有才能，都能找到露面的机会。这五年来，创新和创业人士的不断涌现，是社会更加宽容和灵活的一个显现。移动和互联网的发展，带来了整个社会对创新能力的宽容，对创新能力的支持，让大家有了发现自己的机会，这是特别让

---

❶ 参见 俞敏洪. 在改变的时代改变自己. [EB/OL].(2013–11–20) http://www.xdf.cn/info/201311/9802998.html.

人欣慰的事情。

面对这样的时代，生生死死变成了常态，这个时代经济会不断发展，个人成功会不断涌现，但是个人失败也会加快步伐。有太多人可能冒出来，他们比你更厉害，有太多人比你更加知道如何应用移动互联网等新技术。面对这样的时代，只有两种人：一种人想办法集中自己所有资源，灵活变革，才能继续保持江湖地位；另一种人束手无策，则必须随时做好江湖地位被他人取代的准备。宁可死在改革的路上，也不死在成功的基因里。

失败，不是因为你作出了错误的商业决策。今天，不管你作出多么正确的商业政策，都有可能死掉。因为你计划变革的基因不在原来成功的基因里。原来新东方成功靠个人努力、个人讲课能力、个人辛辛苦苦勤奋的能力，但是今天这种能力没法跟互联网、移动技术相结合。未来想让新东方更加成功，就必须更换我本人的基因，同时更换整个新东方发展基因。原来成功的基因面对新的时代已经不再是新的成功的保障，甚至变成障碍，更换基因这个坎过不去，基本上就要死。

诺基亚是先例，触屏技术是诺基亚第一个发现的，比苹果早很多，但为什么智能手机没从诺基亚出来？因为这与原来的团队基因相抵抗，当整个团队熟悉原有运作系统，并且可以靠原来那一套拿着很多钱过得很舒服时，你让他们改变非常难。

改变有两点：第一，让人重新动脑子。动脑子不是想吃什么饭，穿什么衣，而是变革自己和变革自己做的事情，新的做法，革自己的命，试问，有多少人在重新动脑子？人的惯性思维是非常严重的。第二，就算意识到重新动脑子后，行为上能不能改变？这也不太容易。举个例子，我有一个下属非常能干，但是说话总是伤人，我不断跟他谈，他也真动脑子想了，以后绝对不伤人，每次伤人自抽耳光，但是行为惯性经常控制不了，脸都快打青了还改不过来。就算个人行为能改过来，当你还有一个团队时，你能不能把团队思维改过来，这依然是件难事。整体的改革必须靠绝大多数人接受才能够成功。

我的亲身体会：一是改变自己惯性思维非常难；二是意识到不得不变后，行为没有跟上思想变，思想往右，行为往左；三是如果我们的思想和行为一致了，怎么动员团队跟我们一起走？这个过程中，你可能失去了很多机会，眼看着一批批新生代把你超过去。诺基亚就是这样被超过去的，苹果将来也会这样。苏宁电器也在面对这个挑战，所以张近东下决心一定要改，苏宁易购不赚钱，改可能是死路，但不改也一定是死路。所以我现在做好了准备，宁可在改革的路上死掉，也不愿死在原来成功的基因里。

前天，新东方在人民大会堂召开20周年庆典。所有人在庆祝感慨新东方20年不容易时，只有我一个人陷入焦虑和痛苦之中，因为我知道未来20年新东方不好走，过去的成功跟未来的成功没有任何关系。所以当天晚上，我就把新东方150个重要管理干部拉到北京郊区，封闭思考，讨论未来20年发展步骤，重建新的商业模式。

到昨天为止，百度、阿里、腾讯全部上了教育平台，三家公司创始人都是我的朋友，却豪不犹豫地冲进了我的领域，他们很不地道，也不和我商量一下，我从来不对朋友做这样的事情，但这就是商业。只要看到有机会就去抢，恰恰在抢的过程中新的模式出来了，在你死我活中间这个社会就进步了。所以，我不反对这个东西。

下一步我也去抢。新东方培训教育到底是面授教育还是线上教育，地面体验还是线上便捷，未来发展趋势是什么，我和我的团队必须认真思考。方向稍微一错几个亿就下去了，回都回不来。而且我背后有三万人的团队，如果我愿意走，那三万人愿意跟我一起去吗？这可能意味着一半人会失业。社会在不断提出新的要求，不变不行，所以遇到再大的困难也需要不断改变自己。

这个世界不断在变，但有些东西你不能变。做一件事时，你必须要考虑是否热爱这件事。我从来没有发现一个人做一件事情就是为了赚钱，最后还能够做得特别成功的。你做的事情一定要从心底认可，有信念的人面对失败和挫折时不会太容易放弃。

我给自己赋予两个使命：第一，必须为中国教育做点事情，这是我一贯的使命，我从来没有说对中国房地产做点事情，中国不需要再多一个房地产商。我对自己定位非常简单，这一生下来，如果给我下个定论，我唯一的希望是教育工作者，我是一个老师。第二，我深刻意识到中国社会变革只有一种力量，这种力量不是老师，不是知识分子，也不是政府官员，这个力量是中国商业的力量。商业背后是一切人类愿意接受的原则，不要一想到商业，就想到互相欺诈、互相骗钱，会有这样的情况，但更多的是创造价值。只有中国创业家、企业家越来越多，中国社会才能真正转型。像我这样的人必须为中国商业发展做点贡献，让社会有契约精神，消除特权、平等透明、公平竞争。

我来创业家讲课，是因为这里面的创业者需要各种鼓励，我不懂商业模式，但是我可以鼓励大家热血沸腾一次，让你最后丢了钱也挺开心。在这里我建议大家有几个心态：

第一，不要怕生生死死，做任何事情只要命不丢就行了，你来到这个世界的时候就是赤裸裸的，你怕什么？

第二，缺什么东西就去要，就像看见喜欢的女孩就去追，追不上是你运气不够，但是不追一辈子后悔。当年，我最不起眼的学生跟我要资源，第一次时，我不回信。可到第五次时，我必须回信，要不然良心过不去。以前我跟政府部门打电话，对方不同意我就放弃了，后来我就从这个学生身上学会了，一次不行求两次、两次不行求三次，求到第十次，还不行就再请另一个人来求。这个世界上95%的事情，只要有勇气和胆量就能成功。

第三，紧跟时代，否则不管你做的事情多么牛，多么好，都有可能失败。比如开书店很有理想，但书店都没有办法经营下去了，没有跟上这个时代对于新商业模式和新需求的呼应，跟不上只能退出历史。我现在最担心我跟不上时代，但是我一直在努力，如果哪一天看到新东方死掉了，只要大家记住俞敏洪还活着就行，我还会努力地东山再起。

最后，变革自己，不要指望任何别人，也不能指望任何人，天下从来就没有什么救世主，能挽救我们的，只有我们自己。

1.3.5　降低企业成长风险

任何一个企业，从其诞生之日起就面临多种多样的风险。这些风险一直伴其走完生命的历程。当今社会，企业之间竞争越来越激烈，技术进步越来越快，经济全球化趋势越来越明显，企业发展方向越来越不可测，接踵而来的天灾人祸，使企业和个人不安、惶恐。企业风险处处存在，企业危机十面埋伏。一个不良事件，公司一日内市值可贬80%以上；一个网络谣言，公司股价几分钟即可跌停；产品随时可能遭遇毒手，转眼间就全是退货赔偿要求。甚至是在风平浪静时，公司领导层也会故意制造风险，企图唤醒员工危机感，因为"一成不变，就等于死亡"。因此，加强企业成长中的风险管理，创造持续成长的必要条件，是各国企业所共同面对的课题。

在企业生命周期中，最危险也最容易发生企业成长危机的阶段主要在其初步成长期，管理者的最大挑战也在于如何积极稳妥地将企业从幼弱抚养成健康强壮的强者。纵观世界上许多可持续成长百年以上的长寿公司，都是在与危机共舞中成长的。而只有强化风险意识，加强风险管理，企业才能平安地渡过成长期的危机，顺利通过成长瓶颈，走上长寿之路。比尔·盖茨常常提醒公司管理层"微软距离破产永远只有 18 个月"，成就着大公司"大而不倒"的奇迹。

同样，华为也是常常居安思危，才在风风雨雨中不断前行，并创造着奇迹。"华为没有成功，只是在成长"，这是任正非对华为发展的自我评估。任正非说："10 年来我天天思考的都是失败，对成功视而不见，也没有什么荣誉感、自豪感，而是危机感。也许是这样才存活了 10 年。失败这一天一定会到来，大家要准备迎接，这是我从不动摇的看法，这是历史规律。"他始终不敢掉以轻心，始终在提防任何可能的风险和潜在的对手。2001 年是华为飞速发展的一年，外界称那段时期是华为的春天。但在春天里，他在内部会议上提出华为要为过冬作准备，而这曾被 IT 企业称为行业的盛世危言。

一个小官司毁掉了三株[1]

说到中国的企业危机，就不能不说到"刮骨疗毒"的三株，不能不说到：一篇《八瓶口服液，要了老汉一条命》的新闻报道，竟要了这个号称"中国第一保健品牌"的营销巨人的老命！

1996 年 6 月 3 日，湖南常德市 77 岁的退休职工陈某，因患老年性尿频，买了十瓶三株口服液回家，服用治病。但服到第四瓶时，陈某身上起了红斑；等服到第五、第六瓶时，已全身红肿；服到第八瓶，老人家居然全身溃烂。湖南汉寿县第二人民医院诊断为"三株药物高蛋白过敏症"。

时隔三个月，陈某不幸病逝，陈某的家属便把官司打到了法院，将病人死亡单纯归因于三株口服液，要求三株赔偿 30 万元。三株公司董事长吴炳新坚信三株没有毒性，30 万元完全是敲诈，根本不予理睬，同时，吴炳新相信法院会

---

[1] 参见　一个小官司毁掉了三株. [EB/OL].（2009-07-15）http://gggx.lszjy.com/Article/alk/200907/137.html.

给他一个公正的判决。可是经过一年多调查，湖南常德市中级人民法院宣判消费者陈某系服用三株口服液致死的一审判决，责令由三株公司向死者家属赔偿29.8万元，没收三株公司"非法收入"1000万元。

三株不服，上诉至湖南省高级人民法院。可是就在这时，不知谁把第一审的红头文件写成报道，寄到全国各地的媒体进行炒作。此消息一出，轰动全国，经销商和消费者纷纷退货索赔。1998年春节以前，三株每个月总有几亿元回款，但从1998年4月下旬开始，三株市场销售急剧下滑，直至月销售额不足1000万元，两个生产工厂全面停产，6000多名工人放假回家。当年，三株公司在湖南市场上首次出现零销售，三株口服液及三株系列产品在全国的销售也陷入困境，直接经济损失高达40亿元。

这场官司打了一年半的时间，吴炳新为打官司付出了巨大精力，几乎无暇他顾，加上新闻传媒的介入，舆论四起，三株公司声誉扫地。直到1999年3月25日，湖南省高级人民法院对此案作出终审判决，三株胜诉。闹来闹去，据说这个陈老伯从没买过三株，买三株的发票是假的，开诊断书喝三株过敏也是假的。

官司打赢了，三株人却笑不起来了。短短两年之内，这个年销售额达80亿元、号称中国最大的保健品企业已陷入全面瘫痪，损失数十亿元、十万人下岗。官司赢了，吴炳新本寄全部希望于新闻媒体进行反炒作，企图用这种方式告诉社会"三株无罪"。然而此时，三株已无力回天，销售业绩依然一跌再跌。官司赢了，这颗中国营销界的耀眼明星也从此陨落了。谁也不会想到，耗资3亿多元，半年收购17家国有药材公司，梦想建立"中药帝国"的三株，却在2001年11月的和讯网上，贴出了转让下辖公司股权的帖子。

了解三株的人都知道，三株是以30万元起家的，是靠小报、电视专题、宣传画、横幅和义诊等终端手段"炸"开市场的，是依靠深入二三线城市和广大的农村市场而创造营销奇迹的。1994年，三株的销售额为1亿元，第二年达到了20亿元，在三株发展到巅峰时期的1996年，固定资产就达到48亿元，销售额达到了80亿元，农村市场的销售额已经占到总销售额的60%。销售额达到80多亿元，这是一个什么样的数字？这相当于当时保健品市场总销售额的1/3！医药保健品行业至今无人问鼎的光辉记录，包括后来居上的哈药和脑白金，也都无出其右。

吴炳新曾经宣称：三株口服液的生命周期为100年以上，三株口服液要做成"中国的青霉素"。他说，三株研制成功的一个饮料产品，就连现在世界上的名牌可口可乐也是没法相比的，准备马上注册专利，将来与可口可乐比高低，去占领国际市场。他打算把三株建成一个"日不落"的生物工程王国。1995年10月17日，吴炳新在新华社年会上宣读了《争做中国第一纳税人》的报告，预言20世纪末就可以完成销售额900亿~1000亿元，成为中国第一纳税人。

曾经显赫一时创造神话的"三株帝国"，为什么就这样轰然坍塌，原因恐怕并不那么简单，但公关不当确是致其死命的直接缘由。

其实在此之间，已有大大小小危机出现，只是没有引起足够的重视。就说"成都事件"吧，三株成都市场部人员在编写宣传材料时，未经患者同意，就把其作为典型病例进行大范围宣传，结果导致纠纷，并经新闻界曝光，中央电视台《焦点访谈》节目也介入了报道，事件由成都波及全国，产生了极大负面影响。几次夸大功效的事件出现后，品牌形象严重受损。直到"三株喝死人"的事件发生后，品牌危机彻底引爆，这样一个庞大的"三株帝国"迅即陷入了风雨飘摇当中。

面对如此的品牌危机，三株却一直束手无策，任由事态发展下去，直到上下游合作商反目，使企业经营全面陷入危机，从营销大舞台上消逝。

据营销界人士分析，其实当年三株的公关危机并不是致命的，开始，此案子并没有扩大，其影响力也没有达到不可收拾的地步。只是在一年后，法院把陈老汉未服用的口服液拿去化验，称该检品为不合格产品，这时的危机才全面爆发。试想一下，一年的时间，三株足足有一年的时间来解决好这个问题。如果当时企业能够对公关危机引起足够的重视，或者能够启动一套科学系统的解决方案，那么也不会引起全国新闻媒介的爆炒，三株也不至于遭受群起而攻之的厄运！如果三株当年能临危不乱，迅速出手，及时处理，尽量缩小事态的范围，把这件事引到传媒的视野之外；如果不推卸责任，不把打官司的事进行到底，而是主动承担，树立起诚信的形象，那是不是会有另外一种结果呢？

第二章　把握企业成长过程规律

2.1 企业成长周期

2.1.1 企业孕育期（梦中）

孕育期是先于企业出现的一个阶段，即创业梦想阶段。创业者特别是对新生事物不要看不见、看不起，要有敏锐的洞察力。在这个阶段，激动的创业者可能会为了某个好主意而夜不能寐，向能抓住的每个人贩卖自己的好主意和梦想。没有这种梦想，就不会有后来的企业。

这个阶段的实质，是创业者确立自己责任的阶段，而且相应责任一旦确立，此后将一直伴随着创业者经历企业的全部生命周期。这种责任的形成标志，不是公司在形式上的成立，而是创业者的主意通过了利益相关者（家人、债权人）的认可。创业者的主张一旦成功地获得了合伙人的支持，就意味着创业者和加盟人都树立起了承担风险的责任心，凭借这种责任心才能让企业按照自己的意思运转。创业者愿意承担的责任心越强，这种责任也就越能够得到经理人、雇员、客户、供应商等利益相关者的支持。成功的企业不仅要有好的点子、市场和资金的支持，更需要那种把自己的全部热情和精力都能投入到事业上的人。创业者的责任心和凝聚力，决定着企业资源能否积聚并得到充分的利用。

这一时期的企业不论有多好的创意，如果没有行动，都没有任何意义。因此，创业成功的第一要素就是行动。如果没有这种行动，创业只能是纸上谈兵，而事实上能够坚持将梦想变成现实的人并不多。正如马云所说的："年轻人是晚上想想千条路，早上起来走原路。中国人的创业，关键不是因为你有出色的想法、理想、梦想，而是你是不是愿意为此付出一切的代价，全力以赴地去做它，证明它是对的！"

因此，对于孕育期的企业，遇到的第一个问题就是要确立自己的责任，并将这种责任转化为行动，否则创业梦想只能是空想。创业需要将梦想转化为行动，需要制订5W1H计划，即做什么、谁来做、什么时候做、在哪里做、为什么做、怎么做。想清楚了这六个问题，然后去行动，才是创业的开始。

然而，创业就意味着要承担风险。企业所要承担的责任越大，风险也就越大。因此，创业除了有梦想、有行动之外，一定要考虑风险。要考虑这种风险自己能否承受得起。只要创业者掌握了正确的创业方法，结果和风险在一定程度上是可以控制的。做好科学良好的商业计划，每一个主要步骤都经过认真的科学推敲和分析，就可以较好地达到这一目的。

敢想敢做是创业成功的第一要素❶

我刚才在门口听，一听说要演讲，我就比较怕。我想跟大家讲，作为一个创业者，首先要给自己一个梦想。在1995年我偶然有一次机会到了美国，然后我看见了，发现了互联网。发现互联网以后，我不是一个技术人才，我对技术几乎是不懂。到目前为止，我对电脑的认识还是部分停留在收发邮件和浏览页面上。我今天早上还在说，到现在为止我还搞不清楚该怎么样在电脑上用U盘。但是这并不重要，重要的是你到底梦想想干嘛。

1995年我发现互联网有一天它会改变人类，可以影响人类的方方面面，但是谁可以把它改变掉，它到底该怎么样影响人类？这些问题我在1995年没有想清楚，但是隐隐约约感觉到这是将来我想干的。所以回来以后也非常艰难，我请了24个朋友到我家里，大家坐在一起，我说我准备从大学里辞职，要做一个互联网，叫Internet。那个时候互联网不叫互联网，那个时候把它翻译成因特耐特。因为自己不懂技术，所以我花了将近两个小时来说服24个人，这是一个很有意思的事情。两个小时以内，我肯定没讲清楚，什么是互联网，他们肯定也听得糊里糊涂。两个小时以后，大家投票表决，23个人反对，一个人支持。大家觉得这个东西肯定不靠谱，别去做那个，你电脑也不懂，而且根本不存在

---

❶ 参见 李黄珍.创业者如果不行动,你永远没有机会:马云谈创业理想的实现.[J]职业,2008(6):18-19.

这么一个网络。但是我经过一个晚上思考，第二天早上我决定还是辞职去实现我自己的梦想。为什么是这样呢？我发现今天我回过来想，我看见很多游学的年轻人是晚上想想千条路，早上起来走原路。晚上出门之前说明天我将干这个事，第二天早上仍旧走自己原来的路线。如果你不去采取行动，不给自己梦想一个实践的机会，你永远没有机会。所以我稀里糊涂走上了创业之路。

我把自己称为一个盲人骑在一个瞎的老虎上面，所以根本不明白将来会怎么样，但是我坚信，我相信互联网将会对人类社会有很大的贡献。当时1995年不太有人相信互联网，也不觉得有这么个互联网对人类有这么大的贡献，所以我用了比尔·盖茨的名字。那个时候我觉得互联网将改变人类生活的方方面面，但是如果马云说互联网将改变人类生活的方方面面，没有人相信我。所以我说：比尔·盖茨说互联网将改变人类的方方面面。结果很多媒体就把这个事登了出来，但是这句话是我说的，其实1995年比尔·盖茨还反对互联网呢。

有了一个理想以后，我觉得最重要是给自己一个承诺，承诺自己要把这件事做出来。很多创业者都想想这个条件不够，那个条件没有，这个条件也不具备，该怎么办？我觉得创业者最重要的是创造条件。如果机会都成熟的话，一定轮不到我们。所以一般大家都觉得这是好机会，一般大家觉得机会成熟的时候，我觉得往往不是你的机会，你坚信这事情能够起来的时候，给自己一个承诺说我准备干五年，我准备干十年，干二十年，把它干出来。我相信你就会走得很久。我在一次跟创业者交流过程中，我说创业者的激情很重要，但是短暂的激情是没有用的，长久的激情才是有用的。一个人的激情也没有用，很多人的激情非常有用。如果你自己很有激情，但是你的团队没有激情，那一点用都没有。怎么让你的团队跟你一样充满激情面对未来、面对挑战，是极其关键的事情。另外一个事，我说创业者给自己的承诺，自己给自己的承诺。

在互联网最冷的冬天，2001年、2002年的时候，我自己说从1995年以来开始创业，我已经有六年苦了。六年以来碌碌无为犯了那么多错误，反正我也没办法，后面六年继续干下去。再吃六年苦，甚至十六年苦，一定把它做出来为止。在这儿我想跟大家分享一个坚持、梦想或者是信任、坚信的一个案例。

阿里巴巴上市一个月以后，我把我们公司超过五年的员工，也有这么大一群人，聚在一起，我问大家一个问题，我们现在上市了，有钱了，可以说是相当有钱了，但是我问大家凭什么我们今天有钱，是因为我们比别人聪明吗？我看未必，至少我认为我是不聪明。从小学到大学，我很少考进前五名，当然我也没跌破过十五名以后。我没有觉得我聪明，因为很多人考数学，考什么都比我行。你觉得我们比人家勤奋？我看这世界上比我们勤奋的人非常之多，比我们能干的人也非常之多。但为什么我们成功了，他们没有成功？在我看来，我500多名同事、五六百名经过五年以上的员工，绝大部分员工的智商都比我高。因为七八年以前阿里巴巴没有名气，我们没有品牌，没有现金，人们也不一定相信电子商务，那个时候非常难招聘员工，同时非常难招进来，我们开玩笑说街上只要会走路的人，不是太残疾，我们都招回来了。

但是经过了五六年，我们这些人居然都很有钱，大家都有成就感，为什么？我觉得就是因为我们相信我们是平凡的人，我们相信我们一起在做一些事情。那个时候自认为很能干的人，相当出色的人，全部离开了我们，因为有猎头公司把他们请走了。有些人想说我不同意这个观点，我不认可互联网，或者不同意这样的方式方法，他们走到另外一个公司做创业。只有那些反正也没人挖，也不知道该哪儿去，闲着也是闲着，到其他公司也找不着工作的人，就待下去了，一待待了七八年，今天都成功了。事实上也是这样，傻坚持要比不坚持要好很多。所以我觉得创业者给自己一个梦想，给自己一个承诺，给自己一份坚持，是极其关键的。

另外，我想创业者一定要想清楚两个问题：第一，你想干什么，不是你父母让你干什么，不是你同事让你干什么，也不是因为别人在干什么，而是你自己到底想干什么。第二，你需要干什么，想清楚想干什么的时候，你要想清楚，我该干什么，而不是我能干什么。

创业之前很多人问，我有这个，我有那个，我能干这个，我能干那个，所以我一定比别人干得好。我一直坚信，这个世界上比你能干，比你有条件干的人很多，但比你更想干好这件事情，应该全世界只有你一个人，这样你就有机会一点。所以想清楚你干什么，然后要想清楚该干什么，不该干什么。

在创业的过程中，四五年以内，我相信任何一家创业公司都会面临很多的抉择和机会，在每个抉择和机会过程中，你是不是还是像第一天像自己初恋那样记住自己的第一次的梦想，至关重要。在原则面前，在你能不能坚持。在诱惑面前能不能坚持原则，在压力面前能不能坚持原则。最后想清楚干什么，该干什么以后，再给自己说，我能干多久，我想干多久，这件事情该干多久就做多久。

其实阿里巴巴做电子商务，这么多年以来，九年以来我们经受各种各样的批评、指责是非常之多。大家说中国不具备做电子商务，中国没有诚信体系，没有银行支付体系，基础建设也非常差，凭什么你可以做电子商务，那你说我怎么办？等待机会？等待别人来，等待国家建好，等待竞争者进来？我觉得创业者如果没有诚信体系，我们就创造一个诚信体系，如果没有支付体系，我们建设支付体系，我们只有这个样子，才有机会。所以我想，九年经历告诉我，没有条件的时候，只要你有梦想，只要你有良好的团队坚定地执行，你是能够走到大洋的那一岸。

当然，这九年以内，我今天觉得最感到骄傲的事情不是取得了什么成绩，不是说九年能活下来。我觉得最让我感到自豪，最让我能够每次分享快乐，觉得跟我的同事最快乐的事情是，我们每一次碰上的灾难，每一次碰上的挫折，每一次碰上的缺点。当然我今天不想在这儿吹什么牛，我觉得我和绝大部分的这些灾难、挫折碰上，我不知道是怎么碰上的，但是走出来，我也不知道是怎么走出来的。很多人告诉你，当时是作了这样的准确的决定，正确的决定，让你走出了困境。其实有的时候，运气也很重要，但这些运气怎么会给你带来的，是因为你的信念，是因为你给自己的承诺，给团队的承诺。中国需要大批的创业者，我坚信，中国需要大批的中小型企业。解决中国13亿人口巨大的就业问题一定是中小型企业。我不相信国有企业能解决全国13亿人口的就业问题。所以需要大量中小型企业就需要大量的创业者。

创业者在记住梦想、承诺、坚持，该做什么，不该做什么，做多久以外，我希望创业者给自己承诺，给员工承诺，给社会承诺，给股东承诺，永远让你的员工、让你的家人、让你的股东可以睡得着觉，绝对不能做任何偷税，不能做任何危害社会的事情。所以只要这些东西在的话，我今天回去对我的家人，对我的员工，对我员工的家人，对我的股东永远是坦荡，我们犯错误，心里也知道错在哪里。所以刚才讲到我犯了很多的错误，现在外面有很多写阿里巴巴如何成功、如何不错的书，说实在，没有一本书我看过，也没有一本书是我自己写，或者接受过采访，我觉得将来我想写一本《阿里巴巴一千零一个错误》。我们犯的错误非常之多，所以最后想跟所有创业者和准备创业的，还是我每天跟自己讲的话，今天很残酷，明天更残酷，但后天很美好，绝大部分人死在明天晚上，所以我们必须每天努力面对今天。

　　孕育期的企业一旦有了梦想和行动，其所面临的第二个问题就是找到或开发出某种能满足市场需求并创造附加价值的产品或服务，而且应该明确这种产品在市场上的卖点和优势。否则，开发的产品会因为没有卖点而没有人购买，或者因没有竞争优势而迅速被淘汰。创业者应该关心市场应该买什么，而不是它正在卖的东西。对于自己的产品或服务而言，创业者要明白它们的竞争力是什么，以及如何能保持竞争力。没有需求的产品，不会有市场；没有竞争力的产品，有市场也卖不出去；没有持续竞争力的产品，很快就会败下阵来。因此，此时的企业不仅要设计产品的附加值，而且要设计竞争力和持续竞争力。

　　对于孕育期的企业，在开发产品或服务时，关键是要把目标盯在产品上，而不是利润上。阿里巴巴马云说："销售人员不要盯着客户口袋里的5元钱，应该是负责帮客户把口袋里的5元钱变成50元钱，然后再从中拿出5元钱。如果客户就有5元钱，你把钱拿来，他可能就完了，然后你再去找新的客户，那就是骗钱。帮助客户成功是销售人员的使命！"如果创业者的动机仅是为了赚钱，这种急功近利的狭隘肯定不能支撑他建立真正的企业，即便取得了所谓的成功，也不过是养了一头快速催肥然后宰杀的猪。

　　Google在成立之时也并不知道该如何挣钱，只是想做免费和方便的搜索引擎而已；乔布斯在研发苹果智能手机时，只是一心一意地打造完美的手机艺术品。所以，孕育期的创业者不关心市场是正常的，不应该受到责难。然而，这种正常的问题，如果在企业建立后还继续支配着创业者，就会变成阻碍发展的问题。它有可能会使产品或服务定位不准确而造成习惯性赔本，也有可能会阻碍由产品导向到利润导向的转变。而利润导向是企业诞生后能否存活的关键。

　　处于孕育期的企业所面临的第三个问题就是股权问题。创业者为了将创意或梦想变成行动，获得利益相关者的支持，常常答应把未来公司的股份分给风投、合伙人、员工、律师或其他人员。好像只要采取了这样的行动，这些受益者就会做出更多的支持行动。而此时缺乏经验的创业者并没有觉得自己失去太多有价值的东西，但是时间久了，创业者就会发现问题，操作不当自己可能会失去对企业的控制权。

　　总之，孕育期的企业具有其独特的特征现象（见表2-1），这些特征有些属于正常现象，不需要对它们加以干涉，有些属于不正常现象，如果这些不正常现象不能及时纠正，创业就会只是空想。

表2-1　孕育期企业的特征现象

正常现象	不正常现象
● 创业者掌握控制权	● 创业者控制地位不稳
● 明确的产品的价值、竞争力、持续竞争力	● 产品没有价值、竞争力、持续竞争力
● 产品导向	● 一心考虑利润
● 所承担的责任与风险相当	● 责任远大于风险
● 行动计划	● 仅是空想

2.1.2 婴儿期（奶要自己吃）

婴儿期的企业不再只有美好的梦想，而是要实实在在面对残酷的生存现实。企业一旦注册运营，获得资金支持是企业运营的第一要素。因为公司运转需要现金的流转，此时增加产品销量就成了头等大事。这时候企业迫切需要稳定产品、核定价格、支持销售，但这个时候企业的管理是不到位的。创业者此时还只能忙碌着解决企业中最紧急的事，因为他们是最熟悉产品的人。

这个时候的企业，缺乏明确的制度和流程，企业的制度可能只是创业者口里的描述，或者是一张皱皱巴巴的纸，有时候甚至连纸都没有。创业者高度集权，他承担的工作很多，日程很满，从领导到员工都在忙，他们之间没有等级，没有聘用书，也没有考核。企业内部充满人情味，他们没有高低之分，相互之间直呼其名，就像家人、朋友一样。企业聘用人员也没有太多的要求，只要能完成企业某一项需要就行。这时候的企业都十分脆弱，稍不留神，小问题就变成了危机，所以大家都全神贯注地工作，领导者也事必躬亲，只有那种每天工作十几个小时以上而且没有星期天的人才能胜任。

此时的企业做事也不完全遵守伦理道德，对社会责任问题也思考得很少。此时的企业只有一个信念："不管白猫黑猫，能抓住耗子就是好猫。"有些企业尽管也意识到了伦理道德和社会责任的重要性，但是他们说的和做的常常不完全一致。只要不违反大原则，只要不对企业产生严重后果，什么都可以做。这也就体现了婴儿期企业的高度灵活性。

这时候的企业，不存在权力或责任的授予。公司作为一个组织尚缺乏经验，到底哪些做法能起作用，哪些做法不能起作用还处于摸索阶段。许多东西要在"跌爬滚打"中才能学到，只有通过亲身体验才能积累经验。由于缺乏资金，企业不可能总为大家的错误交学费，因此要想让企业生存下去，创业者必须目不转睛地盯着企业。所以，此时也就不可能有真正的授权，而且也不应该有真正的授权。员工实际上只能帮创业者跑跑腿、打打杂。这都是正常现象，要是真授权了，创业者反倒可能对企业会失去控制。创业者不该授权的另外一个理由，那就是为他工作的人不会像他一样擅长这项工作。如果他们都是人才出众的企业家，能够做出跟创业者同样水准的决断，那他们早就自己去开公司了。婴儿期企业的员工常常是那种找个临时栖身之所先干着，然后才决定去留的人。可能他们并不是你苦心搜索的人才，而是你碰巧遇到的，或因别的偶然机会到了你这里。

婴儿期的企业是否能够成活下来，取决于两个条件：一是定时喂奶（资金），如果奶水不足以支撑到婴儿可以自己吃饭，那么婴儿就会夭折；二是父母的疼爱（创业者的责任），如果创业者失去了对企业的热情和不再对嗷嗷待哺的企业付出更多心血，企业也会夭折。

导致婴儿期企业夭折的第一个因素就是现金流断裂。婴儿期的企业总是入不敷出，为了避免耗尽企业的流动资金，必须要有现实的商业计划。"巧妇难为无米之炊"，此时创业者遭遇的最大问题则是启动资金的匮乏。一旦资金链断裂则会导致错失良机或很好的创业项目胎死腹中。《创业家》杂志社创始人牛文文在做客新浪"微访谈"中同样表示，初创企业的直接死因几乎都是现金流断了。为了解决资金问题，创业者常常会出现把短期贷款用于长线投资、不恰当的价格打折、将股份转让给不能同舟共济的风险投资家等失误，这些都会严重到足以毁灭公司。对任何小型企业来说，纵有再好的观点、拼命的员工、完美的关系网，一旦缺少源源不断的资金基础，企业也会撑不了多久。

今天在互联网行业内的佼佼者——腾讯，也曾经遇到过资金难题，甚至还差点卖掉QQ。1998年11月，马化腾与同学张志东合作，在深圳注册了深圳的腾讯计算机系统有限公司，从此踏上了创业征途。据说，当初公司运作的全部资本就是几个小伙子的所有积蓄，而整个公司只有三个全职员工。1999年年初，腾讯成功开发出QQ，受到了用户的欢迎。可是，当时在深圳，像腾讯这样的公司有上百家，跟其他刚开始创业的互联网公司一样，资金是腾讯最大的问题。在马化腾为资金而犯难的时候，他产生了要把QQ卖掉的想法，于是先后和四家公司谈判，但都以失败告终。后来，马化腾只好四处去筹钱，直到碰到了IDG和盈科数码，他们给了QQ 220万美元的投资，QQ才活了下来。

有些企业为了获取现金而采取了权宜之计，尤其是为了保证资金链而引进了只求快速收回投资的"狼外婆"式控股者，会让创业者渐渐丧失企业的控制权。因此，创业者从一开始就应重视企业的现金流、贷款结构、成本会计。如果想要借入风险资本，最好还是跟那些有长远打算的投资公司合作。2011年俏江南要求清退鼎晖股权的事曾闹得沸沸扬扬。俏江南创始人张兰炮轰投资方鼎晖，称当年引进投资是个错误。"引进他们（鼎辉）是俏江南最大的失误，毫无意义。""他们什么也没给我们带来，那么少的钱稀释了那么大股份。"2008年9月金融危机爆发后，张兰为缓解现金压力并计划抄底购入一些物业，决定向鼎晖投资出让10%股份，但没想到金融危机最严重的低谷在3个月后就过去了，当中国经济开始显露复苏迹象时，鼎晖这笔钱还没有完全到账。张兰此番话引发热议，当当网CEO李国庆认为，在企业融资过程中，由于信息不对称，创业企业家频遭创业投资机构绑架，被迫低价出让股权。

导致企业夭折的第二个因素是创业者丧失责任心。当创业者追求事业的热情变成了不堪重负的压力之后，特别是在外来投资者不当干预下企业背离了创业者的初衷时，创业者可能会放弃自己的责任。有些创业者创业时只是抱着试一试的态度，结果真正创业后，才发现创业并不那么简单。当企业未能在创业者预期时间内获得自己满意的回报时，创业者有时会放弃自己的责任。更多的是，创业初期资金压力很大，面对日益不堪负重的债务，面对各种问题的接踵而来，创业者"被迫"选择放弃。因此，对于创业者而言，激情很重要，但是短暂的激情是没有用的，长久的激情才是有用的。正如马云所说："创业者给自己一个梦想，给自己一个承诺，给自己一份坚持，是极其关键的。"

同样，婴儿期的企业也具有其独特的特征现象（见表2-2），有些特征是每个企业发展到这一阶段经历的正常现象，不需要对它们小题大做，而另一些则属于不正常现象，如果这些不正常现象不能及时纠正，企业就会中途夭折。

表2-2 婴儿期企业的特征现象

正常现象	不正常现象
● 责任与风险相当，继续坚持	● 风险大于责任，选择放弃
● 短期资金短缺	● 长期资金不足
● 企业家独断专行，缺乏授权	● 过早授权或失去控制权
● 缺乏制度	● 过早制定复杂制度和规范

2.1.3 学步期（父母照看下长大）

当公司运转起来，产品和服务得到市场认可的时候，企业就进入了学步期。这一阶段的企业不但克服了现金入不敷出的困难局面，而且销售量节节上升。这意味着企业不仅存活下来，而且日见繁荣，这使创业者和整个企业都倍感自豪。这一阶段，好一点的企业，现金流也不错了，销售也提高了，往往就会出现"初生牛犊不怕虎"的自大。

学步期的企业就像刚刚学会了到处乱爬的孩子，对什么事都感兴趣，此时企业最常见的问题就是摊子铺得过大。企业领导者会觉得任何机会都要优先考虑，任何好处都舍不得丢弃，有时仅靠一个小部门甚至一两个人，就有想要撑起一个"事业部"的架势。由于卷入太多相干和不相干的生意，结果大家的精力都不能集中。

企业领导者的独断专行，虽然造就了婴儿期企业的成功，却隐含着学步期的管理危机。老板们沉醉于眼前的成功，相信自己的天赋，脑子里都是些不成熟的疯狂想法。大展宏图的雄心，使他们迷恋"更多即更好"的信条。然而一心让销售额直线上涨的冲动是危险的，把资金流寄托于未知的扩大市场份额更危险。这时候的企业应该夯实基础，稳扎稳打，适当关注文化、战略、品牌、预算、组织结构、流程、激励机制等基本制度建设，学会自律，学会放弃。但是，经营现实中这种企业最常见到的情况是一连串的决策失误，碰了钉子才会有些许清醒。所以，学步期实际上是频繁的试错阶段，这一阶段的企业也常常容易因摊子铺得太大而瞬间倒下，此时企业尤其是管理层要尝试改变心智模式才可能顺利渡过危机。

例如，1991年以开发汉卡起家的巨人集团，年发展速度曾高达500%。不到两年时间，就在北京、上海、成都等地成立了8家全资子公司。立志要成为"中国的IBM，东方的巨人"的巨人集团，走上了多元化发展道路，同时涉足电脑、保健品、药品营销和房地产领域。原来计划建18层的办公楼，一改再改，从38层到54层、64层再到70层。投资也由原来的2亿元增加到12亿元。投资12亿元的大厦，没向银行贷一分款，所需资金主要来自生物工程。但不断抽血，使生物工程失去了造血功能。到了1996年下半年，巨人集团资金几近枯竭，曾经辉煌的巨人集团倒下了。

这一阶段的企业，汇集了一批能力各异、期望各异的人。对于这些人，谁该做什么工作，该支付给他多少钱都很随便就决定，没有章法。几乎不存在培训，也不存系统的绩效考核和薪酬制度。由于没有制度，也没有健全的相关政策，所以不同时期所招聘的员工的待遇、条件就有所不同，员工的能力、工作与收入之间没有可比性。有一些员工很称职，有一些则不然。但学步期的企业却没有时间，也不太注意去清除那些不能胜任的人。

学步期的企业中，人们所承担的责任和任务是重叠交叉的。例如，在这样的企业中，总经理可能既管采购，又管销售，还兼管设计；对于销售人员则要承担一部分采买工作；会计有时又是办公室主任。到了学步阶段，可能会有一张企业组织系统图，但却乱得一塌糊涂，到处布满了虚线、实线和断断续续的线。这时候对于某一件事，如果你问谁负责，不同的人可能会有不同的回答。

经过一段时间的摸索，最终企业会认识到，自己需要一整套规章制度来明确该做与不该做的事情。因为此时的企业已经发展到创业者不能再唱独角戏的阶段，因为他不可能再深入到企业的各个角落去亲自贯彻实施自己的领导风格和哲学，因此必须建立一套制度来达到这一目的。规章制度的完善表明企业强调管理子系统的迫切性，这个时期的企业就会过渡到下一个发展阶段。否则，企业就会陷入"创业者陷阱"或"家族陷阱"的病态发展中。

由于管控的难度加大，创业者不再可能事无巨细地管理企业，此时的创业者急需授权。最常见的做法是把大家召集起来说："大家都很了解目前公司的情况，过去几个月里也有人给我提建议。确实，目前公司发展到了这么大的规模，什么事情都一个人说了算不行，所以我得开始授权，请大家替我分担一些担子。你们都有各自的职责范围，从今天起，大家可以自己拍板。不过在作出任何重大决策之前，请先征求一下我的意见，而且请记住，不要作出那些我不会去作的决定。"但事实上，这种做法却导致了企业的分权而不是授权。此时的分权需要企业建立一套相应的控制制度与之配合。

如果没有相应的制度与流程控制，大家做事不能事事体现出创业者的判断、价值、需要和偏好，不能体现创业者"不会去作的决定"。当下属不能做到这种要求时，创业者大为恼火，只好又把权力重新集中起来。于是，企业又回到了创业者事必亲躬的状态。

最糟糕的情况是，创业者此时事业有成，有了松一口气的念头，想去享受更多的与企业关系不大的生活，急于授权于部下，但又不愿失去控制，于是采用了某种遥控式管理手段。但他人离开公司后，却对公司依然牵肠挂肚，又会不断电话询问某项业务进展。当他得知有某事不合己意或者离开时间过长不太放心时，就会突然回来。当他看到不合己意的事情后，于是又亲自插手处理。等事情"理顺"了，他可能又走了。这次，下属再也不敢自主决策了，很可能出现的情况是，他们既不敢决策，又不敢请示，只是在费尽心思揣摩老板的心思。结果会导致下属都害怕老板回来，期望着老板不再回来，企业运营陷入了混乱。

学步期的企业也具有其独特的特征现象（见表2-3），对于正常现象我们无须惊慌失措，而对于那些不正常现象则需要纠正，否则企业就会落入创业者陷阱或家族陷阱而不能自拔。

表2-3　学步期企业的特征现象

正常现象	不正常现象
● 授权，偶尔集权	● 过度授权与过度集权
● 稳步发展	● 自大与过快增长
● 制度、预算、政策合理但不是很完善	● 缺乏合理的制度、预案、政策
● 组织结构不是很完善	● 没有合理的组织结构

2.1.4 青春期（叛逆向成熟转变）

青春期的企业，最重要的事情是摆脱创业者的影响而进入经理人治理阶段。爱迪思把企业所处的这一阶段称为再生阶段，即脱离父母监护的独立阶段。从管理角度看，企业的青春期，要完成创业者向职业经理人的交棒过程，而这是一个痛苦的过程。即便是创业者本人转变为职业经理人，其中的冲突、摩擦也在所难免。这种管理上的转型，最明显的特征就是企业行为缺乏连续性，人员中间产生隔阂，新人和旧人合不来。

规章制度的建立和授权是青春期企业的必经之路，原来的创业者就像国王，现在必须走向君主立宪制。但习惯了不受约束的"国王"却很少心甘情愿地遵守宪法，结果造成企业用大量时间和精力制定的制度，往往第一个会被创业者违反。他甚至根本就不知道有这样的制度，即使这些制度有时还是他自己亲手制定的。当你向他提及制度时，他常常这样说："制度是死的，人是活的，难道我说了都不算吗？我就是批准制度的人，难道制度还管得了我吗？"结果造成制度执行的落空，或者制度成了因人而异的制度，企业内抱怨声不绝。

婴儿期的企业绝对不能授权，大权独揽不存在任何问题，而到青春期的企业则必须授权，就像父母对逐渐长大了的孩子必须要放手一样。只要授权后不会因为手下出错就重新集权，就不会引发病态问题。否则，就像父母看到自己的孩子稍有不如意的地方就强化监护，那么这个孩子永远也长不大。

青春期迫切需要的是在授权前提下的规范经营。此时多数需要引入职业经理人来分担创业者身上的担子和实现规范化管理的变革，从而解决企业在学步期所产生的问题。创业者一般也有这种迫切需要，而且他对这些烦琐的规范管理工作也没有兴趣，于是他一般的想法是从外面聘请一位职业经理人做自己的"枪手"。但很快他就会发现雇来的枪手与自己不是一路人，即便这个职业经理人在受聘之前很受老板的青睐，但职业经理人真正执掌大权后也会同创业者发生剧烈的冲突。

他们准时上班，但最难容忍的是他们居然还准时下班。他们整天坐在办公室里，在计算机旁和各种文件堆里忙忙碌碌。这些家伙不爱多说话，嗓门也不高，但只要一张口就是这也不能做，那也不能做。他们看上去不是特别开朗，也不太好相处。不久创业者就会得出这样的结论："这家伙跟我不是一路人，要是我像他一样管理企业，我们就永远不会发展到今天这种局面。"

职业化、减少直觉决策、创建新的制度、形成新的责任体系、改变薪酬规定等，都会成为创业者与职业经理人之间的冲突之源。创业者加上当初的元老们，与新经理矛盾逐渐多起来，而新经理如果态度强硬，则更加会使这种矛盾逐渐变得不可调和。这一阶段的难点是创业者潜意识中希望新经理"同我一样"，但又要能做"我已经做不了的事"。爱迪思把这种现象比喻为"寻找那种能够使潜水艇上天的飞行员"。创业者希望跑马拉松，而企业生命周期更替却注定是一场接力赛。于是，青春期企业常见的是经理人"走马灯"，到了后来可能会聘用另一类职业经理人——那种"跟我们一样"的职业经理人。这类新来的职业经理人尽管可能很受大家欢迎，但是企业又重新陷入了管理的混乱，企业青春期的问题根本没有解决。

这一时期，企业最难的事是进行权力棒的交接。而在这一交接过程中，注定是非常复杂和痛苦的。"每个人和他的兄弟们"都为了这样或那样的原因直接找创业者汇报情况。劳动报酬制度是由不同特例拼凑起来的大杂烩，有关政策一不留神便成了一纸空文。在新的制度面前，员工所谈论的常常是过去的"美好时光"，说话办事都原有一套习惯和规矩，他们对新的规矩抵触，认为现在的情况很不爽。

这一阶段，创业者最为渴求的是稳定的队伍，因此资历深浅备受重视。由于企业没有什么成文的政策，那些资历比较深的人就是企业的活档案，一旦他们离去，企业立刻就会陷入一片混乱，直到有人琢磨出该怎么来对付他们所留下的那摊子工作，这种情况才会改变。正因为离不开他们，所以资历比较深的人在企业中说话很有分量。

创业者也会记住这些从企业婴儿期就追随自己的企业的元老们，他很珍视这种感情和忠诚。因为他们跟他一样经历磨难，忠心耿耿地跟他一起度过了过去那段充满艰辛的时光，彼此之间有难以割舍的感情。所以，创业者很愿意听这些老人们的话，有什么事也愿意与他们说。新经理制定各种规章制度的种种努力被视为对那些忠诚于企业的资深员工权力的直接挑战。当新来的经理人想触及这些人的势力范围时，真正的冲突就爆发了。老的一班人马根本不把新经理人制定的各种新的规章和要求放在眼里，他们常常直接去找创业者表达自己的不满。

"他破坏士气。""他根本就不懂得咱们公司的运作方法。""他会毁了公司的。"最为致命的一击是："他根本就不按您的做法处理事情！"

猜想，此时创业者会支持谁呢？会是新来的经理人吗？恐怕不会。于是新来的经理被迫想方设法去招徕自己的人马，以便挫败企业中这些不听话的老人们。于是人们各自寻找各自的山头，拉帮结派、勾心斗角的事在公司里蔓延开来，企业笼罩在政治云雾之中。

新来的经理人想建立一套新的激励机制，并严格地按照表现来客观地进行奖惩。但这套新的做法却遭到了公司老人们的反对，因为这使他们失去了特权。新来的经理还想重新分配工作，重新规定职责范围，这自然也遭到了他们的反对，因为他们害怕失去自己的权力基础。

很快新来的经理就感到巨大的压力，甚至走到四面楚歌、举步维艰的局面。这种排挤和打击，会使新经理人因此而对创业者和他那帮兄弟产生强烈的反感情绪。新来的经理明白自己是输定了，于是他开始后悔自己当初怎么会接受这么一份工作。他感到软弱无力，身心疲惫，充满厌烦，觉得自己为企业所作的贡献根本就没有什么回报。

2010年和2011年《企业管理》杂志分别刊登了《一位总经理的辞职信》和《对〈一位总经理的辞职信〉的回复》，这来自真实案例的信正是青春期企业情况的最好印证。这两封信中所述的酸甜苦辣，想必许多经历过青春期企业的老板和职业经理人都会有似曾相识的感觉。通过这两封信，我们可以彻底理解和体会处于青春期企业的典型特征和无奈。

一位总经理的辞职信[●]

L总：您好！

今天，当我不得不怀着复杂的心情提笔时，心中充满了感慨和遗憾。今天算来差不多是我上任总经理五个月的样子，其间的酸甜苦辣，一言难尽。尽管这五个月已经取得了我们公司历史最好的业绩，但我还是决意离开，这种结局带给我更多的是沉重和反思。

一、反思走入公司的决策

1. 是因为原因接受了任命，而非因为目的——我迈出的第一步就错了

当初经过跟您和猎头公司协商，我对公司进行了为期三周的调研，呈交管理诊断报告后我选择了放弃。两天后您亲自开车到我家，而且告诉我，您组织过中层管理人员集体表决，一致通过聘我做总经理，并让他们每个人签了"军令状"，如果某一天因为新任领导的管理需要，对他们进行调整或辞退，任何人不得有异议。我很感动，自感无法望孔明先辈之项背，无须三顾茅庐；也看您变革决心之大，告诉我把权力完全下放，可以大胆放手地去干；还有一点是我的私心——大学毕业20年一直在外漂泊，中国人有个叶落归根的情结，而我们公司正好在老家，种种复杂的原因让我接受了这份任命。

问题恰恰出在这里：是因为原因接受了任命，而非因为目的——我迈出的第一步就错了；而作为您，在各项条件尚未完备，尤其在您没有足够思想准备

● 参见 一位总经理的辞职信[J]. 企业管理,2010(9):4-7.

的情况下，就匆忙引进了一个总经理。

进入公司两个月后，在逐渐意识到公司过分注重短期效益，授权也远不够充分时，我提出了离开。是您的诚心再一次打动了我，是啊，来的时间毕竟太短，完全放权也存在风险，公司失败不起，而员工的渴望、管理的现状也确需引进外聘的高管；我同样也失败不起，作为从业多年的职业经理，更不愿意轻易看到自己的失败。

2. 您需要的不是总经理，而是一个总经理助理或者执行副总

企业发展之初，老板的主要管理方式是靠人治。当企业十几、几十个人的时候，企业所有情形都能一目了然，问题一句话就能解决，当组织规模扩张到上百人的时候，自己那双眼睛已经远远不够用了，自己所到之处满眼都是问题，而且说个十遍八遍都不管用，就连睡觉都得睁一只眼睛。您招聘我的目的不仅因为自己飞得太高太快，感觉那些熟悉得连乳名都能随口叫出来的老臣已跟不上自己的思路及企业的形势，还希望借他人之手革除组织的痼疾，又能避免被人说成是炮打庆功楼的朱元璋似的领导。

今天看来，我们双方的定位就没有从根本上取得一致。您是想透过一个外聘的高管把自己的管理思路贯彻下去，您需要的不是总经理，而是一个总经理助理或者执行副总，无非为了促成我进来，冠了一个总经理的名头，尽管您对此一直讳莫如深。

但我们配合的最大问题在于，老板您希望通过一个职业经理去改变下边时，却没有意识到系统问题的根源大多出在自己身上。职业经理依之，将因错位导致舍本逐末；反之，试图改变老板的结局，往往注定失败的是自己。

因此，我们公司招聘高管，必须在您认识并接受改变自己的时候。

二、反思战略思路的配合

一个企业的战略要统领全局，是企业发展之大纲。战略是基于企业使命的基础上，充分分析优势、劣势、机会、威胁等综合因素并配备必要资源的结果。企业不同的发展阶段需要配合不同的战略。

1. 今天成功的经验，有可能是明天失败的根源

先看一下我们公司的部分运营指标和问卷调查数据：

（1）几个主要运营指标。2008年销售额较上年增长-10.7%，2009年增长率为2.3%；质量方面：2009年配套产品退货率为13.8%；成本方面基本变化不大；

交货期没有统计数据。

（2）下面是摘录的部分调查问卷、访谈和文件记录的数据。了解公司战略规划的员工占比：3.8%；认同企业而留下的占比：5.1%；员工公平满意度：29.4%；越级指挥普遍性：74.5%；文件执行率：13.4%。

近几年业绩徘徊的原因全在这里：运营指标是结果，问卷调查的数据是原因。您对诊断报告是认同的，我们也不止一次沟通过，企业由快速增长变成停滞不前，已经说明企业发展遇到了"瓶颈"，长痛不如短痛，趁现在企业效益还好，市场还给我们喘息的机会，应尽快把工作重心放到规范基础管理上，否则受技术、人员素质、管理水平、执行力等诸多因素的制约，在质量、交期无法彻底保障的情况下，我们供货越多风险越大，等到我们的品牌信誉出了问题再去补救，就为时太晚！

事实上，在我进公司不久，您重新调整了2010年的年度目标。这个目标是在前三年业绩徘徊的情况下，销售额增长32.8%。

回顾一下我们公司发展的历史，我们企业的发展，得力于老板您敏锐的市场洞察力和广泛的社会资源，我们是在行业竞争力极其弱小的情况下，借火爆的行业形势，靠低端产品和价格优势迅速膨胀起来的，我们赖以成功的增长模式就是复制规模。

尽管您嘴上承认规范管理为第一要务，但内心似乎更偏好规模效益，做得更大，然后更强。但是，做大还是做强，要看企业发展的阶段，不是凭感觉或拍脑袋出来的。今天成功的经验，有可能是明天失败的根源。

2. 老板的格局决定一个企业的战略，有什么样的战略就会有什么样的企业

我曾在竞争比较激烈的行业做过，深刻理解残酷的市场竞争意味着什么。不用跟家电业比，即使跟普通竞争状况的行业相比，我们的生存都是问题。今天汽配行业的竞争形势已经从蓝海跨入红海阶段，但我们的思维还未从根本上转变。

包括您在内的众多元老对此不以为然，企业为了快速赚钱难道还错了吗？要这么说，那我们的孩子为什么不中学毕业就去工作，而要选择上大学？上大学不仅不赚钱，每年还要花费上万元！

也许我们思路相悖的原因在于，在老板您的眼里，企业从无到有，是自己一点一滴心血的结晶，您对待公司更像是对待自己的孩子，尤其随着规模的发展，对企业命运的担忧可谓如履薄冰，容不得半点闪失，导致在战略决策的风

险评估和选择上，倾向于经验避免失败。

但我一直在想，当行业形势迅速逆转后，我们怎么办？我们的核心竞争力在哪？靠技术，管理，市场资源，还是价值链？我们都没有优势可言！

老板的格局决定一个企业的战略，有什么样的战略就会有什么样的企业！

三、反思对下工作的推动

一个企业的成功80%在于执行力，优秀的执行力可以弥补和发现战略的失误。而在我们公司有一个很奇怪的现象，同一件事情，不同的人安排会出现大相径庭的结果。下面从公司最基本的几个方面，分析一下我们不能有效推动工作的问题出在了哪里。

1. 只换一个包工头，想领着原来一帮盖草房的泥瓦匠盖起高楼大厦是不可思议的

一个公司，组织结构的确定要服从于公司的整体战略，然后根据企业发展的需要进行岗位分析，进而把合适的人员选拔到合适的岗位。而在我们公司，核心权力层都是跟随您十年以上的老部下，如果这不是问题，那您身边的司机，陆续做了部门经理、副总经理的时候，还感觉不出其中的问题吗？感恩的方式有多种，如果送出去深造，对彼此是不是一种更负责任的做法？当然，也许问题出在了因为待遇匹配了相应的职位。

建筑学中有一个很形象的比喻：只换一个包工头，想领着原来一帮盖草房的泥瓦匠盖起高楼大厦，简直是天方夜谭，除非队伍素质提升，要么服从统一指挥，可这在我们公司却难以实现。

2. 老板不是救火队长

在公司组织伦理的管理上，您远没有意识到越级指挥对一个企业带来的危害。您对公司的情感是任何人无法比拟的。您喜欢事必躬亲，对企业的了解甚至哪个角落有个螺丝您都清楚；当您看到工人维修效率太低，挽起袖子就下手，或者认为哪个地方需要调整，现场就调动起资源。效率倒是有了，但结果是连他们的主管都不知情，原有的计划也被打乱。试想老板您担任了多年的"救火队长"，其结果是不是"火势"越来越大？问题也像您带的手机一样变得越来越多？对此我曾不止一次跟您沟通过，您也意识到其中的问题，但您认为自己就这个脾气。

3. 一个个被架空的主管，员工会服从他们的管理吗？当层层都可以不服从安排，企业会是一个什么样的局面？

人事权的控制，将决定一个管理者的权威。我曾做过两个不同类型企业的总

经理，虽不敢说取得过什么成就，但至少运作过他们品牌跃升至前几位。我非常清楚变革的艰难程度，在千名员工中近1/4是夫妻的复杂环境中，一招不慎甚至连自己怎么"死"的都不知道。在我们公司，人力资源部经理要接受双重领导，人事调整过分艰难。生产系统内部一个车间主管的任用上，根据其业绩已明显不适合，我建议其主管直接予以调整，主管说自己早想调整，但此人是您不久前直接任命的，强行调整会带来系列的问题。我曾三次跟您沟通过，但最终的结果是人事变动我事先都不知情：在其出问题后，您一怒之下当众拿下。如此一来，他的直接上级权威何在？部属有必要在乎他们吗？一个个被架空的主管，员工会服从他们的管理吗？当层层都可以不服从安排，企业会是一个什么样的局面？

您告诉我，不听就狠罚。罚款就能解决所有问题吗？当罚款带来更艰难配合的局面下，对这些阳奉阴违的部属怎么办？

4. 法之不行，自上犯之

让一个人执行不太愿意做的事情时，只有两个办法：一是通过沟通改变其观念，二是如果不执行意味着将出现其担心的后果。在纪律规范的过程中，为了有效推行企业的一系列举措，我首先实施了部分赢得民心的措施，然后草拟了企业基本规范十条，组织员工充分讨论修订、全员学习、考试并排名奖罚、执行日期事前公布、责任人处理、部门领导违纪率排名、定期张榜公布等，同时为了有效推动，实施了检查和处罚两权分立，并阶段性借用新入职人员检查。感谢您在这一点上的大力支持，实际看到的结果是，一路下来被罚的几乎都是一些主管，还有您倚重的那些员工。公司纪律也随之出现空前的好转。

但问题在后边，很多人开始提出异议，穿工作服重要吗？开会响手机能影响企业效益吗？还不如把精力放到多生产一个配件上。在元老们的眼里，他们就是把太阳叫出来的公鸡，企业是他们拼死拼活挣来的，大家拼来拼去拼到最后却突然发现一个陌生人仅凭那点所谓的资历就在坐享其成，不仅高高地坐在他们的头顶上，而且还要享受着他们为企业辛苦半生都无法企及的待遇，内心会产生极端的不平衡，恨屋及乌，自然对新推行的一些政策极具抵触情绪。而更要命的是您的态度也随之开始动摇。其实我的目的在于给员工一个信息——从现在起，凡是新颁布的文件都会以此为例，以便为将来推行新的管理制度铺平道路。心理学中，这叫"首因效应"或"第一印象"。可是……

还有企业文化建设与冲突，等等。

以上种种问题，作为老板您心里也非常清楚，而且感受颇深，甚至对下面一个个小圈子能恨得咬牙切齿。但面对那些元老，您想变革又不能不投鼠忌器，导致这些棘手的问题一拖再拖。

也许原因在于您承载了一个企业矛盾的核心，既有自身理性和感性的矛盾，也有自己超前思路与原有滞后管理团队的矛盾，还有与外聘高管管理思路和文化的冲突，还要面对各种矛盾的平衡，不同力量博弈的结果往往成了判定决策执行的依据；而更深层的原因在于，对新招来的人，除了不放心外，潜意识里总希望看到自己的某种影子，既想管住他，按自己的思路运作，又想让他干好。种种原因导致了牵而不放，或者收收放放。

故此，公司的变革必须在您痛下决心的时候！

四、反思如何对一个管理者评价

管理中有一个很耐人寻味的数字，一个组织对某人的评价，如果30%的员工说好，50%的员工不了解，20%的员工说差，按说人无完人，这个人还是不错的，事实上这种比例带来的结果却是近70%的人认为这个人不怎么样。原因是影响切身利益的那些人会不遗余力地大肆宣扬某人如何差劲，而认为不错的那些人是很少主动站出来纠正的，最后，那些不明真相的员工也就自然倾向于舆论宣传者观点。

现在我把任职期间与去年同一时期的几个指标简单对比一下：去年同期每月人均产量957个，我任职期间每月人均1158个，人均产能增长率约为21%；产销比率为98.7%；质量指标也由原来的总成品率93.6%提升为95.7%。人均产能、产销率、质量、成本等指标均创公司历史最好纪录。按说这些指标的取得，不应该成为否认我系列措施的理由，事实上，我错了！

我们对一个管理者评价不是看业绩数字，而是就事论事，凭感觉。

我知道，您耳朵里每天塞满了各种各样的声音，您知道吗？您的一个家庭会议，其影响程度超过我几个会议的总和不止。我知道您喜欢听这些声音，兼听则明，这本身没有错，但那些汇报者如果真正想解决问题（不含投诉），为什么不直接找他的上级？而您又总是在有意无意地寻找支持您信念的信息。

记得我曾跟您探讨过N次，这个世界上，任何事情没有绝对的对与错，不是看过程，而应该放到某个特定的目的或环境中。这就是现实中为什么有人把某人看成战犯，有人却把他推崇为民族英雄；而做同一件事，在某一个阶段可能是正确的，而在另一个阶段可能就错了。

也许，我们职业经理只是站在绩效的角度上看问题，绩效上去了就自以为成功了；而老板您更关心某种决策给组织带来的后果，评价是建立在信息传递者评价的基础上。

在对待具体问题的处理上，职业经理往往认为有益于企业发展的就要坚持，错误的就坚决否定；而站在老板的角度上，有时即使明知职业经理的做法正确，出于各种因素的考虑，也会断然否定，哪怕是牺牲掉。

我们的根本分歧在于，缺乏统一的价值评判标准。

多年的外企经历一直促使我思考，是什么原因导致了国内企业的平均寿命不足2.9年？也许现阶段大多数企业需要的不是如何去创造成功，而是首先要懂得如何才能避免失败。这或许是中国培训业的悲哀。

L总，这次我离意已决。我真的太累，本来很多轻而易举的事情，在我们公司我却显得无能为力。每一项措施的推行都让我精疲力竭，到头来却多是半途而废，面对政策的随意性，我不知道接下来该怎么做。先要适应然后改变，谈何容易！那种缓慢的进程更让我后怕将来某一天成为公司的罪人。也许作为第一任外聘的总经理，本来就很难打破短寿的魔咒，与老板彼此陌生感也是一种常态。

我的离开不是为了证明谁对谁错，那毫无意义，管理上也没有哪一种理论界定某种思路就一定对或错。如果老板不对，就不可能有今天企业的成功。我只是对公司未来的命运充满了深深的忧虑，希望通过这次离职促使彼此深入的思考，或许能对公司的稳健发展有所裨益。

我怀着极其复杂的心情，怀着对公司和您的感念，怀着希望公司成为百年品牌的良好愿望，一口气写了这么多，说的不一定对，却是我的肺腑之言。

感谢这五个月来对我的关心和照顾，您的心地宽厚、雷厉风行和敬业精神让我由衷敬佩。为了避免给企业造成一些不必要的负面影响，您可以考虑一种有利于公司的方式让我退出。

再次感谢！

礼！

songzy

2010.7.6

对《一位总经理的辞职信》的回复❶

SONG 先生：你好！

我考虑再三，还是决定提笔给你回复这封辞职信，可能这封信比你洋洋洒洒的辞职信要简短得多。

首先非常感谢你阶段性加盟我们的公司，我也代表公司的全体职工及家人对你这段时间的贡献表示感谢。当你坚持离开这片不适合你发展的"土壤"时，我很遗憾，也很痛心。我并不否认你信上所说的企业的这些问题，而这也正是我竭力邀请你加盟的原因。

下面我逐一答复你提出的问题。

关于你走入企业的决策：

你我双方的定位问题，是我们分歧的根源。这看似是管理角色的界定，实质上是两种不同价值观的抗争。

你知道，这个企业在风风雨雨中打拼了19个年头，才终于走到了今天。周围的企业一个个在我面前倒下了，我们自己也经历了几次死而复生，如果没有这些九死一生的经历，根本无法体会到个中的滋味。这迫使我不得不战战兢兢，如履薄冰，如同司机开车越久，就越懂得谨慎。有些时候，并不是所有的经验都是负债。

其实你说的这些问题，不仅仅你我，包括企业的那些高管，大多心里也清楚。前几年，企业也曾积极学习某企业的先进管理经验，为此政府部门还把我们树为典型，但公司为这种激进的措施付出了惨痛的代价，一个企业能经得起几次这样的折腾？所以我不得不压着变革的步伐，而你却把它看成了阻力。

我内心也希望企业发展得越快越好，但我知道，弯拐太急容易跌倒，螺丝过紧容易拧断，这才是你我在授权问题上争议的关键所在。经验告诉我，企业重发展，更要注重安全，平稳的发展比忽上忽下要明智得多。今天我不敢奢望企业的涅槃重生，就企业的现状看，发展的速度慢一些，至少倒掉的概率要小很多。

说心里话，我不是不信任你，你的人品我也非常赞赏，包括对你背景调查

---

❶ 参见　对《一位总经理的辞职信》的回复[J]. 企业管理，2011(10)：5-9.

的业绩我也认可，从20多个候选人中选定你，也说明了我对你莫大的信任。但你实施的方法，我总需要权衡，因为成功的经验必然基于不同的企业环境，否则广为诟病的家族企业，就不可能有国内外那么多成功的先例。

实质上你我分歧的焦点在于"企业安全"与"企业创新"之间的认识不同，立场不同。我考虑更多的是企业的安全性发展，而你注重的是推动企业业绩的快速增长，其他一切可以摧枯拉朽。如果推进的"改革与创新"给企业带来危险和不确定性，那我宁可选择缓慢的完善。企业毕竟还没大乱到需要大治的时候。

你可以认为我思想保守或心理准备不够，但当一个人由身边的喧嚣变成了突然的空寂，由清晰地了解每一点动态演变成只知道企业的大概，这种悬空的感觉，让我一次次从噩梦中惊醒。让我完全放得下，谈何容易，我毕竟是人，不是神。尤其是当我无法清晰地感受到这种变革结果的时候。

说得不客气一点，你可以把企业当成自己某个发展阶段的平台，但我不能，这个企业不是你所说的"当成自己的孩子"，而是我生命的全部！企业一旦经营失败，你可以拍拍屁股走人，再继续找一个下家，而我呢？跳楼的是我，不是你！

这个社会，老板永远不会有那么多的机会拍拍屁股换个地方当老板，就是屁股拍肿了都没用！毕竟中国没有几个史玉柱，可以换个地方东山再起。当你什么时候做老板，也许就明白了。这无关你是否进入企业。你走入企业，是我们双方各取所需的结果。

关于战略思路的配合上：

问题在于，我要你来干什么？我承认，我们在战略思路的配合上，由于沟通的深度远远不够，导致存在了一些误区。当一个人拥有10万元的时候是自己的，100万元的时候还是自己的，当拥有1000万元的时候，就不再是自己的，而是社会的。我不否认你超前思路的正确性，但当大家都说你对的时候，错也是对；当大家都说你错的时候，对也是错。

你把业绩指标或公司的效益放到了第一位，但我并不这样认为。我的排序是：首先让企业尽可能地延续下去，其次才是企业的发展。尽管我对业绩指标有所要求，其实是在次要位置。

也许你会问，既然不是为了业绩，为什么还要高薪聘你进来？因为我心里很清楚，再让原来这帮家伙折腾下去，企业很快就要完蛋，正如你100多页的诊断报告所分析的，三年业绩的徘徊也是佐证。我对他们是爱恨有加，但爱甚于恨。

下面我解释一下，为什么要这样排序。我也时常在反思，一个老板挣钱的目的究竟为了什么，钱这东西生不带来，死不带去。再富裕也无非一日三餐，一衣遮体。虽说百年企业人人向往，但一个企业能生存30年、50年已经很不容易了！我们的企业又能走多远？

每当我走进企业的每一个角落，看到的点点滴滴无不浸透了老臣们当年的汗水，包括车间、门卫室都是他们在三九严寒中一砖一瓦垒起的，上面还印有他们冻裂手脸的血迹……千名员工中近1/4是夫妻关系，也从另一个角度说明了他们的身家性命都已经跟这个企业血肉交融了。企业一旦倒闭，他们将无家可归。所以我必须将这个饭碗捧好，已经没有了退路。我没有什么高尚的目的，这既是我的初衷，也是我的目的。退一步说，即使儿子未来接手这点家业，也需要这些最基本的基石。

到此，也许我的很多行为你就有些理解了。

但这些我又怎么去告诉你？不是为了业绩，你会拂袖而去。因为创造效益是你们职业经理能力的证明或者生存的意义，而养活这帮员工则是我朴素的想法，无论你把它叫作小农意识还是狭隘的个人情结。

关于对下工作的推动：

你认为，我对你工作的支持力度不够，并把你进入企业后我设立的监督机构看成一种掣肘，可这是我了解真实信息的重要窗口。

你一味地要求老板去改变，要围绕新的方向和政策，并希望其他人也围绕新高管去适应，可这现实吗？你认为，只换一个包工头，想领着原来一帮盖草房的泥瓦匠建起高楼大厦几无可能。其实，任何一种管理思路，都能条条大道通罗马，只要能把你们外聘人员的先进管理理念和我们这些老臣们积累的丰富经验有机结合起来形成拳头即可，但你们双方都过分坚持了自我，让我如同面对自己的左手右手，左右为难，无法割舍。

也许由于我们出发点不同，所以行为迥异。从职业经理的角度，你会毫不留情地把不适应企业发展的所有老臣一股脑清理掉，从业绩的角度无可厚非，但你我身处的环境不同，在这方面我需要的更多是感性，而非理性。正如面对自己一点点拉扯大的孩子，突然发现得了绝症，怎么办？从人类发展和人性关怀的角度会得出截然相反的结论。无须辩论，你的措施已经被优胜劣汰的自然界所证明。

但是，人活一张脸，树活一张皮。

当某一天，他们被淘汰了，让我如何去面对这帮父老乡亲？有些人已经两鬓斑白，他们把一生中最宝贵的年华留给了企业。纵使我可以身背骂名，又让我如何每天都去面对起居一院的眼神？难道仅仅是那点金钱的补偿吗？

再说把功臣一个个地杀掉，将来还有谁肯信任我？

当你感觉不爽的时候，你会拍屁股走人。但他们永远不会抛弃我，他们会与企业生死不离，直至终老。因此，在老板的眼里，忠诚大于能力。

下面用你培训时常给大家讲的"自行车的故事"来解释工作推动上的困惑：

"据说中国最早引进自行车的是一个富家子弟的留学生，他看到国外自行车盛行，就不惜高价买回一辆，家里人一致反对这洋玩意：几千年来我们一直靠双脚走过来的，不是很好吗？想快就快，要慢就慢，而且无需什么平衡不平衡！

"留学生一再解释，连他本人在内，每个人都试了几圈，东倒西歪确实比不了自己习惯的走路方式，那辆自行车随后束之高阁。半年后，这家来了一个半大孩子的亲戚，他很好奇，就将这布满尘土的自行车从角落里拽出来，在庭院里折腾了一上午，饭都顾不上吃，家里人也没往心里去。到了下午，突然发现一群小孩子在那个骑自行车的孩子屁股后面追都追不上，众人大吃一惊，后来自行车就慢慢普及了。"

这个故事没有错，但我一直在想，如果把自行车放到一个没有人会骑的敬老院会怎么样？推动高速变革的往往是一些"新生力量"，而我们毕竟面对的都是一些"老人"。大而言之，中国改革开放到今天，我们也一直在走出去，引进来，但我们跟先进外企的差距怎么就那么大呢？因为这是文化使然，需要一个融合的过程。

你说我对组织伦理过分随意，事无巨细都要插手，其实这正是因为出现了问题。你们职业经理抓大放小的同时，工作容易浮在面上。当然我也承认，磨合需要个过程，用对人才是关键，但摆在眼前的浪费，于情于理我无法无动于衷啊！也许我的这种方法有待商榷。

关于对职业经理的评价：

对职业经理与老板关系的评价，这个话题太大，我不敢妄下论断，但国人几千年来的观念影响、文化的积淀，也许让这种纠结不得不在未来很长一段时期内存在。

我也像所有的老板心理一样，希望这个企业能基业长青，这也是我引进你及其他高管的初衷，只是在实际推动中，与我设想的差距太大，我耳朵里每天塞满了不同的声音，而更多的是抱怨和意见，伴随着干部心态的动荡，我不能不产生疑惑。

这些问题的产生，应该说作为职业经理也有不可推卸的责任，说明在沟通环节上仍存在某些问题。作为类似规模的企业，不照样也有很多通过职业经理的推动，成功地进行了二次创业的吗？

对具体事情的评价上，你习惯于只要结果。但我看重结果的同时，也同样注重过程。管理有两种方式，一个是靠"疏"，一个是靠"堵"，也许到最后都能达到同样的结果，但组织付出的代价却天壤之别。我不希望你靠杀鸡取卵、寅吃卯粮来实现所谓的业绩。

你却说，一个老板的格局和人性决定了企业能走多远，并认为中国富不过三代会是多数国人的宿命，并由此上升到了国民教育。但我知道，一个人不能一日无炊。

你为了说服我，曾讲过"孙武训妃"的故事，而且一再重申孙武的英明果断，正因杀掉了吴王阖闾的两个爱妃，军纲得以重振。我不知道这帮妃子们在战场上表现如何，但我也有一个故事送给你：

春秋时期，楚国令尹孙叔敖在荀陂县一带修建了一条南北大渠，足以灌溉沿渠的万顷农田，可是一到天旱的时候，沿堤的农民就在渠水退去的堤岸边种植庄稼，有的甚至将农作物种到了堤中央。等到雨水一多，水位上升，这些农民为了保住庄稼和渠田，便偷偷地在堤坝上挖开口子放水，因而决口事件经常发生。到后来这种情况变得越来越严重，抓不胜抓，防不胜防。面对这种情形，历代荀陂县的行政官员都无可奈何。每当渠水暴涨成灾时，便调动军队一面忙着抓人一面去修筑堤坝。后来宋代李若谷出任知县时，也碰到了决堤修堤这个头疼的问题，他便贴出告示："今后凡是水渠决口，不再调动军队修堤，只抽调沿渠的百姓自行修堤。"这布告贴出以后，再也没有人偷偷地去决堤放水了。

这两种方式对我们管理者的评价是否有启示意义？

在你离开后，我也进行了深入的思考，我个人的看法是，在职业经理市场还远不够成熟的今天，中小企业如果让职业经理做总经理，老板做总经理助理或许更适合企业的发展。老板从台前退至幕后，执行总经理决策的同时，既了解了进度，又能协调某些关系，这对民营企业也许不失为一种可以参考的模式，当然不能因此形成第二个权力中心。

Jfsongzy

2011 年 9 月 9 日

青春期遇到的更大麻烦，实质上是经营目标的转变。这一时期企业的经营目标必须由"更多即更好"转变为"更好即更多"，即由量取胜变为以质取胜。学步期的企业倾向于销售额的增加，他们总以为销售得越多利润就越大，就好像利润率是固定不变的一样。然而，这种态度却会使学步期的企业遇到麻烦。实际上，很可能是企业销的越多赔的也越多。结果使企业经营陷入了危机，企业人心开始涣散，有能耐的人开始离开公司，或者显露出要离去的意思。

为了扭转局面，留住大家，创业者于是想出了让他们入股的招数，试图以此收买他们的忠诚。但这不仅起不到预期的效果，甚至很可能会产生新的问题。一方面，以前是这些人没有责任和权力干涉创业者的行为，那么现在他们不但理所当然而且有权干涉创业者的行为了，因为他们已经是企业的股东了，于是他们与创业者的矛盾越来越多。其实如果企业没有形成一套责任清晰、职权分明、信息通畅的制度体系以规范个人在企业中的行为，这样的入股分红对职工来说仅仅是一笔意外之财。而且如果这不是一笔非常大的意外之财，也根本挽留不住管理人员。

尽管大家都希望公司经营能够井井有条，但一旦实施起来遇到问题时，大家都会互相推诿。为了实现企业的转型，此时大家必须齐心协力参与公司的转型，而且需要足够的时间来完成。如果创业者总是在一线上忙碌，一味追求增长，由于他们没有用太多的时间和精力认真思考"革命性"的不安定因素，企业迟早会出现问题。此时专业管理人员与董事会有可能会结成同盟，从而很有可能会把富有创新开拓精神的创业者排挤出企业。之所以出现这种联盟，原因在于董事会认识到这场权力之争不仅仅是专业管理人员与开拓者之间的事，这实际上也是董事会与开拓性创业者之间的冲突。如果创业者占了上风，他就会发号施令，而董事会的权力就有限了。

这种情形，我们可以通过新东方的纷争得以印证。2000年，新东方由于业务发展的需要决定成立股份公司，然而在公司股份分配完毕后却引发了公司控制权争夺的纷争。这种纷争使新东方从2000年到2004年间一直处于动荡之中。甚至小股东联盟曾一度将新东方创始人俞敏洪排挤出总裁的位置。俞敏洪在其2014年出版的《在痛苦的世界中尽力而为》一书中详细地告诉了我们这种纷争，我们可以好好体会和借鉴。

在青春期，有关授权、领导权和目标转换的三个方面出现问题是正常现象。如果冲突导致了企业对决策过程有直接和间接影响的人之间丧失相互信任和尊重之类至关重要的问题时，那就是病态现象了。不少人离开时带走了许多好的构想与机会，他们觉得自己没有必要再忍受这种没有意义的工作。此时企业如果控制得不好，也可能会出现不当管理，企业病态的结果是未老先衰。热衷于数字的人掌权之后，企业有了"数字化管理"却失去了前瞻性的战略眼光，有了组织纪律性却失去了朝气活力，有了管理系统却导致了组织臃肿，最终企业会丧失盛年期的收获而直接进入贵族期，甚至直接死亡。

完成青春期转变的要害，是创业者或具有创业者气质的人与经理人之间的理解、信任与合作。所以，那些由所有者身份充当经理人的企业，如果这些所有者能够直接转变为职业经理人，成长的烦恼就会减少许多。

总结以上内容，我们不难看出青春期的企业特征现象最为纷繁复杂（见表2-4），这需要创业者、职业经理人及其他高管共同协作与配合才能顺利度过危机，否则处理不当，企业会出现分道扬镳或未老先衰的局面。

表2-4　青春期企业的特征现象

正常现象	不正常现象
● 合伙人与职业经理人之间冲突与矛盾	● 退回到学步期或陷入创业者陷阱
● 暂时丧失远见	● 开拓者离去，行政型人掌权
● 创业者控制了企业	● 创业者被排挤出企业
● 激励机制滋长了错误行为	● 企业在赔钱，而员工却因表现突出得到奖励
● 授权摇摆不定	● 权力变更使企业陷入瘫痪
● 制定的政策没有坚持	● 相互信任和尊重飞速下降
● 董事会对管理人员加强了控制	● 董事会解雇了创业型人员

2.1.5　盛年期（一派繁荣）

盛年期是企业生命曲线中最为理想的点，在这一点上企业的自控力和灵活性达到了平衡。盛年期的企业制度和组织结构能够充分发挥作用，视野的开拓与创造力的发挥已经制度化，能够制订并贯彻落实计划。无论从销售还是盈利能力来讲，企业都能承受增长所带来的压力。此时的企业明白它要什么和不要什么，关注点可以兼顾顾客和雇员，销售和利润能够同时增长，它能预测到即将取得的成效。这时的企业已经成为能够共享某些功能的利润中心组合体，规模经济和显著效益可以让公司多产起来，能够分化和衍生出新的婴儿期企业，也能够扩展到新的事业领域，有了相互尊重和信任的企业文化，可以促进企业的内部整合和团结。

盛年期的企业很清楚自己在做什么，将向什么方向发展，如何发展。盛年期与学步期的企业都能赚钱，但与学步期企业的区别在于：学步期的企业能够给你讲明白为什么他们赚了钱；而盛年期的企业则会告诉你他们为什么将要赚钱，而且他们确实能按照自己所说去做。在学步期，即便企业真有什么预算，现实与预算之间的差距也很大。在盛年期，企业的预算富有进取性，实际情况与预算之间的差距也是能够让人接受的。盛年期的企业具有学步期企业的远见和进取精神，同时又具备在青春期所获得的对实施过程的控制力与预见力。

当然，盛年期的企业也有问题，这种问题主要是培训不足。婴儿期、学步期、青春期出现过的问题，有可能在盛年期还会出现，但是，在问题重要性的排序上，以前出现过的问题位置统统会后移，而鼎盛状态下要想持续发展，管理人员的培训不足、训练有素的员工不够，则会上升到首要位置。企业运行中的问题可以分为常态问题和病态问题，常态问题是影响当前发展的问题，或者说是当前发展中肯定会孕育出的问题，而病态问题则是上一阶段没有解决了的问题遗留。盛年期已经进入公司发展有预见、可控制并具有资金基础的阶段，所以关键的难题是如何以高素质人员来保持兴盛状态。

需要指出的是，盛年期并不处于企业发展的最高点。过了盛年期，发展曲线还会继续上升。这时的发展源泉，来自以前积累起来的活力。企业如果不滋养这种活力，就会逐渐丧失进取精神。爱迪思在后来的补充和修正中，把盛年期又分为两个阶段——盛年前期和盛年后期。前期和后期的区别在于，前期经营者还在力求兴旺发达，后期经营者则满足于维持已经形成的大好局面。

进入盛年期的企业，相对于其他时期而言，问题相对较少，此时缺乏管理培训和训练有素的员工不足是常有的事，但这并无大碍，这一时期，企业特别需要预防和处理的问题是自满现象的蔓延（见表2-5）。

表2-5　盛年期企业的特征现象

正常现象	不正常现象
● 缺乏管理培训，训练有素的员工不足	● 自满

2.1.6　稳定期（维稳和谐）

稳定期是企业衰老的转折点，企业虽然一切还是欣欣向荣，但是大家都越来越循规蹈矩安于现状，一种"只要没出大问题，就别去碰它"的消极态度困扰着企业。企业开始丧失创造力、创造精神及鼓励变革的氛围。员工花在一线客户身上的时间少了，在办公室的时间多了起来。会议中没有年轻时的直截了当和犀利锐气，而更多的是小心翼翼和习惯防卫。决策的隐含准则是保护自己的利益而不是保护公司利益。这时的高管层虽然也能倾听建议，但却不会探索新的领域。企业权力中心的关注点慢慢地向财务和法律事务部门转移。琐细的事实、大量的数据和精密的公式在决策中满天飞。

稳定期的表象，是企业遇到了增长瓶颈，实际上是发展曲线到了顶点。表面上看，企业的组织良好，运行有序，按部就班，中规中矩，不再有那种为了事业的固执己见和剧烈争吵。对于胸无大志的领导人来说，可能还会因为冲突明显减少了而沾沾自喜，企业由于已经赢得了市场的稳定地位而富有安全感。公司里有时也会出现新的构想，但却没有了当年的那种兴奋和刺激。领导人为了保持企业的良好声望，会压缩长远的研发预算而加大短期赢利能力的投入，甚至为了保持现有赢利水平而削减市场调研费用。稳定期企业一个最典型的表现，就是对财务部门的重视超过了对营销部门和研发部门的重视，对改善人际关系的兴趣超过了对冒险创新的兴趣，对昔日辉煌的津津乐道超过了对发展愿景和新战略定位的探索，在用人上更乐意用唯唯诺诺者而不愿再见到桀骜不驯者。表面上，这一阶段没有大毛病，高管层更多地会误以为这就是盛年期，但实际上衰败的种子正在悄悄发芽。

总的来讲，进入稳定期的企业，无论从哪一方面看，其典型特征都可以归结为"维稳和谐"。这种特征是正常的，因为不具备这些特征，就不能称为稳定期。这种特征又是需要改变的，因为不能改变这些特征，企业就无法继续增长而逐渐开始老化。

稳定期企业的特征现象：

● 只要没出大问题，就别去碰它

● 企业遇到了增长瓶颈，缺乏新的增长点

● 对财务部门的重视超过了对营销部门和研发部门的重视

● 对改善人际关系的兴趣超过了对冒险创新的兴趣

● 用人上更乐意用听话者

2.1.7 贵族期（面子工程）

贵族期企业的表面是雍容华贵，但实质上则是那种半老徐娘在风华已逝之后的浓妆艳抹。这个阶段的企业，资金充裕，会把大把的钱花在控制系统、福利措施和一般设备上。企业重视的是做事的形式，而不问所做的内容、原因和结果，对衣着称谓方面越来越重视，企业缺乏内部创新，把兼并其他企业作为获取新的产品与市场的手段，甚至试图以这种兼并方式"买到"创新精神。这里值得注意的是，贵族期的兼并主要是为了获得创新精神，尽管他们并不承认，这与其他时期的兼并目的有明显不同。稳定期的兼并主要是为了维持增长，盛年期的兼并主要是为了获得竞争优势。

企业内部氛围在贵族期会变得相对比较沉闷。在这样的企业只要你尽可能保持低姿态，夹着尾巴做人，别惹麻烦，你就会平安无事，甚至还会得到提升，升职的条件根本不会看你在工作中作出了什么成绩。

贵族期企业的本质就是两个字——平庸。从衣着、会议室、工作空间、相互称呼等形式要件，到薪酬与福利，是区分贵族期同其他阶段的明显标志。

婴儿期是没人关心穿戴的，学步期开始有了正装，但并不统一，盛年期出现了职业化套装，但一般颜色较浅，贵族期则是深色套装，犹如参加庄严的典礼。

婴儿期的企业没有正式会议场所，走廊、电梯、路边经常是议事地点。学步期的办公室就是会议室，甚至经常一边吃盒饭一边讨论问题。青春期的争论往往在会议室之外，会外的碰头和协商比正式会议更为重要。盛年期会议室开始正规化，宽敞明亮，桌椅简单舒适。贵族期的会议室经过了精心装饰，墙上挂着创业者的画像，奢侈豪华的深色大会议桌配有典雅的沙发式椅子，地毯、暗色厚窗帘和柔和的灯光衬托出肃穆的气氛。

办公地点也一样，婴儿期和青春期都非常散乱，哪儿有业务就在哪儿租房子办公。盛年期开始有了办公大楼，但比较实用，没有过分浪费和炫耀。贵族期的办公楼则极其奢华，空旷的回廊，带有个人盥洗间的总经理办公室，摆放着昂贵的高档家具和装饰品。

在相互称呼上，婴儿期和青春期直呼其名，盛年期名姓并称以示尊重，贵族期只能战战兢兢地只称姓氏而且还要带上头衔。在沟通上，婴儿期和青春期是直言不讳，盛年期是有板有眼，贵族期则是官话连篇。

在薪酬和福利上，婴儿期和学步期企业的职工几乎勉强维持生计。处于青春期企业的职工，可能羞于与别人比较待遇。到了盛年期企业的职工则能够拿到较高的薪酬。而到了贵族期的企业，如果你向企业索要薪酬太低，可能会受到歧视。

贵族期的企业不肯承认现实，尽管其市场日见萎缩，在产品和营销技巧上也越来越无法与对手竞争，但其成员还是抱着一副平安无事的态度，一切想当然做事，完全忽略或不顾形势的趋势变化。

总之，进入贵族期的企业，无论从哪一方面看，其典型特征都可以归结为"面子工程"。与稳定期企业类似，贵族期企业的这种特征是正常的，因为不具备这些特征，就不能称为稳定期。然而这种特征又是必须要改变的，否则企业就逐步会进入官僚期。

贵族期企业的特征现象：

● 大把的钱花在控制系统、福利措施和一般设备上
● 注重形式而不注重内容
● 等级森严
● 用人上一定要用听话和夹着尾巴做人的人

2.1.8 官僚期

当公司挣不到钱，也不能继续兼并有价值的企业之时，就进入了官僚期。

步入此期的企业，人们都为了维护自己的利益而争斗，一旦企业遇到问题，大家强调的都是别人造成了灾难，甚至制造和放大问题，似乎只要找出"罪魁祸首"问题就能得到解决。总是要有人为错误承担责任的，于是企业内讧和中伤不断。大家都在忙于争夺自己在企业内部的势力和利益，而无暇关心客户的需求。最后的结果是那些不擅长权术政治且具有创造力的人就变成了利益斗争的牺牲品。正如在腐败的机构最容不下正直的人一样，那些试图推行变革、彻底扭转官僚化趋势的人，其努力不但无济于事，而且还往往会搭上自己的职业前程，最后不得不"负罪"走人。

贵族化和官僚化的区别，主要在于有无"管理偏执"（Managerial Paranoia）。如果说贵族化阶段人与人之间还能够维持表面的友好，那么官僚化阶段则会出现怒目相向的"人祭"仪式，那些被指斥为造成公司困境的责任者会遭到处理和解雇。所谓的"偏执"，是指被推上祭坛的人，可能并不是问题的真正制造者，而他们只不过是替罪羊而已。如果情况还不好转，这种情况经过一段时间还会重演，而人们不清楚下一个替罪羊会轮到谁，所以又会加剧内部政治争斗和互相诋毁。

官僚化的结局是企业濒临破产，此时靠企业自身的商业努力已经无力回天，其出路只有两条，或者是接受政府补贴，或者是被收归国有。这两条出路的前景都不美好。可以说，此时的企业已经病入膏肓，由政府插手也就相当于是把它送入重症监护病房，进行特殊护理以延生命。这种强力救护措施，有可能使企业表面上得以再生，但实质上不过是企业死亡前的回光返照而已。因为在这样的企业中，具有创新精神的企业家是没有立足之地的，他们可能来了又走了，最终剩下的还是行政型管理者。

官僚期的企业，到处充斥着制度、表格、程序、规章，就是看不到真正的经营活动。典型的官僚期企业已经不在乎客户，与外界隔绝，盛行文件崇拜，不管什么事情都需要打书面报告，而且审批流程繁杂。客户提交的书面请求也最终找不到谁能对产品中出现的问题负责，被推来推去，甚至就根本无人理会。部门负责人只是照章行事，甚至还利用手中的小权略施刁难，至于制度为何这样规定及是否合理却说不清楚。不管是内部员工还是外部的利益相关者，得到的答复都是"公司就是这样规定的"。这样的企业本质上已经死亡，但是，有些官僚期企业却能够维持昏睡式生存，这种生存主要依赖两种方式：一是靠垄断避开市场竞争，二是靠工会压力不让倒闭。

官僚期的企业离死亡已经不远，此时具有创新精神的企业家是站不住脚的，最后只剩下的是等死的行政型管理者。

官僚期企业的特征现象：

● 为利益而争斗激烈，权术遍行

● 出现"人祭"仪式，解雇那些被指斥为造成公司困境的"替罪羊"

● 到处充斥着制度、表格、程序、规章

● 具有创新精神的企业家是站不住脚的，最后剩下的是行政型管理者

2.2 PAEI企业成长管理

2.2.1 企业PAEI角色

综观企业生命周期各阶段的问题，看上去非常复杂，但实际上基本是围绕以下四个方面出现的问题：创新、整合、执行、行政。

爱迪思认为，管理的职能有两个任务，一是实现效益，二是实现效率。管理者承担的四种角色都是围绕这两个任务进行的。效益就是企业取得的成绩或获得的结果。企业的效益包含长期的效益和短期的效益。效率就是企业为取得成绩或获得结果而付出的成本。企业的效率包含长期的效率和短期的效率。

企业要想取得长期的效益，就必须对未来关注，就不能只是关注眼前的行动。而关注未来就需要通过创新（Entrepreneur）来实现。因此，创新（E角色）是企业获得长期效益的管理职能。

然而企业完全关注于长期的效益还是不够的，因为企业的生存"远水解不了近渴"。因此，企业还需要踏踏实实地把现在的工作做好，完成企业的短期效益。实现短期的效益就需要立即行动，实现目前的组织目标（Performence the Purpose of the Organization），因此执行（P角色）是企业获得短期效益的管理职能。

企业管理只有效益不行。因为如果企业完成一件任务而花费了大量的成本，那么企业也是不能接受的。因此，企业管理除了效益，还需要效率。

企业要想取得长期的效率，就必须整合协同（Integrating）相关的资源。尤其是要提前开发资源，建立关系，塑造文化，使各种资源形成一个有机整体、共同发挥作用时，长期的效率才会实现。因此，整合协同（I角色）是企业获得长期效率的管理职能。

而企业要想取得短期的效率，就必须注重行政管理（Administrate）。做好组织分工、规范流程、控制成本、建立奖惩制度、加强绩效考核，用尽一切手段使现在的工作做得更快一些、成本更低一些、风险更小一些。因此，行政管理（A角色）是企业获得短期效率的管理职能。

P、A角色可以为企业带来短期效益与效率，而E、I角色可以为企业带来长期的效益与效率。其中，P与E都是获得效益的手段，而A与I都是获得效率的手段。对于企业管理而言，这四种角色是零和博弈，也就是说假设企业管理总量为100%，而这四种角色各自所占的比例加起来总数为100%，如果其中一种角色的比例要提高，那么另外三种角色所占比例总量必须要减少。

在企业生命周期中这四种角色的独特组合形成了各阶段的生命特征，从而产生了各阶段的典型问题。在某一阶段，会出现一种典型特征角色，在这一典型特征开始消退时，另一种典型特征就出现了。当这两种特征的重要性最终取得平衡时，第三种角色就会脱颖而出。最后到了盛年期，会有三种或四种特征达到均衡。

关于这四种角色（爱迪思将它们简称为PAEI），在企业发展的每个阶段所处的重要程度不同，一旦企业在不同的阶段在这四个方面优先次序上出现了问题，企业就不可避免会出现问题。

爱迪思除用PAEI来划分管理职能角色外，还将PAEI用于管理决策的划分。爱迪思认为一个好的决策，必须能解释以下几个问题："谁是顾客，我们为谁而存在（为谁做）""我们为什么而做，顾客的真正需求是什么（为何做、何时做）""我们做什么才能满足顾客需求（做什么）""我们如何满足需求（怎么做：规范、制度、最小成本）""是否可行，其他利益相关者想什么（谁来做）"。

I是解决企业长期效率的整合角色，因而I型角色负责思考"谁是顾客，我们为谁而存在（为谁做）"和"是否可行，其他利益相关者想什么（谁来做）"这两个问题。E是解决企业长期效益的创新角色，因而E型角色负责思考"我们为什么而做，顾客的真正需求是什么（为何做、何时做）"。P是解决企业短期效益的执行角色，因而P型角色负责思考"我们做什么才能满足顾客需求（做什么）"。A是解决企业短期效率的行政角色，因而A型角色负责思考"我们如何满足需求（怎么做：规范、制度、最小成本）"（见表2-6）。

表2-6　PAEI角色含义

角色		各种角色含义	
I	整合	谁是顾客，我们为谁而存在（为谁做） 是否可行，其他利益相关者想什么（谁来做）	长期效率
E	创新	我们为什么而做，顾客的真正需求是什么（为何做、何时做）	长期效益
P	执行	我们做什么才能满足顾客需求（做什么）	短期效益
A	行政	我们如何满足需求（怎么做：规范、制度、最小成本）	短期效率

2.2.2 企业生命周期及管理角色

企业的发展过程，就是P、A、E、I四大角色按照一定顺序发展并渐渐得到平衡的过程。企业各阶段出现并存在的问题，是因为这四大角色及其子系统在企业一开始发育时不够完全造成的。企业之所以在各阶段出现不正常问题，是因为当子系统发育时，不同角色未按照一定次序发育，结果造成了各子系统之间的冲突，从而导致了异常问题的出现。当这些角色按顺序出现时，新出现的角色以正常的、预料之中的冲突得以巩固并制度化时，企业生命周期曲线就正常了。一旦这些问题被克服，企业就要做好进入下一生命阶段的准备，因为新的角色将会出现。企业需要在巩固应对现有阶段和上一阶段问题的基础上，充分应对新的即将出现的问题。当企业受困于某一阶段，而不能继续向下一阶段的功能或角色发展时，就会出现病态行为。事实上，当企业遇到这样的困难时，它一般会回归到前一个角色发挥作用的阶段去。当企业不能继续前进时，企业就会退回到自己所熟悉的行为方式中去。

在企业的孕育期，E角色为主导角色。因为它代表着企业的未来，确定着企业存在的理由。它是企业家精神建立一个企业的基础，而此时其他三种角色则处于次要地位，在一定程度上发挥参与作用，因而此时的企业风格是paEi（字母大写表示主角，小写表示配角，○表示缺位或消失），主要任务为创造产品。

企业进入婴儿期，P角色开始走上前台发挥主导职能。因为A的规范经营与E最不相容，而I也不能在短期内取得效益，都不能应对急需。只有P能在短时间内实现效益，"做、做、做"的快速行动要求非P莫属，因此P成了主角。此时的企业风格为Paei，主要任务为获得资金。

如果P一直主导，企业就会永远停留在病态的婴儿期。只有代表创新精神的E重新进入聚光灯下与P共同主导，企业才能进入学步期。学步期的企业风格是PaEi，主要任务是销售份额。因为P、E所追求的效益是相容的，在学步期后期它们都是驱动力量。

由于P、E的共同主导，企业发展迅速，企业变得越来越大，创业者及高层管理者对企业的控制能力越来越力不从心。此时企业不得不进行授权管理，而为了保证管理层的意愿不至于在授权后被滥用，企业不得不通过制度规范来保证授权的质量，于是具有规范管理的A角色走向了前台，而P暂时得到休息。青春期的企业风格是pAEi，主要任务是授权规范管理，以实现利润为目标。需要特别指出的是A和E之间最不和，有可能企业发生让E而不是P休息的情形，如果这种事情发生，企业就进入了病态的未老先衰阶段。

企业的制度到位、管理健全之后，制度的规范及积极的开拓创新，使企业渐渐执行无力。于是企业就需要把担负执行功能的P请回前台，盛年初期的风格会变为PAEi。目标也会调整为利润与销售兼顾。

如果维持长期的盛年期，I一定不能迟于青春期加入，因为AE之间的冲突过于突出，几乎是格格不入，它们的争斗需要I来协调，I越来越重要。持久盛年期的风格为PAEI。

因为A和I造成的控制力增加，E被包围，不再强调创新精神，而更为重视人际关系的协调融洽，在这种情况下，E会最先被请出舞台。稳定期的企业风格为PAeI。目标为维持利润。

E先是旁观，继而发现舞台中已经没有自己发挥的余地之时，它就另谋高就了。E走后，企业最终因为创新的缺乏、产品的陈旧，使P长期得不到激励，于是它也抽身了。此后企业开始有形式而无功能，吃过去的老本。

值得强调的是，凡是盛年期发育充分的企业，到贵族期的财务数字往往比盛年期还要好，其原因在于贵族期不再冒险，而且更为注重数字化导向和企业安全。贵族期与盛年期的最大区别，就是到了贵族期，企业有着充裕的资金，但是不知道该用这些资金干什么。此时的风格为pAeI。目标为追求投资回报。

由于E的功能一直下降，再丰厚的老本也有吃光的时候。企业开始遭到社会抛弃，资金开始枯竭，裁员、亏本甩卖等救急措施，充其量也只能暂解燃眉之急，而且会极大削弱P的功能。此时，内部矛盾开始显现，高管陷入揪出罪魁祸首的争斗，因此I也随之下降，企业进入了官僚化早期，此时的风格为〇A〇i。此时企业中所有人的目标为，追求个人在企业中的生存和利益。

随着企业内部矛盾的激化，在i最终消失后，就剩下A了，于是企业变成了一个吞噬自己的怪物，完全官僚化，此时的风格为〇A〇〇。这时候企业已别无他求，只能是靠政治手段乞生。

当企业对任何人都没用而且也不能得到政府救助的时候，A也消失了，企业宣告死亡，此时企业风格为〇〇〇〇。企业走到这个地步，除非出现奇迹，否则再无力回天（见图2-1）。

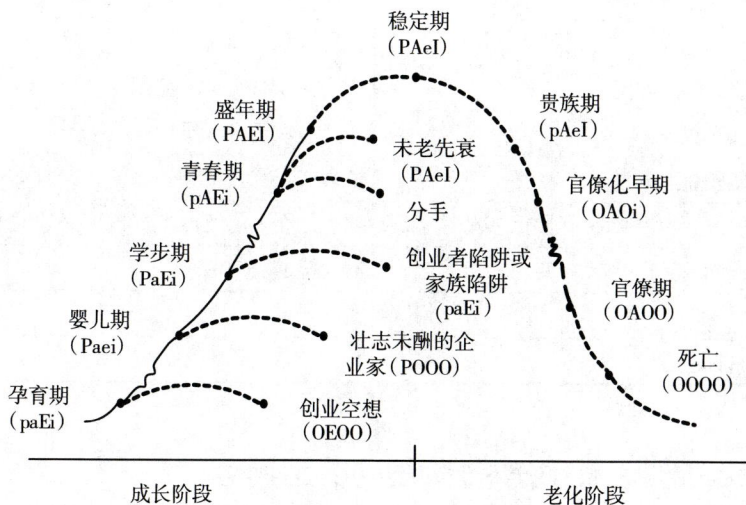

稳定期
（PAeI）

盛年期
（PAEI）

贵族期
（pAeI）

青春期
（pAEi）

未老先衰
（PAeI）

分手

官僚化早期
（OAOi）

学步期
（PaEi）

创业者陷阱或
家族陷阱
（paEi）

官僚期
（OAOO）

婴儿期
（Paei）

壮志未酬的企
业家（POOO）

死亡
（OOOO）

孕育期
（paEi）

创业空想
（OEOO）

成长阶段　　　　　　老化阶段

图2-1　企业生命周期及管理角色

2.3 关于企业生命周期的特征与问题总结

2.3.1 成长阶段与老化阶段的比较

企业生命周期的整个过程，以稳定期为转折点，大体分为成长阶段和老化阶段，总的来讲，这两大阶段的特征见表2-7。

表2-7 成长阶段与老化阶段特征对比

成长阶段	老化阶段
个人的成功源于承担了风险	个人的成功是由于避免了风险
期望大于成果	成果大于期望
缺乏资金	资金丰富
强调功能重于形式	强调形式重于功能
重视做事的原因和重视所做的内容	重视做事的方式及谁曾做过此事
不管员工的个性，只要对企业有贡献就加以重用	不管员工对企业的贡献有多大，得到重用是由于其个性
除去明令禁止的，什么事都能做	除了明文允许的，什么事都不能做
问题被视为机会	机会被视为问题
营销和销售部门最具权威	会计、财务及法律部门最具有权威
具体工作部门权大	公司行政职能部门权大
责任大于权力的不相配	权力大于责任的不相配
管理人员左右企业	企业左右管理人员
管理人员驾驶企业的冲动	管理人员受企业惯性驱使
领导风格的改变可以导致企业行为改变	要想使企业行为改变，制度必须改变
需要管理顾问	需要斗胆直言者
销售导向	利润导向
以增值为目标	权力游戏

2.3.2 企业生命周期各阶段的典型问题

在企业周期各个阶段，企业可能会同时面临许多问题，尽管各阶段有各自的典型特征和问题，但并不是某个阶段的特征和问题只会在某个阶段存在。而事实上这些特征和问题只是从整体上看属于某个阶段，但在局部上讲这些特征和问题会在企业生命周期中的任何一个阶段都是存在的。主要的区别是这些特征和问题在不同阶段的优先次序不同。

在成长阶段，企业第一位需要解决的问题是本阶段的典型问题，第二位需要解决的是上一阶段遗留的尚未处理得很好的问题，处于第三位的是下一阶段将会出现的问题，以此交织形成各阶段的问题集及其优先次序。在企业老化阶段则正好相反，企业第一位需要解决的问题是本阶段的典型问题，第二位则需要解决的是下一阶段将要出现的问题，处于第三位的是上一阶段尚未处理很好的遗留问题。如果企业未能按这个次序处理好这些问题，其结果就会导致处于成长阶段的企业未能继续成长，处于老化阶段的企业继续老化而未能重获生命力。当然，需要说明的是，这里只是提供了一个基本的企业问题解决思路，事实上由于企业情况的复杂性，处理问题的优先顺序并不一定完全按照这个思路解决才是对的。

一般来讲，企业各发展阶段的典型病症见表2-8。

表2-8　成长各阶段典型病症

发展阶段	典型病症	
	正常病症	异常病症
婴儿期	责任与风险相当，继续坚持 短期资金短缺 企业家独断专行，缺乏授权 缺乏制度	风险大于责任，选择放弃 长期资金不足 过早授权或失去控制权 过早制定复杂制度
学步期	授权，偶尔集权 稳步发展 制度、预算、政策合理但不是很完善 组织结构不是很完善	过度授权与过度集权 自大与过快增长 缺乏合理的制度、预案、政策 没有合理的组织结构
青春期	合伙人与职业经理人间冲突与矛盾 暂时丧失远见 创业者控制了企业 激励机制滋长了错误行为 授权摇摆不定 制定的政策没有坚持 董事会对管理人员加强了控制	退回到学步期或陷入创业者陷阱 开拓者离去，行政型人掌权 创业者被排挤出企业 企业在赔钱，员工却因表现突出得到奖励 权力变更使企业陷入瘫痪 相互信任和尊重飞速下降 董事会解雇了创业型人员

续表

发展阶段	典型病症	
	正常病症	异常病症
盛年期	训练有素的员工不足	自满
稳定期	只要没出大问题，就别去碰它 企业遇到了增长瓶颈，缺乏新的增长点 对财务部门的重视超过了对营销部门和研发部门的重视 对改善人际关系的兴趣超过了对冒险创新的兴趣 用人上更乐意用听话者	
贵族期	大把的钱花在控制系统、福利措施和一般设备上 注重形式而不注重内容 等级森严 用人上一定要用听话和夹着尾巴做人的人	
官僚期	为利益而争斗激烈，权术遍行 出现"人祭"仪式，解雇那些被指斥为造成公司困境的"替罪羊" 到处充斥着制度、表格、程序、规章 具有创新精神的企业家是站不住脚的，最后剩下的是行政型管理者	

2.3.3 企业生命周期与组织管理

正如前面所述，在企业生命周期各个阶段，企业面临的主要问题不同，而且企业解决这些问题的优先次序也不同，因此结合这种特点，我们提出了基于企业生命周期的组织管理建议。

在组织管理中，无论是企业老板，各种高层管理人员，还是咨询顾问，首先要识别和了解企业所处的生命阶段。在识别时，不但要把握整个企业处于哪一生命阶段，还要把握不同部门的生命阶段差别。

其次，要仔细研究企业面临的问题，分清楚正常问题和不正常问题，确定患病企业需要解决问题的优先次序，并制订解决计划和方案加以实施。

最后，除了对患病企业的主动管理外，企业管理者在被动管理时，也应结合企业生命周期的阶段，分析问题、解决问题。如企业树立文化、制定战略、实施管理、人员招聘与管理、进行决策等从事一切管理活动时，都应该基于企业所处的生命周期阶段的特点、问题和重点进行。

1. 孕育期企业

孕育期企业的决策关注重点：创业者一定要清楚自己的梦想是什么，自己愿意为这个梦想付出多少代价，这个梦想的风险有多大。创业推出的商品的卖点是什么、优势是什么，能坚持多久。一定要拟一份详细的商业计划书，最好经过有经验的创业者或咨询公司人员对其进行深刻探讨。孕育期企业一定要考虑自己的顾客是谁，他们的需求是什么，自己是如何去满足顾客的这种需求的，自己能够为顾客创造多大价值。

2. 婴儿期企业

（1）婴儿期企业的决策关注重点：增加销售量成为头等大事。这时候必须稳定产品，核定价格，支持销售。尽一切办法使产品尽快上市，尽快销售，尽快回款。强化E功能，补充P角色。婴儿期如果采取了过多的结构化、标准化、专业化措施，常常是有害的，这会降低婴儿期的灵活性，甚至带来危险。大规模的制度建设和套装的企业规程，以及为了闪亮登场而准备的豪华办公场所，都会伤及婴儿期企业的元气。

（2）婴儿期企业的人力招聘：婴儿期的企业可能不需要太能干的人才。因为此时的企业缺乏资金，如果招聘很能干的人才，人力成本过高，会导致企业启动资金很快耗尽。另外，由于创业者的独断专行，太能干的人才可能会因为"不得志"而离去。此外，习惯了成熟企业管理的员工，很难适应婴儿期企业的行为，他们会觉得企业问题太多，满腹牢骚。也就是说可能"海龟不能适应淡水河里的生活"。如果一定要招聘太能干的人，也仅限于纯技术的人员。对于非纯技术人员而言，除非他是高度灵活并能很快适应婴儿期企业的人，薪酬问题上应以长期激励为主，如股权。

（3）职员心态认识问题：个人远大的理想和抱负，需要暂时储存，完成企业目标是第一位的。想得到授权和自由的发挥可能有难度，即使创业者对你很赏识和授权，这种自由度也是有限的。抱怨企业制度缺乏，抱怨企业问题重重，抱怨无人可用，都没有实际意义。管理人员尤其要认识到企业阶段的问题，并抓住主要问题行事。

3. 学步期企业

（1）学步期企业的决策关注重点：组织结构的完善，组织目标的明确，预算的初步建立，组织运营的逐步制度化与规范化；创业者逐步的授权；稳步发展。组织要学会列出行动计划，学会优先筛选计划，明白鱼与熊掌不可兼得。还要建立细节性的目标和原则，以保证不破坏优先目标。应不失时机地让 A 融入企业，明确什么不能做，谨防摊子铺得过大，战线拉得太长，进行组织化的起步工作，以摆脱创业者陷阱和家族陷阱。

（2）学步期企业的人力招聘：学步期的企业需要逐步引入或培养专业化的、诚实守信的管理人才。

（3）职员心智改变与心态认识问题：积极改善公司人员心智模式；组织制度完善需要一个过程，需要耐心等待，创业者和职业经理人要逐渐建立信任体系，逐步授权，并允许犯错。

4. 青春期企业

（1）青春期企业的决策关注重点：授权、领导权和目标转换，针对这三者的制度化建设和执行。青春期最常见的问题是创业者被排挤出局，过早地循规蹈矩，变成小老头；或者陷入创业者陷阱而无法规范化。

（2）青春期企业的人力招聘：青春期的企业需要经过培训，并有经验丰富的变革型高级管理人才。

（3）职员心智、心态认识问题：组织制度必须要完善，职业经理人要把握创业者的心态，在尊重基础上推进变革，改善公司人员心智模式，创业者需要充分信任新聘请的管理人员，尤其要放弃对元老级人物的过度宠信。对于老员工而言，倚老卖老的日子将一去不复返，你不去改变和适应新的管理文化，只能成为企业的绊脚石。

5. 盛年期企业

（1）盛年期企业的决策关注重点：持续竞争优势的建设，后期的持续发展。应该采取的措施是加快企业权力下放，引领新的利润增长点，可以采用新建婴儿期企业和购并扩展的方法形成"企业家庭"，即能够规避企业殖民风险的企业集团。

（2）盛年期企业的人力管理：管理培训及职工培训。

6. 稳定期企业

稳定期企业的决策关注重点：如何重新回到盛年期，针对企业老化研究良策，解决增长瓶颈问题，进行市场和产品创新。企业应该规划未来发展，分析生存环境，预见机遇和威胁，调整权力结构，加速权力下放，刺激创新。这一阶段最重要的是激发和重塑企业的创新精神，这需要分析导致老化的主要原因是什么。如果是高管层心智年龄老化，就要重组高管队伍；如果是因为所感知的相对市场份额而自满，就要重新界定市场范围（因为市场范围界定过小是不思进取的企业领导人自我陶醉的捷径）；如果是组织结构或领导风格的呆板，就要重新激活组织系统或者改变领导风格。

7. 贵族期企业

贵族期企业的决策关注重点：如何进行一次彻底的革命，特别是企业文化的革命。深层次揭示企业面临的问题，重新界定企业的使命，制订强有力的改革方案，拉出有活力的学步期和婴儿期子公司，重组为平等的家庭式结构而避免过去的殖民化结构；开辟新的短期任务，由组织内的创新型管理者来主持全局，激励创新，权力下放，必要时需要以"外科手术"更换管理层。

8. 官僚期企业

基本已经无可救药。

第三章 企业成长三大基石

3.1 企业成长基因

3.1.1 企业存在基因的概念

1953年，沃森（Watson）和克里克（Crick）提出了DNA双螺旋结构模式，提示了生物界遗传性的分子奥秘。根据生物学的理论，生物具有特定的基因，而正是这些特定的基因决定了生命体从孕育到衰老的整个生命过程特征。例如，乌龟可以活上千年不死，蚕注定了是短暂的几十天生命；银杏注定了要落叶，柏树注定要长青；昙花注定了在夜间开花，太阳花注定了在阳光下绽放。

前面我们介绍了企业的生命周期，既然把企业看成与生物体一样有生命力的活体，那么企业在从孕育到老化的成长过程中，是否像生命体一样有受到基因的控制呢？这些基因是否决定了企业的正常寿命及其在每个成长阶段的特点呢？下面我们先看看学者们的观点吧。

1993年美国密歇根大学商学院教授诺埃尔·蒂奇首先提出了企业DNA的概念，认为企业作为生命体，与自然生物一样，有自己的遗传基因。正是这个基因决定了企业的基本稳定状态和发展，乃至变异的种种特征。诺埃尔·蒂奇从企业的组织制度和文化两个方面提出了企业DNA的存在模式，认为企业基因由决策架构和社交架构两个要素构成。决策架构指哪些决策会被制定，以及如何制定。社交架构指人们如何相处，彼此如何聆听、尊重、处理冲突。两个架构的整合就组成了企业的运行机制，这个机制保证了企业各种发展、教育和反馈的功能。

1994年，美国学者柯林斯和波拉斯通过6年的时间，对18家真正出类拔萃、长盛不衰的公司进行了深入的调查研究。柯林斯和波拉斯经调查后研究认为，长盛不衰的公司具有以下主要特征：坚持核心思想并不断进步；利润并不是唯一追求的目标；有宏伟的、大胆的、冒险的目标；有维护公司核心思想和价值观的文化；进行大量尝试，保留有效措施；从内部培养和提拔管理人才，以维持公司的核心思想，并储备充足的人才；追求尽善尽美。

1997年，曾在原荷兰皇家壳牌公司工作长达38年的管理学者阿里·德赫斯出版了《长寿公司》一书，成为西方长寿企业理论的奠基石。德赫斯提出了公司长寿应具备的关键因素：长寿的公司对自己周围的环境都非常敏感，随时作出及时的反应；长寿的公司有凝聚力，员工有较强的认同感；长寿的公司是宽容的，公司在鼓励大胆的尝试与创新；长寿公司在财政上很节俭，比较保守。德赫斯揭示了公司生存一个相当重要的道理：要为发展而管理，而不要为利润而管理，这样公司才能长期地保存活力。

2005年，加里·尼尔逊等在发表的文章《什么是企业DNA》中指出："就像生物双螺旋结构的DNA由四种核苷酸分子的不同组合所决定一样，企业DNA由组织框架、决策权、信息传导和激励机制四个基本要素组成。这些基本要素通过无数种组合方法形成企业的独特性。"同年，博思艾伦咨询公司认为组成企业DNA的组织架构、决策权、信息传递和激励机制四个基本要素通过无数种组织方法形成企业的独特性，同时开发了一种名为"组织基因剖析器"的在线自测工具，通过将员工个人对19个问题的回答输入软件就可以分析出企业DNA的类型。

2007年，颜爱民参照生命科学中的基因概念和功能，从动态演化角度对企业文化基因及其识别进行了研究，提出了文化基因的识别方法与技术路径。同时，李欲晓提出对于企业生命体而言文化具有基因的作用，并根据遗传的基本特征，界定了企业遗传的基本结构。抛开这些学术成果揭示的企业基因是什么，所有这些研究都认同和支持企业存在基因一说。

3.1.2 从生物基因看企业基因的特点

既然认为企业具有基因，那么从生物领域衍生过来的企业基因也应该具有与生物基因类似的特点和功能特征。因此，我们先看看生物基因的特点和功能特征。

（1）基因反映了生物的根本性状。基因是生物体控制生物性状的遗传物质的功能单位和结构单位，基因是与生俱来的，是决定一个生物物种所有生命现象的基本单位。

（2）基因可以被复制和遗传。基因是具有遗传效应的 DNA 片段，通过复制和遗传可以将生物的遗传物质传递给下一代，从而使后代反映出同亲代相似的性状。

（3）基因具有异质性。不同种类生物基因不同，所包含的遗传物质不同，所以不同生物表现出不同的性状。

（4）基因会发生突变。基因突变的产生是在一定的生物内部因素或外界环境条件的作用下发生的。

既如此，那么在企业生命体内，有谁可以具备基因的特征并担当企业基因的重任呢？综观目前学者们的研究结果，尽管大家的看法并不完全一致，如凡勃伦把制度看作遗传上的基因类似物，纳尔逊和温特则把惯例看作企业的基因类似物，但多数学者都无一例外、或多或少地把文化考虑在企业基因类似物的范围内。只有企业文化才与生物基因的特征和功能最具可比性。

同生物基因相比，企业文化（核心价值观）的基因性质表现在以下几个方面。

（1）企业文化与生俱来，并反映了企业的根本性状。自企业诞生之日起，企业的制度不一定有、企业的组织结构不一定有，但企业的某种价值观一定会有。尽管此时企业的价值观可能（而且在多数情况下）是模糊的，但作为企业缔造者的企业创始人一定有某些核心的价值观念存在，并决定着企业的业务范畴和行为方式。随着企业的不断发展和成熟，这种根源于缔造者的个人追求和观念的企业价值观雏形不断地清晰和完善，进而由个人观念转化为企业理念，成为企业组织整体所信奉和追求的价值观，并决定着企业的业务范畴、组织结构、制度、行为方式等。因此，企业核心价值观不管开始时是模糊的还是明确的，它都决定了企业的行为和发展演化过程，企业核心价值观的这一特征恰好与基因在生物体中的作用相一致。

（2）企业文化可以被复制和遗传。在企业成长当中，企业文化深深地影响着企业的每一个部门、每一个系统乃至每一个员工，在企业进行扩张时，文化将被复制到新扩建的工厂中去，其中首先被复制的就是企业核心价值观，这种复制实质上就是所谓企业的"内部学习功能"。从肯德基在全球的扩张当中可以清楚地看到这一点，肯德基最先向它的新销售店复制的不是它的产品，而是它的服务理念、组织方式和操作程序、规章制度，这样它就完成了企业基因核心价值观、制度和行为规范特征三个层面的基因复制，从而保证了每一个进店的消费者都会很快融入肯德基的环境。

（3）企业文化具有异质性。不同种类的生物基因不同，所包含的遗传物质不同，所以不同生物表现不同的性状。同样每个企业的企业文化也是异质的，没有两个企业的文化完全相同，尽管我们经常可能看到有些企业所宣传的核心价值观可能相似甚至相同，但它们其实是不相同的，因为文化中有些东西是无法用语言表达的，这正如同卵双生的双胞胎尽管看上去很难区分，但二者还是有异质性的。企业会模仿成功企业优秀的价值观和制度来减小与成功企业之间的差异，但在模仿过程中也存在着各种各样的创新和偏差。

（4）企业文化会发生突变和变异。当企业所处的环境发生变化时，如企业主人变更、技术变迁、制度环境变化、市场结构改变等，企业文化就产生了变异的需要。企业内部需要鼓励创新技术的制度，需要产生技术变迁的行为，需要根据市场结构的改变而相应变化企业外部设备及内部规范，当企业发生合并、兼并时甚至需要进行文化整合。企业基因的突变和变异，有时是随机的，有时是被动的，有时又是主动的。企业基因复制过程中产生的突变是随机的，企业适应变化过程中产生的突变是被动的，而创新行为使企业基因发生强制突变则是主动的。在生物进化当中基因的突变有利于种群的进化和保留，同样企业基因成长中发生的变化实际上也有利于企业的成长。

尽管企业文化尤其核心价值观念与生物基因具有很大的相似特征，但二者也存在一些差异。生物基因可以用更多的物理和化学等科学机理和模型解释，而企业基因则只能是模糊的理论概念。生物基因的表达是不可逆的，而企业基因的表达则是在一定程度上可逆的。生物基因与生俱来是既定的，而企业基因则可以在生后继续形成。生物基因相对稳定，在自己生命过程中的变化很小，一般只有在繁殖过程中才能传给下一代。而文化基因不同，它可以很快地产生变体，增长和传播的速度很快。总之，文化基因的独特之处说明企业的遗传、变异和进化机制比生物灵活性要强得多，因此企业可以通过变异自己的基因而把握企业的发展。

3.1.3 企业基因的灵活性

企业基因与生物基因的最大区别在于企业基因的可控性要强得多。然而，企业基因的这种灵活性程度在企业成长周期中并不是相同的。爱迪思关于企业生命周期的理论认为，企业成长老化过程中灵活性会逐渐下降，可控性会逐渐增加并在衰老阶段的时候退化。因此，企业基因伴随企业成长，同样也具有这种特征。在企业成长阶段，也就是在企业成长周期的前半阶段，企业基因受企业掌控人物左右而演化，此时企业基因灵活性较强，企业基因发挥作用的主要元素是企业核心价值观。而在企业老化阶段，企业基因逐步固化而受企业惯例左右，此时即使是企业最高层领导都难以影响企业基因，此时企业基因已经失去了其灵活性，企业基因发挥作用的主要元素是许许多多的惯例。

2008年，许丽娟在《文化基因与企业成长机制解析》一文中认为，从过程演变的视角看，人们所做的所有事情，无论是思想上还是行动上，都是基因表达的结果。企业的诸多特征，必然也是企业文化基因的表达结果。从企业的类生命特征出发，企业成长是受企业基因控制的，而企业核心价值观是控制企业成长的基因，企业惯例（组织结构、规章制度、作业程序、行为方式等）是企业基因表达的性状。正是这种核心价值观通过复制传递到企业的各个层面，传递给每一位员工，以规章制度、行为规范，即惯例的形式表现出来。核心价值观作为隐形要素附着在企业的具体活动中，其中最表象的层级是企业惯例。

企业的价值观对于企业演化过程有决定性的影响。尽管企业的价值观可以很多，但最本质、最关键的只有一个，即核心价值观。正如柯林斯在《基业长青》中所述的那样，企业的核心价值观是决定企业兴衰成败的根本。"吴王好剑客，百姓多创瘢；楚王好细腰，宫中多饿死。"在企业发展初期，创业者的核心价值观影响和决定了企业的发展方向和行为方式。

生物DNA理论认为生物体与生物体之间99%的DNA是一致的，导致它们外表或本质之间巨大差距的主要原因是各自DNA所含"碱基"之间0.01%~0.1%的匹配程度不同。如果把企业当成一个有生命的机体来看待的话，就会发现企业与企业之间也有99.9%的组织行为是相似的，差别也就在0.01~0.1%。

看似一个简简单单的核心价值观，却对企业行为具有很大的影响作用。即使可能会有不同的创业者提出了相同文字表达的核心价值观（也许并不是，但他们宣称是核心价值观的东西），但它们却并不相同，因为同样一个价值观所包含的显性和隐性知识并不相同。企业通过创业者的核心价值观，不断挖掘核心价值观的显性和隐性知识，形成了企业价值观集群（惯例），从而决定了企业方方面面的行为，这一过程是一个长期演化的过程。由于企业创立期围绕企业核心价值观的企业价值观群还没有很丰富和完全建立起来，因此，此时企业价值观的改变相对容易，灵活性较强。然而随着企业的成长，企业价值观群越来越庞大，此时企业价值观的改变会变得越来越困难，其灵活性不断下降。直到企业生命周期的后阶段，这些价值观群固化成惯例后，即使企业创业者也很难彻底再改变企业价值观，尤其隐性惯例比显性惯例更为难以改变。温特认为惯例起着基因在生物演化理论中所起的作用，惯例是有机体的持久的特点，并决定它可能有的行为。

3.1.4 企业基因的演化

生物基因具有演化过程，同样企业基因也具有类似的过程。企业基因演化理论起源于20世纪60年代，它将生物进化的思想方法运用于企业组织发展和行为演变规律的研究，其理论来源是达尔文的生物进化论和拉马克的遗传基因理论。基于达尔文主义的企业演化研究认为是环境推动企业的演化过程，企业演化是环境对企业的自然选择。基于拉马克主义的企业演化研究则认为企业演进取决于企业自身的适应能力，强调的是企业主动适应环境的演化过程。

借鉴生物进化的理论模式，美国经济学家纳尔逊和温特在1982年出版的《经济变迁的演化理论》一书中，第一次系统地把演化思想运用到企业管理的研究中。他们把企业惯例与生物基因类比，认为惯例在企业中具有类似基因的功能，惯例是组织中的记忆物质，执行着传递技能和信息的功能，它具有学习效应的获得性遗传特征。这种惯例具有路径依赖的特征，是长期积累形成的，它们储存在组织内部，是影响企业行为的遗传因子。基因在演化过程中会出现变异，变异产生于企业的创造性破坏并导致企业之间的差异与多样性。当企业面临亏损压力时就会被迫搜索新技术及新组织，从而导致企业惯例的变异。

健康的企业基因正是通过这种进化机制得到不断的健康成长，一旦企业基因未能按这种机制演化，企业就会产生基因疾病进入病态甚至会死亡。正如俞敏洪所讲："失败，不是因为你作出了错误的商业决策。今天，不管你作出多么正确的商业政策，都有可能死掉。因为你计划变革的基因不在原来成功的基因里。原来新东方成功靠个人努力、个人讲课能力、个人辛辛苦苦勤奋的能力，但是今天这种能力没法跟互联网、移动技术相结合。未来想让新东方更加成功，就必须更换我本人的基因，同时更换整个新东方发展基因。原来成功的基因面对新的时代已经不再是新的成功的保障，甚至变成障碍，更换基因这个坎过不去，基本上就要死。"

3.1.5 企业不同成长阶段的文化需求

除了企业核心价值观外，事实上企业在不同成长阶段对文化有着不同的需求。爱迪思在《企业生命周期》一书中已经详细地对企业不同阶段的文化特征进行了描述，并对这种文化需求进行了预测。爱迪思认为，企业的发展过程就是P、A、E、I四大角色按照一定顺序发展并渐渐得到平衡的过程。一旦对应于某一阶段的管理角色问题被克服了，新的管理角色将会出现，此时企业就要做好进入下一生命阶段的准备，准备处理这一阶段发展带来的新角色问题。当企业受困于某一阶段，不能继续向下一阶段的功能或角色发展时，就会出现病态行为。根据这些特征和预测，我们将各阶段文化需求总结如下（见表3-1）。

表3-1　企业成长各阶段文化需求

企业成长阶段	文化需求	第一位	第二位
孕育期	EP	E	P
婴儿期	PE	P	E
学步期	AEP	A	EP
青春期	IAEP	I	AEP
盛年期	AEPI	AEP	I
稳定期	EPAI	EP	AI
贵族期	EPI	EPI	–（A）
官僚期	EP	EP	–（AI）

注：P代表执行文化；E代表创新文化；A代表规范文化；I代表沟通协调文化

3.2 企业成长资源

3.2.1 企业资源与企业成长

企业资源是企业用于创造产品或服务的投入。任何企业活动都需要一定的资源，企业活动不能脱离资源而开展。资源是公司成长的基础，没有充分的优势资源，企业是很难成长和持续成长的。基于资源基础观的企业成长理论集中探讨企业成长的实质，研究企业资源与竞争优势之间的因果关系，并把资源看成企业竞争优势的根本源泉。

英国约翰·霍普金斯大学教授彭罗斯认为，企业成长主要取决于企业能否更为有效地利用现有的资源，而这些未被充分利用的资源的继续利用是企业成长的动力。

继彭罗斯资源理论之后，1991 年现代企业资源观之父巴尼发表了《企业资源与可持续竞争优势》一文，认为在公司之间可能存在着一种异质或差异，正是这些差异使一部分公司保持着竞争优势。彭罗斯和巴尼的共同点在于都是将企业资源作为企业成长的基础。

从企业资源的角度来分析，资源对企业成长的影响主要体现在以下几方面。

（1）对企业成长的限制。从根本上来说是企业的资源限制了企业可进入的市场选择及它希望获得的利润水平。一些关键的资源如人力和物力、资金、合适的投资机会、管理能力等的缺乏和不足都可能会限制企业可进入的市场能力及利润水平。

（2）对企业成长的促进。企业对资源的利用幅度和强度是不一致的，这种差异产生了企业内在成长的动力。由于资源利用的不同步性，企业资源现时提供的生产性服务并未达到其最大可利用值，这部分闲置的生产性服务就形成了企业成长的内在基础和动力。企业如果要充分利用这部分闲置的生产性服务，则必须进行市场和业务上的扩张，从而带来企业成长。

（3）决定企业成长的方向。企业成长的方向取决于其利用的资源和外在环境所提供的市场机会。一般来说，企业的资源和能力决定了其所能生产的产品和所能提供的服务，因此在其成长扩张过程中所进入的市场与其原有的资源基础相关。在生产产品的要素投入活动中，资源居于主导地位的企业更容易进行相关性的成长，而能力居于主导地位的企业则容易进行多元化的成长。其原因可能在于在资源投入占主导的企业里其所拥有的资源一般专用性较强，而在能力投入占主导的企业里其所拥有的能力的专用性较弱。

3.2.2 企业资源的类型

企业资源的来源有些是通过内生途径获得的，而另外一些是通过外生途径获得的。内生资源是可通过企业内在机制自己创造的资源。外生资源则是须通过外部途径，如资源引进、共同开发、技术联盟等获得的资源。企业资源的种类相当繁杂，内容涵盖面非常广泛，但基本的分类大致可以分为三类，即有形资源、无形资源和人力资源。

有形资源主要是指实物资源和财务资源，它们是企业经营管理活动的基础条件，一般都可以通过会计方式来计算其价值。实物资源主要是指在使用过程中具有物质形态的固定资产，包括工厂车间、机器设备、工具器具、生产资料、土地、房屋等各种企业财产。财务资源是企业物质要素和非物质要素的货币体现，在企业财务资源系统中，最主要的资源是资金。财力资源是企业业务能力的经济基础，也是其他资源形成和发展的基础条件。

无形资源主要包括时空资源、信息资源、技术资源、品牌资源、文化资源、管理资源、关系资源、社会资源和历史文化资源等。相对于有形资源来说，无形资源似乎没有明显的物质载体而看似无形，但它们却成为支撑企业发展的基础，能够为企业带来无可比拟的优势。时空资源是指企业在市场上可以利用的、作为公共资源的经济时间和经济空间。技术资源包括形成产品的直接技术和间接技术及生产工艺技术、设备维修技术、财务管理技术、生产经营的管理技能等。信息资源由企业内部和外部各种与企业经营有关的情报资料构成。品牌资源是由一系列表明企业或企业产品身份的无形因素所组成的资源。文化资源是由企业形象、企业声誉、企业凝聚力、组织士气、管理风格等一系列具有文化特征的无形因素构成的重要资源。管理资源应包括企业管理制度、组织机构、企业管理策略等。关系资源是指企业因为与顾客、政府、社区、金融机构等个人或组织之间良好的关系而获得了可以利用的存在于企业外部的资源，这其中特别应该受到重视的是客户关系资源。社会资源主要指社会中可供自己利用的，能为企业自身带来优势或经营帮助的事件或人物。历史文化资源是指各种历史名人、历史故事和文化传说等广泛存在于社会之中的文化资源。

人力资源是指存在于企业组织系统内部和可利用的外部人员的总和，包括这些人的体力、智力、人际关系、心理特征及其知识经验的总汇。人力资源表现为一定的物质存在——人员的数量，同时更重要的是表现为这些员工内在的体力、智力、人际关系、知识经验和心理特征等无形物质。所以，人力资源是有形与无形统一的资源。它是企业资源结构中最重要的关键资源，是企业技术资源和信息资源的载体，是其他资源的操作者，决定着所有资源效力的发挥水平。

3.2.3 企业核心资源

尽管企业成长中可能需要多种资源，然而这些资源在企业成长中所起的作用并不相同。现代企业资源观之父巴尼的理论（1991）认为，在公司之间可能存在着一种异质或差异，正是这些差异使一部分公司保持着竞争优势，并将企业的资源定义为"一个企业所控制的并使其能够制定和执行改进效率和效能之战略的所有的资产、能力、组织过程、企业特性、信息、知识等"。基于竞争优势的战略观将企业资源分为两类，一类为普通资源或一般资源，另一类为战略资源或核心资源或关键资源。基于资源的战略观以两个假设作为分析前提：企业所拥有的战略资源是异质的（某些企业因拥有其他企业所缺乏的资源而获得竞争优势）；这些资源在企业之间不能完全流动，所以异质性得以持续（竞争优势得以持续）。企业资源观强调了异质的和不能完全流动资源的重要性，这种资源不同于企业的一般资源，实际上是企业的核心资源或战略资源。

巴尼将具有VRINE特征的资源视为核心资源。Valuable，即有价值的资源，它是公司构想和执行企业战略、提高效率与效能的基础。Rare，即稀缺的资源，资源即便再有价值，一旦为大部分公司所拥有，它也不能带来竞争优势或者可持续的竞争优势。Imperfectly及Imitable，即无法仿制的资源，一般须具有历史条件独特性、因果模糊性，以及具有社会复杂性的特征。Non-Substitutable，即难以替代的资源，尽管一种资源可能满足上述特征，但如果这种资源可以很容易找到替代物，那么这种资源的稀缺性就会受到影响。Enable-Use，即可以被利用的资源，如果一种满足上述特征的资源不能被利用，也就无法发挥战略的作用。巴尼的VRINE模型的具体含义见表3-2。

表3-2　VRINE模型的具体含义

	测试	竞争含义	绩效含义
有价值吗？	资源或能力能满足市场需求或使企业免受市场不确定性的影响吗？	如果是，那就满足了价值性这个标准，在产业中进行竞争需要能创造价值的资源，但资源的价值性并不能产生竞争优势	有价值的资源和能力能产生平均利润（利润和所有投入的成本相等，包括资本投入）
稀缺吗？	假设某种资源或能力具有价值性，那么它相对于需求是稀缺的吗？或者竞争者是否普遍拥有这种资源？	有价值并且是稀缺的资源能够创造竞争优势，但这种竞争优势可能只是暂时的	暂时的竞争优势能够产生高于平均利润的回报，直到竞争对手的活动使这种优势失去效用
能模仿或替代吗？	假设这种资源既有价值又稀缺，那么竞争者模仿这种资源是存在困难，还是代之以能够产生相同收益的其他资源或能力？	有价值且稀缺的资源和能力如果难以模仿或替代，就能带来持续的竞争优势	持续的竞争优势能长期给企业带来超额收益（直到竞争对手能够模仿或找到替代品）
可利用吗？	如果某种资源或能力具有满足一个或者数个VRINE的标准，那么企业能够对此加以利用吗？	符合VRINE标准的资源和能力如果暂时不能被利用，也会成为竞争对手的机会成本。竞争对手如果需要这种资源，就需要进行大量投入。一旦这种资源得到利用就可以获得竞争优势和绩效	企业拥有满足VRINE标准的资源和能力又暂时不能利用，与能够利用它们的企业相比，只能获得低水平绩效和市场价值（但还是比没有这种资源和能力的竞争对手幸运）

3.2.4　由资源向能力的关注

尽管彭罗斯和巴尼都是企业资源观的代表人物，都把企业资源看作企业成长的基石，然而他们所定义的资源，都或多或少地包含了企业能力的部分内容。彭罗斯认为，企业拥有的资源状况是决定企业能力的基础，而这种能力依赖于人力资源的知识拥有量。巴尼则将企业的资源视为"一个企业所控制的并使其能够制定和执行改进效率和效能之战略的所有的资产、能力、组织过程、企业特性、信息、知识等"。可见，巴尼对于企业资源的定义同样包含了企业的能力。

继巴尼之后，汉默和普拉哈拉德于1990年发表了《企业核心能力》一文，提出核心能力概念，认为企业的竞争优势来自企业配置、开发与保护资源的能力，决定企业竞争优势的能力是企业多方面资源、技术和不同技能的有机组合，而不是单纯的企业资源。

福斯则认为，传统能力理论是以企业静态环境分析为基础的能力理论，缺乏对资源或能力产生过程的分析，由于环境的动态变化，对企业来说，某一时点形成的核心能力不一定能长期维持下去。在此背景下，替斯、皮萨诺和苏安1997年又提出"动态能力"概念，建立了一个动态能力的分析框架，探寻在动态环境下企业成长的源泉。

佐罗和温特于1999年从组织知识的演化角度将企业的动态能力定义为："动态能力是一种集体的学习方式，通过动态能力，企业能够系统地产生和修改其经营性惯例，从而提高企业的效率"。在知识经济时代，企业所有的资源中，知识无疑是最具战略性的资源和资产，由此知识观的企业成长理论产生。

尽管现代企业成长理论逐步由对资源的关注向对能力的关注，但毋庸置疑，二者之间的关系是密不可分的。资源与能力的关系正如"蛋"与"鸡"的关系，到底是鸡生蛋还是蛋生鸡，也许谁也说不清。企业的资源孕育了企业的能力，企业的能力又促成了企业资源的获得。

3.2.5 企业不同成长阶段的资源需求

事实上，在企业成长周期的各个阶段，企业可能会同时需要许多资源，但在不同阶段这些资源的重要性不同。企业在发展的某一阶段，对某些资源的需求大于其他资源的需求。而这一阶段的必要资源一旦缺乏或不足，企业就会难以继续成长。

在孕育阶段，任何资源都可能是一根"救命稻草"，如一个商业模式的发现、一个新产品的创造、一个特殊的社会关系，甚至是生活中一次巨大的打击都可能是创业者创业的动机。总之，在孕育期早期，触动创业者创业的那个关键的灵感、商机的发现是最关键的资源，在孕育后期财务及实物资源更为关键。不过需要说明的是，除了商机之外，任何一次创业都不是由一个简单的因素促成的，而都是由数个因素共同作用的结果。比如，促成新东方俞敏洪创业的因素有：为出国留学积攒学费的动机、作为北大讲师在外兼职授课的经验，以及北大的那张无情的处罚决定。如果缺乏这三个因素中的任何一个，也许就不会有后来的新东方。

在婴儿期的企业，财务资源及关系资源是关键的资源。因为任何一个企业一旦成立，首先面临的问题就是要有一定的现金来支撑企业的日常运转。当然资金的来源，可以是合伙人自筹的资金，也可以是天使投资的资金，或者是通过产品售卖获得的资金，但无论是哪一种资金其作用和意义是一样的，都需要一定的资金保证公司的正常运营，直到企业盈利能够支撑自身运营为止。除了资金之外，关系资源及时间资源也是婴儿期企业的重要资源，此时的企业需要的就是快、快、再快一些获得顾客关系，开发出产品，获得市场认可，获得现金流。

在学步期的企业，一旦能够正常运营并开始发展时，人力资源和品牌资源是关键资源，信息资源、技术资源等也都是学步期企业需要的重要资源。当然，对于具体的企业而言，可能此时需要的无形资源不完全一样，但无一例外都需要这些资源中的一种或数种。

进入青春期的企业，文化资源及管理资源进入核心地位，与此相适应的人力资源需求也是必不可少的。此时的企业需要文化及管理的变革，而与此同时企业管理层需要新鲜的外部血液来促进或巩固这种文化和管理的变革。这一时期，新来的经理不仅需要建立制度和规范来改变企业行为习惯，而且必须要引导企业经营目标由"更多即更好"转变为"更好即更多"。

进入盛年期的企业，人力资源是核心资源，但是与建设这种人力资源相关的知识资源也是必要的。尽管青春期的企业也需要人力资源，但二者有一定区别。青春期的人力资源需求基本上限于企业中高层管理者，而且这种资源多数需要从外部引入。而盛年期的企业对人力资源需求则是全民性的，而且这种资源必须通过内部培训与学习解决。

稳定期的企业，需要的是文化事件资源，尤其是反面事件资源。一次重大的危机事件才可能促成企业的反思突破。居安思危的意识需要一次反面事件引爆新的成长。当年海尔砸冰箱事件就是最好的例子。

贵族期及官僚期的企业，除了需要反面事件资源之外，几乎不再需要其他资源，相反则是有些资源实在太多了而需要主动抛弃。无论是人力资源，还是制度资源、文化资源、技术资源、品牌资源、关系资源都需要剥离和梳理。保留关键有用的，除去非关键及无用资源，才是企业资源利用中最重要的事情。

3.2.6 企业资源的管理

不同的资源有不同的管理方法和工具，但无论对于哪一种资源而言，对资源管理的主要内容主要包括开发及获取、加工处理、配置和利用。资源管理的目的是如何获得低价、高质资源，如何高效、有效地利用资源。现在流行的ERP系统就是为了有效和高效利用资源的一种管理系统。

获得资源有两条途径。一条是外生途径，即通过购买、交换等方法获得外部资源；另一条是内生途径，即通过学习、培养等方法开发出新资源。外生资源尽管也可能十分重要，但不足以形成企业的战略资源，而只有那些符合VRIN标准的资源才可能形成企业的战略资源。

企业的资源有时不能直接利用，此时企业需要对资源进行加工处理，使之成为可以被利用的资源。例如，信息是企业的资源，但只有通过整理归类、分析确认之后才能变成所需要的信息，才能被适时有效地利用。

最后资源需要经过适当并利用才有价值。例如，信息资源需要传递或传播到相关人员手中，相关人员才能根据信息进行有关决策或采取行动。

3.3 企业成长能力

3.3.1 企业能力是企业成长的另一种基石

企业能力是企业为完成特定任务对所需资源进行的获取、利用和管理技能。第一个提出企业能力概念的经济学家是理查德森（1972）。他在《工业组织》一文中，使用"能力"概念来指企业的知识、经验和技能。企业能力最早可以追溯到18世纪早期亚当·斯密的企业分工理论，而20世纪20年代马歇尔的企业内部成长论可以说是该理论的雏形。企业内部成长论指出，企业内部各职能部门之间、企业之间、产业之间存在着"差异分工"，这种分工与其各自的知识与技能相关，这种知识与技能就可以看作企业的能力。企业的不同能力可以从职能视角和价值链视角去研究和分析。从职能视角研究和分析企业的能力是按公司职能部门对资源进行分析和研究，挖掘企业资源和能力中有价值的东西。从价值链视角研究和分析企业的能力是根据波特的价值链模式对资源和能力进行分析和研究，挖掘企业资源和能力中有价值的东西。企业能力分为一般能力和核心竞争能力或核心能力。企业能力被资源观划入资源的范畴，而企业能力观则强调核心能力在形成竞争优势中的重要意义，提出了企业能力战略观理论，并将核心能力单独进行研究。

如果说企业资源对于企业成长具有很重要的作用，那么企业能力则在企业成长中同样重要，是企业成长的另一种基石。虽然企业资源的获得有时具有偶然性和累积性，然而在企业成长过程中更多的资源需要企业主动去挖掘和开发，而能不能挖掘和开发出优质资源并充分利用这些资源则有赖于企业的能力。企业的有些资源不是与生俱来的，而有能力的企业才能获得更多、更好的成长资源。企业的任何资源，包括各种关系网络，除非被拥有知识的人有意识地用于寻求经济租金，否则即使是非常稀缺的，仍然不可能产生任何生产力。正如真理只有有能力的人才能发掘，同样，真理也只有掌握在有能力人的手中才能产生价值。

企业的成长规模取决于管理者拥有的知识和管理能力（彭罗斯效应）。不可否认，企业所拥有的资源是企业成长的重要基础，但是随着环境变化的加速，静态的资源价值判断标准已不能适应企业动态成长的需要，资源的稀缺性和不可替代性已不再总是能保证企业获得竞争优势。因为在知识经济时代，产品替代的速度已经大大加快，产品的寿命周期已经越来越短。当一种产品从市场上被消费者抛弃时，构成该类产品的资源往往会失去其价值。另外，动态的环境要求企业能及时调整资源的配置，而在这一调节过程中，原有可持续使用的资源的价值往往会大大降低。许多企业因不愿承担这种调整给企业带来的损失而拒绝改变原有资源的使用模式，结果致使企业的经营惯性加大，逐步失去了竞争优势。

3.3.2 企业的核心能力

根据企业资源战略观的认识，企业能力也属于资源，因此对于核心能力的识别同样可以使用VRINE模型进行判断。不过对于企业的能力而言，比有形资源更为隐蔽，一般不易被识别。识别企业核心能力的基本方法有两种：一是以活动为基础，二是以技能为基础。以活动为基础的识别方法主要是波特经典的价值链分析方法，以技能为基础的识别方法主要是以职能为基础的分析方法。

这两种方法虽然有助于企业识别其重要的活动和关键的技能，但是它们都有一个很大的缺陷，就是忽略了核心能力的资产特征和知识特征，即核心能力更多表现在专用性资产、组织结构、企业文化、积累知识等隐性和动态要素方面。因此，核心能力的识别应该从有形（资产）和无形（知识）、静态（技能）和动态（活动）、内部（企业）和外部（顾客和竞争对手）等多角度、多层次着手，这样才能更好地理解和识别核心能力，进而培育和保持企业竞争优势。为了便于对企业能力分析和测试，结合学者们的观点，我们提出如下企业核心能力测度指标体系的总体框架（见表3-3）。

表3-3　企业核心能力测度指标体系

能力	主要指标
高层领导能力	企业家的素质和能力、高管团队的综合素质和能力
战略管理能力	战略规划能力、战略执行能力
组织管理能力	组织结构与战略的协调性、各部门之间的协调性、信息沟通效率、组织效率
人力资源管理能力	人力资源获取能力、人力资源利用能力、人力资源培养/发展/保留能力、员工激励的有效性、企业核心人才管理能力、绩效管理水平
财务管理能力	偿债能力、资本运营能力、盈利能力、成长能力
企业文化能力	企业愿景/使命/核心价值观的科学性、企业凝聚力、员工对企业经营决策的认同度、员工对企业满意度和自豪感
危机管理能力	危机预警能力、危机控制能力
技术研发能力	技术创新能力、基于核心技术的产品开发能力、核心技术的含金量、核心技术的可持续发展能力
生产制造能力	生产制造的柔性与应变能力、主导产品的质量控制能力、制造成本的控制能力、交货的稳定性和控制能力
环境整合能力	政策整合能力、产业环境的适应能力、合作共赢能力
市场营销能力	企业的美誉度与资信度、核心产品的品牌知名度和美誉度、产品推向市场的能力、售后服务和用户满意度

3.3.3 企业核心能力的来源

企业能力观是在传统企业资源观基础上管理理论的进一步深化和发展，企业核心能力是基于竞争角度分析的企业能力。企业核心能力与一般能力相比具有难以模仿和难以替代的特征，核心能力与核心资源一样需要符合 VRINE 标准。关于什么是企业的核心能力，企业的核心能力来自哪里，不同的学者有不同的观点，典型的观点将企业核心能力分为以下六类。

第一类，基于整合和协调观的核心能力。该观点认为核心能力是组织对企业拥有的资源、技能、知识的整合能力，是一种积累性学识，这种积累过程涉及企业不同生产技巧的协调，不同技术的组合，价值观念的传递。企业核心能力具有整体性，这就要求企业核心能力形成要素达到最佳或比较合理的动态组合，单一的资源和能力无法形成核心能力，只有经过高度整合与协调才能产生强大的核心能力。

第二类，基于文化观的核心能力。该观点认为企业中难以完全仿效的有价值的组织文化是公司最为重要的核心竞争力。基于文化观的核心能力强调核心竞争力蕴含在企业的文化中，并表现于企业的诸多方面，包括技术价值观系统和管理系统。企业文化得以体现和保持企业核心能力的重要途径就是利用其培育的向心力和凝聚力，挖掘人力资本的智慧。

第三类，基于系统观的核心能力。该理论认为，核心能力是提供企业在特定经营环境中竞争能力和竞争优势基础的多方面技能，是互补性资产和运行机制的有机结合。核心能力建筑于企业战略和结构之上，以具备特殊技能的人为载体，涉及众多层次的人员和组织的全部职能，因而必须有沟通、参与和跨越组织边界的共同视野和认同。企业的真正核心能力是企业的技术核心能力、组织核心能力和文化核心能力的有机结合。

第四类，基于知识的企业能力。该理论认为，与市场机制相比，企业组织能更有效地在组织内共享和传送个人及团队的知识，企业间绩效的差异是源于知识的不对称和由此导致的企业能力的差异。事实上，企业能力具有知识专有性，形成企业能力的目的是从知识而不是有形资源的专有中获得经济租金。彭罗斯认为，企业的规模取决于企业管理者拥有的知识和管理能力，这就是企业理论中著名的"彭罗斯效应"。替斯认为，企业组织的知识及相应的企业能力是企业经营范围的一个重要决定因素。

第五类，基于创新能力的观点。创新是企业核心能力形成的根本，要在强手如林的竞争中获得竞争优势，除了自然垄断，就只剩下创新这条路了。模仿也能使企业迅速缩短同竞争对手的差距，大量购买技术专利和先进技术，在很短时间内使企业技术获得长足进步。但是，企业在模仿阶段还不具有核心能力，因为简单的模仿不能产生企业的独有专长，必须在模仿学习的基础上，通过吸收、消化、综合、创新，才能使企业能力质跃到核心能力。本田摩托车技术是在综合世界上500多种摩托车技术、创新出独一无二的发动机技术专长后，才真正拥有了核心能力。企业创新远不止技术创新，还包括管理创新和组织创新，对这些创新进行有效整合后才会形成企业的核心能力。

第六类，是基于动态能力的观点。动态能力框架强调以前的能力观所忽略的两个关键方面：第一，"动态"是指为适应不断变化的市场环境，企业必须具有不断更新自身胜任的能力；第二，"能力"是指企业在更新自身胜任（整合、重构内外部组织技能、资源）以满足环境变化的要求方面具有关键的作用。动态能力观特别强调惯例和流程是现代企业最基本的核心能力之一。"动态能力"观是当代西方战略管理领域中正在迅速发展的一种理论，它集中探讨企业组织能力的演进与竞争优势之间的因果关系，并把组织能力看成企业竞争优势的根本源泉。

尽管学者们都在强调自己观点的重要性，但事实是不同的行业或企业可能需要不同的核心能力。此外，企业或社会经济发展的不同阶段需要不同的核心能力，或者甚至需要多种能力参与竞争。我们在强调能力在竞争优势中的重要性的同时，也千万不能忽视企业文化和核心资源的重要性。也就是说，企业核心文化基因、核心资源、核心能力是企业成长的三大基石，三者缺一不可。

3.3.4 企业不同成长阶段的能力需求

企业成长对能力的需求如同对资源的需求那样，在企业成长周期的各个阶段，企业可能会同时需要许多能力，但在不同阶段中企业对这些能力的需求程度不同。在企业发展的某一阶段，会出现对某些能力的需求大于对其他能力的需求。而在这一阶段，这些必要的能力一旦缺乏或不足，企业就会难以继续成长。

　　在企业孕育期，创业者对商机的发掘和把握能力十分重要。当然此时，对于创业者而言，新产品的研发能力也可能十分重要，但首要的能力还是对商机的发掘与把握，与此相应的企业家素质及其战略规划能力是最重要的能力。例如，马云当初在宣布建立中国互联网公司时，对网络和计算机并不是很懂，即使后来阿里巴巴发展成了很大的公司，马云对计算机网络的应用也仅限于收发电子邮件和简单的网页浏览。尽管如此，这并不影响马云在美国发现了"互联网"这个东西后，回国立即成立互联网公司的行动。这种企业家的素质和能力正是孕育期企业必不可少的能力。

　　在婴儿期的企业，市场营销能力十分关键。尽管此时的企业急需产品的继续开发和完善、发展产品生产能力等核心技术能力，但排在第一位的能力还是市场营销能力，与此同时企业还需要环境整合能力来获得顾客。产品再好，也需要营销出去才能变成现金和利润来维持企业的运转。因为任何一个企业一旦成立，首先面临的问题就是要有一定量的现金来支撑企业的日常运转。尽管资金的来源可以通过其他渠道获得，如借贷和风投，但最终的解决办法还是要靠企业通过营销解决资金来源。因为那些资金并不是能够促使企业成长的能力，它们只能提供企业维持而不是成长。同时，任何营销的成功都离不开获得顾客，因此企业需要同时具备获得顾客的环境整合能力。

　　在学步期的企业，最重要的能力是危机管理能力和人力资源管理能力。战略管理能力、企业文化能力、市场营销能力、财务管理能力等都是学步期企业需要的重要能力，但这些能力只是次优需要解决的能力。因为此时的企业还十分脆弱，任何投资决策失误和危机都可能给企业带来毁灭性的打击。当年的巨人、三株、秦池在一夜之间倒下，就是缺乏危机管理能力造成的。此时的企业已经开始进入发展的轨道，工作越来越多，从"人手"到"人才"都处处捉襟见肘，尤其是适合本企业特殊需求的人才更是十分难得，因此人力资源的获得和利用也是本阶段企业难解的痛。

　　进入青春期的企业，组织管理能力、战略管理能力、财务管理能力、文化管理能力是关键能力，因为此时的企业需要规范化管理，需要目标管理。此时的企业需要打造企业高管团队的综合素质和能力，否则企业会造成管理混乱和破坏性冲突。

　　进入盛年期的企业，人力资源管理能力和技术管理能力十分重要，尤其是与人力资源建设相关的组织学习与创新能力十分重要。比起学步期的企业，此时的企业规模已经变得很大，管理越来越难，因此其所需要的能力比前面几个阶段更多。

稳定期是企业衰老的转折点，此后的企业阶段，危机管理能力或者说是变革能力十分必要和重要。此时的企业大家都循规蹈矩安于现状，消极态度困扰着企业，企业开始丧失创造力、创造精神及鼓励变革的氛围。此时的企业最迫切需要的是居安思危并引爆新成长的能力。

3.3.5　知识与企业核心能力的关系

关于知识与能力的研究中，知识是企业核心能力和竞争优势的根本源泉，已经得到学术界和企业管理实践者的广泛认同。企业任何资源，包括各种关系网络，除非被拥有知识的人有意识地用于寻求经济租金，否则即使非常稀缺和具有价值也不可能产生任何作用。普拉哈拉德和汉默（1990）指出，能力源于知识，核心能力是组织中的积累性学识，特别是关于协调不同生产技能和有机结合多种技术流派的学识。巴顿（1995）认为企业的核心能力是一个动态的知识系统。和金生（2004）通过研究提出知识学习不能跳跃，能力不能引进的观点。任何组织和个人不能超越自身的知识含量水平获得创新，否则这种急功近利以突变为过程的创新成功概率很低而且十分危险，只有知识的增长才能获得真正的核心能力，并进而促进企业的健康成长（见图3-1）。

图3-1　知识、能力与企业成长

基于知识观的企业能力理论认为，与市场机制相比，企业组织能更有效地在组织内共享和传送个人与团队的知识，企业之间绩效的差异是源于知识的不对称和由此导致的企业能力差异。彭罗斯认为"企业的规模取决于企业管理者拥有的知识和管理能力"。替斯认为企业的知识及相应的企业能力是企业经营范围的一个重要决定因素。

易法敏（2006）认为，知识与核心能力密切相关，知识可以转化为核心能力，核心能力又促进了企业知识的积累和创新，从而使企业不断解决目前面临的问题并适应外部环境的变化（见图3-2）。

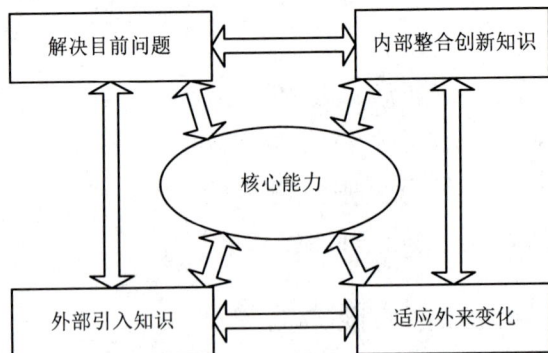

图3-2　知识与核心能力关系

3.3.6 知识创新与企业能力

自熊彼得在《经济发展理论》一书中提出创新理论后，创新日益得到理论界的重视，发展并逐渐形成相对独立的理论领域。在竞争日益激烈的今天，创新是企业发展的动力，没有创新就没有企业的发展。而企业的这种创新能力，同样也有赖于企业知识的创新。

企业的知识积累及其应用可以形成企业的能力，但这种能力是静态的。在社会不断进步发展，竞争日趋激烈的今天，企业光靠静态能力不足以维持企业的长期成长。而企业只有不断进行知识创新，形成动态能力，才能维持企业的持续成长。

企业的知识既包含企业的显性知识和隐性知识，也包含个人知识和团队知识。这些知识一方面要通过外部知识的引入不断积累形成静态核心能力，另一方面也要通过自身不断的创新形成动态核心能力。正是这两种能力共同作用驱动着企业的不断成长（见图3-3）。

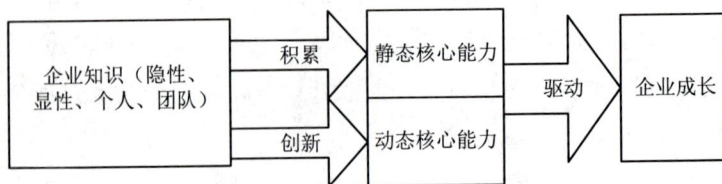

图3-3　知识创新与企业成长关系

3.3.7 学习型组织建设与企业成长

组织能力的形成是一个由知识向能力转化的过程，这个过程可以是一个无序的自发过程，也可以是一个有序的组织过程。事实上企业的知识也并不一定能转化为企业的能力，因为碎片化的知识并不一定能形成组织能力的最大合力。隐性知识不经有组织的发掘应用实际上也没有实际意义。知识不经过有组织的引导，知识创新就会缺乏方向性。同样企业的能力不经过组织的整合和梳理，也难以促进企业的成长（见图3-4）。

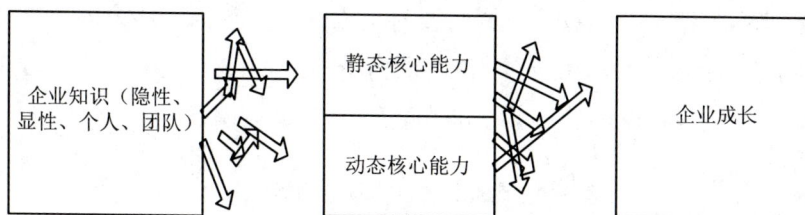

图3-4　缺乏组织学习的企业成长模式

企业需要不断地对知识进行搜集、整理和应用，通过不断的行为改变来促进企业的成长。一种促进企业知识转化为组织能力并进而促进企业成长的方法就是进行学习型组织建设。通过学习型组织建设，可以更快、更好、有序地挖掘企业隐性知识，引导知识积累和创新方向，促进知识分享和应用，形成如图3-3所示的知识创新驱动企业成长模式。

学习型组织是美国学者彼得·圣吉在《第五项修炼》一书中提出的管理观念。该理论认为，面临剧烈变化的外在环境，组织应力求精简、扁平化、弹性因应、终生学习、不断自我组织再造，以维持竞争力。尽管圣吉开拓了学习型组织研究的领域，但其主要强调的是关于学习型组织心智模式的改变，是用一种新的思维方式对组织的思考，而对于学习型组织的实践意义研究得并不是很充分。因此，如何从实践操作的角度建立学习型组织仍是许多学者及管理者研究的课题。

3.3.8 不同成长阶段文化、资源及能力需求总结

从企业成长宏观的角度看，企业基因、资源和能力是构成企业成长的三大基石。企业基因尽管具有很强的变异性，但仍然是企业成长与生俱来的决定因素。企业资源是企业成长不可或缺的支撑因素，企业能力是企业不断成长的驱动因素。

企业成长过程本身就是一个不断变化的动态过程，而且企业成长环境也是一个不断变化的动态环境，因此在企业成长的不同阶段，其对不同的企业基因文化、资源及能力的需求重点和程度不同。这些文化、资源和能力不仅要能适应企业当前成长阶段的需求，而且需要为企业成长下一阶段的需求做好准备。对于企业而言没有一种特定的文化、资源和能力是贯穿在企业整个生命周期中的核心要素，因此对于目前那些流行的管理理论所吹捧的东西需要结合企业成长阶段谨慎取舍。如果一定要说有这种要素，那也只能是核心价值观、人力资源和学习能力这三者。

这里我们总结了企业成长不同阶段对基因文化、资源和能力的需求（见表3-4），但需要指出的是：由于企业的实际情况不同，这些内容可能不适应于所有的企业。这些内容仅供学习参考和抛砖引玉。

表3-4　企业核心能力测度指标体系

成长阶段	基因文化	资源	能力
孕育期	E是第一位 P是第二位	任何一种VRINE资源；实物资源（如经营场所、工具、设备）	企业家的素质和能力、战略规划能力、技术创新能力、基于核心技术的产品开发能力、核心技术的含金量、核心技术的可持续发展能力
婴儿期	P是第一位 E是第二位	财务资源；关系资源、时间资源	产品推向市场的能力、员工激励的有效性、盈利能力、生产制造的柔性与应变能力、合作共赢能力
学步期	PE是第一位 A是第二位	人力资源、品牌资源	战略规划能力、人力资源获取能力、企业核心人才管理能力、成长能力、偿债能力、危机预警能力、危机控制能力、交货的稳定性和控制能力、售后服务和用户满意度、战略控制能力
青春期	AEP是第一位 I是第二位	管理资源；文化资源	高管团队的综合素质和能力、战略规划能力、战略执行能力、组织结构与战略的协调性、各部门之间的协调性、信息沟通效率、组织效率、企业愿景/使命/核心价值观的科学性、企业凝聚力、员工对企业经营决策的认同度、员工对企业满意度和自豪感、技术创新能力、基于核心技术的产品开发能力、核心技术的可持续发展能力、主导产品的质量控制能力、制造成本的控制能力

续表

成长阶段	基因文化	资源	能力
盛年期	I是第一位 AEP是第二位	人力资源；知识资源	人力资源利用能力、人力资源培养发展保留能力、员工激励的有效性、绩效管理水平
稳定期	IE是第一位 AP是第二位	文化事件资源	企业家的素质和能力、战略规划能力、资本运营能力、盈利能力、成长能力、危机预警能力、技术创新能力、基于核心技术的产品开发能力、核心技术的可持续发展能力
贵族期	E是第一位 P是第二位	文化事件资源（尤其反面）	企业家的素质和能力、战略规划能力、组织结构与战略的协调性、各部门之间的协调性、信息沟通效率、组织效率、员工激励的有效性、绩效管理水平、成长能力、企业愿景/使命/核心价值观的重塑、危机预警能力、技术创新能力、核心技术的可持续发展能力、主导产品的质量控制能力、制造成本的控制能力、产业环境的适应能力
官僚期	EPI是第一位	文化事件资源（尤其反面）	企业家的素质和能力、组织结构与战略的协调性、各部门之间的协调性、信息沟通效率、组织效率、员工激励的有效性、绩效管理水平、成长能力、企业愿景/使命/核心价值观的重塑性、危机预警能力、技术创新能力、制造成本的控制能力、产业环境的适应能力

注：P代表执行文化；E代表创新文化；A代表规范文化；I代表沟通协调文化

第二篇
管 理 聚 焦

前面介绍的企业成长管理内容主要是把企业置于整个生命周期的角度看待和介绍的，从这种角度看待企业成长，可以称作宏观成长管理理论。从宏观的角度看待企业管理容易把握企业成长的规律，容易从一个较高的高度、较宽的广度、较远的跨度看清和把握企业管理的方向和重点。从这种角度看待企业管理能使管理者按照事物发展规律办事，可以防止企业出现拔苗助长式的成长笑话，也可以防止企业陷入森林迷失式的成长困境。从这种角度看待企业管理能使企业管理者把握企业管理的核心问题，可以帮助企业管理者不再对企业中出现的任何问题都大惊小怪，可以帮助管理者把有限的精力集中关注于企业必须解决的关键问题上来。

虽然从宏观的角度看待企业管理，可以从生命周期的过程解决企业成长管理中的方向迷失和重点偏离，但是这并不能完全解决企业成长中的所有问题。因为宏观思维的一个最大的缺点就是对细节变化的忽略。方向对了，重点抓住了，可是细节处理不好对企业管理的意义就会十分有限。本篇我们将以一种比生命周期理论更为具体的角度介绍企业成长管理的方法，这种角度可以视为中观成长管理。

对于企业而言，在企业成长生命周期的任何阶段，文化与战略管理、组织控制与运营管理、学习成长与人力资源管理、品牌与营销管理贯穿始终。在企业生命周期的各个阶段都应该有与之相适应的这四个方面的管理策略、内容和方法。如果把企业看作一辆汽车，那么文化与战略管理则是汽车行程的目的地、导航仪和方向盘，组织控制与运营管理则是汽车的整体构架和传动系统，学习成长与人力资源管理则是汽车的发动机、汽油等动力系统，品牌与营销管理则是汽车的车轮与轮胎。只有这四个方面完美配合才是一辆好车。

第四章　文化与战略管理

4.1 企业文化

4.1.1 企业文化起源与概念

20世纪80年代，随着日本企业竞争力的快速增强，许多学者开始对日本企业的管理进行研究，结果他们发现日本企业的文化特征是促使企业发展的重要因素。由此，管理学家开始对企业文化或组织文化给予了相当积极的研究。

1980年，美国《商业周刊》杂志以醒目标题报道了"组织文化"问题，随后美国多家权威杂志也先后以突出的篇幅讨论了"组织文化"的问题。当时的四本畅销著作——威廉·大内的《Z理论》、彼得斯和沃特曼的《追求卓越》、迪尔和肯尼迪的《企业文化》、帕斯卡尔和阿索斯的《日本企业管理艺术》，更是奏响了"组织文化"的最强音，被称为组织文化的"新潮四重奏"。从此，组织文化成为组织领域研究的主流问题，组织文化热潮传播开来，更有人认为"组织文化"是组织生死存亡的关键因素。

关于文化的定义，不同的人、不同的著作有不同的看法。据有关资料显示，到目前为止关于文化的定义已经多达200多种。泰勒在《原始文化》中说："文化或文明，就其广泛的民族学意义来讲，是一复合整体，包括知识、信仰、艺术、道德、法律、习俗以及作为一个社会成员的人所习得的其他一切能力和习惯。"埃德加·沙因在《企业文化与领导》一书中，对组织文化的内涵进行了深刻的阐述，并把组织文化看成组织的价值观、共享的信念、团体规范等。孙成志在《组织行为学》一书中将组织文化定义为："主要是在一定历史条件下通过社会实践所形成的并为全体成员遵循的共同的意识、价值观念、职业道德、行为规范和准则的总和。"他把组织文化结构分为三个层次：物质层、制度层和精神层。明茨伯格认为，"文化本质上是由人们对世界的诠释和反映这些诠释的人类活动和人造物品组成的。此外，经过认知之后，这些诠释在社会进程中被集体共同分享，并不存在私人文化。"从人类学的观点看，文化无处不在，我们的饮食、音乐、习俗、爱好、语言，等等，都属于文化。佩蒂格鲁（Pettigrew）认为："像人体的结缔组织一样，组织文化机密联系着类似骨头的组织结构和类似肌肉的组织过程。"

4.1.2 企业文化与成长管理

从企业成长宏观的角度来看，企业文化是企业成长的基因。企业文化尤其是核心价值观是企业与生俱来的，是能反映企业根本性状并具有复制和遗传特征的元素。不管企业核心价值观开始时是模糊的还是明确的，它都决定了企业的行为和发展的演化过程。企业核心价值观是控制企业成长的基因，而企业惯例（组织结构、规章制度、作业程序、行为方式等）则是企业基因表达的性状。正是这种核心价值观通过复制传递到企业的各个层面，传递给每一位员工，以规章制度、行为规范，即惯例的形式表现出来。核心价值观作为隐形要素附着在企业的具体活动中，其中最表象的层级是企业惯例。

企业基因与生物基因的最大区别在于企业基因的灵活性要强得多。不过，企业基因的这种灵活性程度在企业成长周期中并不是相同的，伴随着企业成长，基因的灵活性会逐渐下降，可控性会逐渐增加并在衰老阶段的时候退化。在企业成长周期的前半阶段，企业基因受企业掌舵人物左右而演化，此时企业基因灵活性较强，企业基因发挥作用的主要元素是企业核心价值观。而在企业老化阶段，企业基因逐步固化而受企业惯例左右，此时企业基因已经失去了其灵活性，企业基因发挥作用的主要元素是许许多多的惯例。企业文化的突变和变异，如同在生物进化当中基因的突变有利于种群的进化和保留一样，大多数情况下也有利于企业的成长。

看似一个简简单单的核心价值观，却对企业行为具有很大的影响作用。即使可能会有不同的创业者提出了相同文字表达的核心价值观（也许并不是，但他们宣称是核心价值观的东西），但它们却并不相同，因为同样一个价值观所包含的显性和隐性知识并不相同。企业透过创业者的核心价值观，不断挖掘核心价值观的显性和隐性知识，形成了企业价值观集群（惯例），从而决定了企业方方面面的行为。这一过程是一个长期演化的过程。由于企业创立期围绕企业核心价值观的企业价值观群还没有很丰富化和完全建立，因此此时企业价值观的改变相对容易，灵活性较强。然而随着企业的成长，企业价值观群越来越庞大，此时企业价值观的改变会变得越来越困难，其灵活性不断下降。直到企业生命周期的后阶段，这些价值观群固化成惯例后，即使企业创业者也很难彻底再改变企业价值观，尤其隐性惯例比显性惯例更为难以改变。温特认为惯例起着基因在生物演化理论中所起的作用，惯例是有机体的持久的特点，并决定它可能有的行为。

4.1.3 企业责任是核心价值观的基础

企业文化的核心是核心价值观。作为企业首先要有自己的核心价值观，而正是在这个核心价值观的引领下，形成了企业的愿景和使命，并进而规定了企业的其他文化、性质、经营范围和方向。企业核心价值观的基础就是企业对自己所担负的责任的思考。

在理解企业社会责任之前，我们首先要明确的概念区别就是企业和商业，尽管二者最终的目标都是获得利润，但实质却不同。作为企业而言具有生命周期，像人一样有血有肉、有追求、有梦想。而作为商业而言，则不具有生命周期，它们如同僵尸，除了机械式对利润的贪婪外，没有任何追求。

作为企业不能在一个真空中生存，企业是构成社会的一个分子，时刻与社会发生关系，因此企业必须要考虑企业责任问题。尽管西方经济学的观点认为，企业的追求就是实现企业利润最大化，但近年来关于企业利润最大化的观点却越来越受到人们的质疑，甚至包括以此为研究对象的经济学家们。柯林斯在其所著的《基业常青》一书中描述称，高瞻远瞩类企业都有这样一个共性，那就是"务实的理想主义"。也就是说，企业需要一个为社会、为人类的梦想，不仅仅是利润。

美国的一家造船和码头公司的创办人亨廷顿则用了这样的话来解读企业的追求："我们要造出好船。如果可能的话，赚点钱；如果必要的话，赔点钱。但永远要造好船。"这句话被广为引用并铭刻在公司最显眼的地方，成为了公司的企业文化和员工信仰。

美国一家叫默克的公司为有这样一个信仰："我们做的是保存和改善生命的事业，所有的行动，都必须以能否圆满实现这个目标为衡量标准。"同时他们相信，这一信仰与赚钱的目的并不冲突。默克二世这样解释："我希望……表明本公司同仁所必需遵守的原则……简要地说，就是我们要牢记药品旨在救人，不在求利，但是利润会随之而来。如果我们记住这一点，就绝对不会没有利润；我们记得越清楚，利润就越大。"

这些世界上伟大的公司的文化都深刻地说明，利润不是企业追求的唯一目标和核心价值观的基础，而企业所承担的责任才是企业核心价值观的基础。

4.1.4 企业使命是核心价值观的体现

企业使命是企业存在的理由和价值，即回答为谁创造价值，以及创造什么样的价值，企业使命解释的是企业存在的社会理由和价值。企业使命是企业价值观的集中体现，是企业成长发展具有内在意义的驱动力，是企业及其员工对社会贡献的光辉灿烂的承诺价值。明确企业的使命，就是要确定企业实现愿景目标必须承担的责任或义务。

有关使命的研究最早起源于哲学和社会学的一个命题，这两个学科关于使命分析的成果被管理学界和企业界所采用并加以发展，最终形成了企业使命这一概念。既然哲学探究的是"人为何要存在"的问题，那么作为企业的哲学也就需要回答"企业为什么而存在"的问题。而以社会学来看，提出企业使命的概念在于突破传统的微观经济学"企业追求利润最大化"的经济伦理界限，强调现代企业使命内涵既应考虑经济伦理，更应体现社会伦理。

企业作为社会的一个经济单元、一个组成部分，必须要担负起社会赋予它的任务，协调多方利益。杨锡怀等编著的《企业战略管理》一书中认为，企业使命就是企业在社会进步和社会、经济发展中所应担当的角色和责任。汤姆森和斯迪克兰德认为，使命主要指公司是什么样的公司，目前在做什么。佛瑞德·大卫认为，使命回答"什么是我们的业务？"柯林斯认为："将使命看作是组织在赚钱之外存在的根本原因——地平线上恒久的指引明星，不能和特定目标和业务策略混为一谈。使命不必独一无二，两家公司可以有相似的使命，使命的主要作用是指引和激励，不见得必须制造不同。"

通过对使命陈述的理论和实践的分析可见，企业使命是企业核心价值观的体现。尽管社会上普遍存在对企业愿景、使命、宗旨等概念不分和混用的局面，但就其作用和意义而言，企业使命才是核心价值观的体现。

4.1.5 企业愿景

自美国麻省理工大学彼得·圣吉教授的《第五项修炼》一书出版以来，"愿景"一词已经成为今天构筑企业文化理念的关键词汇，为越来越多的个人和组织所接受和认可，但到目前为止，人们对于愿景的认识仍不统一。彼得·圣吉在《第五项修炼》一书中认为"愿景是人们心中一股令人深受感召的力量"。迈克尔·茨威格在《创造基于能力的企业文化》一书中认为"愿景就是企业成员希望达到的目标，是大家就所能达到的理想的未来状况形成的概念"。柯林斯则在1994年出版的《基业长青》一书中，将那些能够长期维持企业竞争优势的企业核心理念定义为愿景。马克·利普顿在2003年出版的《愿景引领成长》一书中认为：愿景是个具体的目标，一个向往将来的生动画面，它既是可以被描述的，又是具有挑战性的。

因为人们对企业愿景和使命概念存在认识的差异，目前普遍出现二者在使用上的矛盾、通用、混用等现象。在查尔斯和加雷思编著的《战略管理》一书中，认为使命和愿景在实践中是可以替换使用的。柯林斯等人则认为企业愿景是企业不变的核心理念，包含企业使命和核心价值观。马克·利普顿虽然清晰地将愿景与使命进行了区别，但他却认为有效的愿景应当包括企业存在的理由、战略、价值观三大内核原则，并把愿景、价值观、战略统括在了一起。由于这种认识的混乱，在现实中常常出现诸如此类的现象：在一个企业中被称作愿景的东西，在另一个企业中被当作使命或核心价值观。

综合学者们对愿景的看法并结合作者的认识，我们认为企业愿景是企业家对企业期望前景的一个高度概括性的描述。愿景包含了企业未来可能的和人们所希望达到的状态和景象，愿景是对企业未来乐观而又充满希望的表述。企业愿景与使命和核心价值观息息相关，但并不等同于使命和核心价值观。企业的愿景是企业的一个遥远而伟大、需要历经数代奋斗的目标，有时甚至是一个永远也实现不了的愿望或梦想。

一般来讲，企业的愿景可以根据企业的诉求包含以下四个方面内容中的一个或几个。一是使整个人类社会受惠受益。例如，有些企业的愿景就表达出企业的存在就是要为社会创造某种价值。二是实现企业的繁荣昌盛。例如，美国航空公司提出要做"全球的领导者"，这就是谋求企业的繁荣昌盛。三是员工能够敬业乐业。员工就是企业发展的最重要的要素，只有员工能敬业乐业，企业才有未来。四是使客户心满意足。客户满意是最基础的愿景，因为客户是企业成功最重要的因素，如果客户对企业的愿景不能认同，那么愿景也就失去了意义。

企业愿景具有导向功能、激励功能和宣传功能。企业愿景类似企业的终极目标，是企业前进方向的指航针。愿景既是战略的指引，也是文化的导航。企业制定战略和树立企业文化必然不能脱离企业愿景而存在。一个美好的愿景能够激发人们发自内心的感召力量，激发人们强大的凝聚力和向心力。目前许多企业都越来越强调企业愿景的重要性，借助愿景培育与鼓舞组织内部人员，激发个人潜能，激励员工竭尽所能，增加组织生产力，达到顾客满意度的目标。企业愿景也是企业对外部公众的形象展示。企业愿景向外部公众传达了企业"内在"的内容，是企业对外的形象展示。在管理学中，制定愿景的能力是企业领导者必须具有的一种特质。

4.1.6 企业文化的演化

生物基因具有演化过程，同样作为企业基因的文化也具有类似的过程。企业文化的演化既包含被动适应环境式的演化，也包含主动适应环境式的演化。借鉴生物进化的理论模式，美国经济学家纳尔逊等人在1982年就系统地把演化思想运用到企业文化管理的研究中，并提出了企业文化演化的三个机制：遗传、变异和选择。

（1）遗传。企业惯例在企业进化过程中起到了类似基因的作用，可以通过企业之间的学习而被遗传。事实上企业惯例有着极强的"路径依赖性"，路径依赖类似于物理学中的惯性，即一旦根据过去的经验选择了某一个路径，则不论今后企业的发展如何，不管路径的好坏，组织都会通过自我强化来产生对该路径的依赖。惯例的路径依赖性使企业后期的状态在较大程度上取决于它在上一期的状态，从而使惯例表现出一定的遗传性。

（2）变异。根据生物界"物竞天择，适者生存"的原理，企业惯例也会随着环境的变化而发生"基因突变"，当企业面临的环境发生变化时，最终导致企业的基础因素不能适应新的环境，这时企业的惯例就产生了变异的需要。当企业的惯例发生变异的需要时，可以通过"搜寻"（可以理解为通过学习、模仿、创新而改变）来进行。"搜寻"在变异中起着关键作用，它导致的结果通常是企业基础因素的变化，即导致企业改变原有的惯例或者放弃原有的惯例，建立新的惯例。新的惯例可以通过"搜寻"外界已经存在的技术和惯例来修正自身惯例，或者研究和开发不存在的技术和惯例来弥补现有不足。"搜寻"包括两种变量：模仿与创造，这使得有些以前未发现或未发明的技术成为已知，有些以前未开发的技术得到足够的开发而能够应用。但是企业如何模仿和创新是不确定的，不同企业"搜寻"的结果是不同的，产生新奇变异也是不同的。

（3）选择。企业通过"搜寻"产生变异，从而可能改变或者更替原来的惯例。然而，什么样的惯例将被保留下来取决于企业的比较和市场的选择而进行筛选。一方面，按照适者生存竞争规则，环境对具有不同惯例的企业进行选择，结果是具有环境适应性的惯例会在群体中被保留下来。另一方面，企业也可以主动地去适应环境。企业会根据环境的变化进行适应性学习，通过主动"搜寻"实现自身的变异来达到适应环境的目的。那些总能进行很好的适应性学习并且进行相应变异的企业能够在环境变迁中保留、发展并壮大起来，那些不能很好适应环境变化的企业则将被淘汰，通过连续的"搜寻"和选择行为，企业随时间而演化发展。

根据演化经济学对惯例的三个机制研究，可以总结出企业文化基因演化过程（见图4-1）。

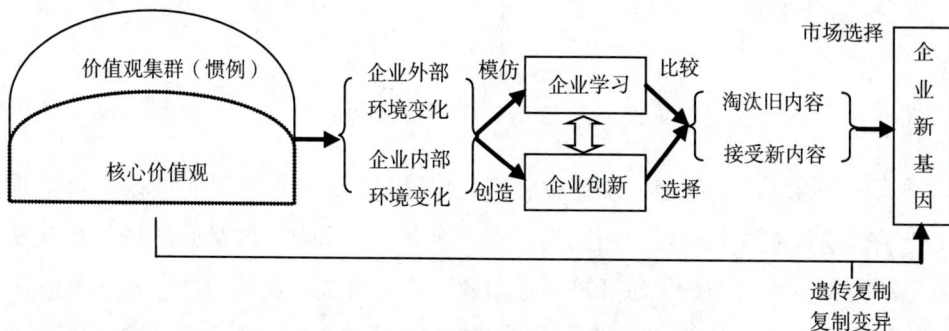

图4-1　企业文化基因演化机制

健康的企业文化基因正是通过这种进化机制不断得到健康成长，一旦企业文化基因未能按这种机制演化，企业就会产生基因疾病进入病态甚至会死亡。

4.1.7 企业文化基因演化的内部决定因素

企业文化机制的演化机制说明了企业文化的遗传变异取决于企业的外部与内部环境变化因素。企业的外部环境变化因素一般包括企业宏观环境因素和产业环境因素，这些是客观的，因此容易理解。而对于企业内部环境而言，则包含了更多的主观因素，这些因素中哪些又对企业文化基因遗传变异具有决定作用呢？

尼尔逊和帕斯特纳克等在发表的《什么是企业DNA》一文中认为："就像生物双螺旋结构的DNA由四种核苷酸分子的不同组合所决定一样，企业DNA由组织框架、决策权、信息传导和激励机制四个基本要素组成。"据此可以认为，组织构架、决策模式、信息传导、激励机制是对企业文化基因遗传变异具有极为重要作用的企业内部环境影响因素。

综合起来，企业文化基因遗传变异影响因素模式可以用图4-2来表示。

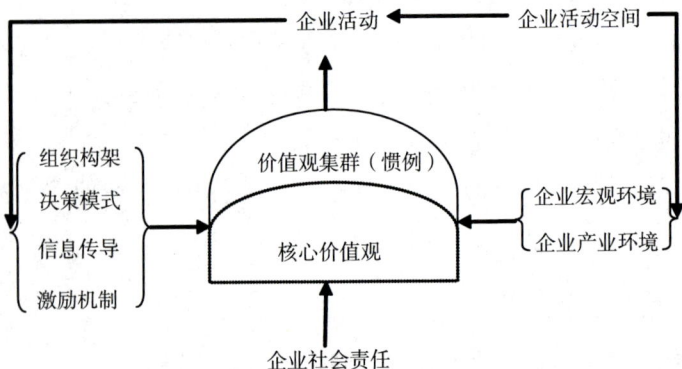

图4-2　企业基因变异影响因素

为什么说"组织框架、决策权、信息传导和激励机制"是企业内部对企业文化基因遗传变异有决定作用的因素呢？企业政治是对它的最好解释。企业政治是一种对企业活动最无法忽略、最为隐秘也最有决定性的力量，企业政治这张无形的手左右着企业老板及员工的行为，甚至决定着企业未来发展的走向。

而组织框架、决策权、信息传导和激励机制则是企业政治力量的根源，它们之间的组合，形成了企业中形形色色的政治意识和行为。当组织的资源趋于紧缺时，当现有资源分配模式正在发生变化时，当组织中存在晋升机会时，政治行为更可能会浮出水面。如果一个组织缺乏沟通与信任、角色模糊、绩效评估体系不明确、报酬分配体系存在零和博弈、缺乏民主化决策和在高度压力状态下完成工作，那么这类组织往往会成为滋生政治活动的温床。

尽管企业文化基因具有自我演化机制，但这并不意味着企业的演化一定会朝积极的方向进行。例如，生物进化过程中有些生物的演化适应了环境变化存活下来，但还有无数的生物未能演化或朝向未能适应环境的方向演化而灭绝了。医学上基因的遗传和变异可能会使人变得更健康，也可能会导致疾病的产生。企业文化的演化亦是如此。

企业只有建设一种有效管理企业政治的内部环境，企业文化才能朝着积极方向遗传与变异，企业才能健康成长。事实上，有效的企业文化就是有效管理企业政治的文化。而有效管理企业政治需要企业从企业文化基因的四种重要基因要素活动（组织构架、决策模式、信息传导、激励机制）入手系统管理设计，并形成制度化的惯例。❶

4.1.8 企业文化与战略的匹配

演化视角的企业文化理论说明企业文化具有灵活性，企业文化基因是一个不断演化的过程，尤其在企业面对环境变化时需要主动或被动地作出适应性调整。因此，企业在塑造企业核心价值观及有效管理基因要素把控遗传变异方向的同时，要及时根据环境变化进行文化调整。企业战略是针对企业内部和外部环境变化制定的，因此企业战略的调整，常常需要企业文化的变异。

当企业文化有根据战略调整的需求时，企业首先要通过模仿与创造两种"搜寻"机制来获得新的文化选择内容。模仿是研究成功企业的案例和做法，并引入本企业或借鉴吸收。创造是自行研究与设计，完全进行自我文化内容创新。无论是模仿还是创造获得的文化内容，企业还需要一个筛选过程，筛选的

---

❶ 关于企业如何有效管理企业政治，可以参阅本书第三篇"企业政治"章节内容。

手段包括比较与选择。在筛选过程中，什么样的内容将被保留下来，取决于其能否与企业战略匹配，最后的结果是具有环境适应性的内容会被选择并保留下来。

企业文化在一定程度上可以影响战略的制定，因为战略是人制定出来的，因而人的价值取向决定了战略制定的取舍与方法，甚至是结果；同时企业战略的制定也应考虑企业文化环境因素与基础对其的支持（见表4-1）。但更多的情况下，是企业调整了战略，企业文化随着战略的调整而调整，因为前者是主动积极的，而后者是被动消极的。

表4-1　文化对战略的支持度评估

战略类型	战略重点	企业文化评估	改进措施
低成本	人工成本控制 采购成本控制 财务费用控制 研发成本控制 独特的经营模式 成本控制能力	价值观是否支持？ 经营管理理念是否支持？ 低成本战略是否达成共识？ 是否有相应的制度支撑？ 领导是否深刻理解？ 员工能否执行到位？	形成"省钱"文化 价值观明晰 形成成本控制能力 制度支撑 激励机制设计 领导身体力行
差异化	动态跟踪客户需求 客户需求分析预测 竞争对手分析预测 研发体系建设 品牌与营销推广	创新是否为企业文化核心？ 是否达成共识？ 是否有相应的激励机制？ 是否形成了创新的文化氛围？ 是否形成了客户导向观念？ 是否形成了快速的执行文化？	形成创新文化 形成顾客需求反应能力 价值观明晰 制度支撑 激励机制设计 领导身体力行
集中	分析行业价值链 核心能力培育 独特经营模式 核心资源配置	是否找寻到价值链关键环节？ 是否具备独特的专长和技能？ 价值观是否支持战略定位？ 领导是否深刻理解战略含义？ 员工能否执行到位？	形成专精一点的文化 价值观明晰 制度支撑 激励机制设计 领导身体力行

现实的世界是战略和文化的交融。企业的文化影响战略的制定，企业的战略反过来改造企业的文化。战略如果没有文化的支撑，就会缺乏精神与灵

魂，企业因此也很难长久发展。文化如果没有战略的引导，也就成了无源之水，由于缺乏目标和追求，其优势很难持久。企业能够持续经营并获取最大的成功，战略和文化必定一个都不能少。战略决定命运，文化决定成败。战略必须与文化高度协调，才能让战略顺利实施并有效推进，否则战略便会遇到很大的问题。

4.1.9 企业文化建设误区

20世纪80年代《企业文化》《Z理论》《追求卓越》《日本企业管理艺术》四部专著掀起企业文化研究的热潮后，企业越来越深刻认识到一种优秀的组织文化对企业长期经营业绩和企业的发展起着潜在的却又至关重要的作用。随着企业文化理论日渐广泛地被企业接受和应用，许多公司大兴文化建设。

然而，在企业文化建设中许多企业希望文化毕其功于一役，一次建设终身不变。其结果是造成：企业文化是个筐，什么都可以往里装。很多咨询公司的专家，也在竭力为企业"做"企业文化。他们提炼理念，编制手册，制定口号，设计形象，并且落地深植。由于将企业文化建设重点放在企业文化的提炼、编写、宣贯、落地上，结果造成了企业文化与企业经营的脱节。当企业靠这种方式把企业文化"做"出来时，其实已经把企业文化的演化忽视了，把企业文化建设指引向了错误的方向。而那些墙上文化、口号文化、招牌文化、洗脑文化、老板文化等，也早已沦为企业装修门面的工具。

现在许多企业文化建设实践之所以失败，就是因为它把人们的注意力引导向企业文化本身的建设，忽视了企业文化作为一种活的机制的本质。在企业不同的生命阶段，企业内部的冲突、利益不同，面临的问题和压力不同，存在的主要矛盾也大相径庭，企业所作出的选择不同，必然要求不同的企业文化与之相匹配。尽管企业与企业之间有99.9%的组织行为是相似的，但就是那0.01%~0.1%的差异决定企业的不同，才是企业文化建设的核心内容。

由于企业文化具有基因的特性，而且企业基因又具有很强的灵活性，因此企业文化建设应该按照企业文化基因的遗传机制和特点而开展。旧制度经济学家凡勃伦说："问题不是事物如何在静态中自我稳定，而是它们如何不断生长和变化。"正确的企业文化建设，应该围绕"有利于优化企业经营、有利于赢得市场竞争、有利于保持生机活力"这个中心来设计，应该围绕进化机制来实施。只有这样的理论和实践，才能彻底消除当前企业文化领域的各种怪象，才能根本解决学术界与企业界的长期困惑。

4.2 企业战略

4.2.1 战略的起源与概念

"战略"一词最早是一个军事术语，后来被广泛应用于商业界。我国古代军事家孙子早在公元前4世纪所著的《孙子兵法》一书中，就系统地阐述了战争中战略的运用，该书是世界上公认的最早的战略文献。"战略"一词最早出现在西晋，距今已有1700年之久，当时西晋史学家、军事家司马彪曾专门著有《战略》一书，原著虽已失传，但其部分内容仍散见于《三国志》《太平御览》等典籍之中。

在西方，"战略"一词源于希腊文"strategicon"，最早见于公元580年东罗马帝国皇帝毛莱斯编写的一本军事教科书《strategicon》，意为"将道"或"为将之道"。英文"strategy"就是从"strategicon"这个词根衍生出来的。18世纪，德国资产阶级军事科学的奠基人海因里希·迪特里希·比洛在其1799年的著作《最新战法要旨》中第一次把军事科学区分为战略与战术两大部分，并首次给它们分别下了定义。18世纪末，德国著名军事家克劳塞维茨出版了《战争论》一书，被誉为西方的孙子兵法。1938年，美国经济学家切斯特·巴纳德在出版的《经理的职能》一书中，首次将战略理论从组织理论和管理理论中分离出来研究。

20世纪60年代以来，随着经济和技术的迅速发展，企业在争夺市场份额和谋求自身生存发展中的竞争越来越激烈，公司为寻求竞争优势地位，开始从依靠经验性扩张经营管理向主动谋划企业未来发展道路转变。由此，企业战略和企业战略管理也作为一个独立的研究领域发展起来，并形成了众多的流派。"战略"也由最初的一个军事术语，迅速扩展到商业领域并被广泛使用。

第一个为企业战略下定义的人是阿尔福来德·D·钱德勒。钱德勒在其编写的《战略与结构》（1962）一书中，将企业战略定义为"确定企业的长期目标与近期目标，选择企业达到这些目标所遵循的途径，并为实现这些目标而对企业重要资源进行的管理"。1965年，美国学者、现代战略管理的奠基人、战略管理鼻祖伊戈尔·安索夫出版了《公司战略：成长与拓展的企业政策》一书，在这部著作中，安索夫将战略定义为"企业战略是企业为了适应外部环境，对目前从事和将来要从事的经营活动所进行的战略决策"。

综合学者们的各种观点并根据战略的本质进行分析之后，我们将战略看作关于组织在一定时期内生存和发展的谋划。

4.2.2 企业战略是愿景实现的阶段性过程

战略是企业内部制定的、在一定时期内生存和发展的谋划，其目的是通过切实的实践达到战略的目标。与企业愿景的长期性相比，战略具有阶段性。愿景是企业长期甚至终身的追求目标，而战略则是企业在特定环境下、某一阶段的追求目标。战略与愿景的另一重要区别在于战略具有实践性和执行性。战略是明确的、用来认真执行和实践的；而企业愿景则是一种模糊的思想引导力。

此外，战略与企业愿景的意义也不相同。愿景和使命除了具有对企业职工激励引导的内在意义之外，多数具有宣传和树立企业形象的外在意义。战略则在多数情况下只有内在意义，有时企业战略甚至是企业的重要秘密。除非企业意在向特定人群（如投资者或其他利益相关者）传递特定信息以获得特殊支持，否则企业不愿意公开自己的战略。有时战略特意要传递给竞争对手，也只是意在表达一种战略承诺或发出一种战略信号，进而影响竞争对手决策而达到一定特殊的目的。

尽管战略与企业愿景和使命不同，但在制定战略时企业应该重新审视企业的愿景和使命，使战略与企业的愿景和使命相协调。与企业愿景和使命协调的战略有利于企业上下的认同，有利于战略的执行；相反，则会引起企业上下的认知混乱，进而造成战略执行障碍。因此，从某种意义上来说，企业愿景和使命是战略的根本出发点。

4.2.3 战略的利弊

战略是一把双刃剑。战略对企业经营管理而言具有十分重要的意义，但是我们也应清醒地认识到战略的一些弊端，从而减小战略失败的风险。明茨伯格认为"战略对于组织的作用就如同眼罩对马的作用，战略可以使组织前进，但也可能使组织失去对周围事物的观察力"。一般而言，战略的利弊主要表现在以下方面（见表4-2）。

表4-2　战略的利弊

方面	利	弊
战略设定方向	为组织绘制航线，以便齐心协力地行驶在市场环境中	按既定航线行驶容易撞上冰山
战略聚合众人之力	提高了行动的协调性	会导致群体思维
战略决定组织	提供了理解组织行为的方式和一种便利手段	会导致模式化，丧失多样性
战略提供了一致性	减少了模糊，增加了有序性	愚蠢地追求一致是一种狭隘

尽管有战略之"弊"，但战略的弊端不能作为否认战略的理由，因为没有战略，这些弊端不仅不会消除，反而存在的可能性更大。没有设定航线的船一定会更容易遇上冰山，而如果我们在制定战略的时候充分考虑到这些弊端，就能极大地避免这些危险。战略的弊端其实并不是战略的错误，而是我们没有管理好战略造成的，因此不应该将其归咎于战略本身。

4.2.4 战略内容的三要素

认清战略所包含的内容有助于我们理解战略的逻辑系统，为我们认清什么是战略，如何制定内容完整的战略具有十分重要的意义。但由于人们目前对战略概念、范围、存在方式和形式等的认识不统一，使得目前人们对战略所应该包含内容的认识混乱和不完整。因此，我们有必要重新界定战略的内容，为战略确定一个特定的组成模式或要素。正如卡波萨罗纳所认为的那样，"强调对战略的这种特定解释，目的在于将它与各种业务场合下对于战略一词的多种用法区别开来"；尽管在其他场合"战略"一词常被用来提出种种问题，而且这些都是"战略"一词的合理应用，"但它们与这里使用的这个术语不相符"，"而此处使用这个术语，包含着某种事业的总体方法"。

关于战略的内容问题，钱德勒认为战略内容包括目标、途径和为实现这些目标与途径而对企业重要资源进行的管理。安索夫从市场的角度认为战略由产品与市场范围、增长向量、竞争优势和协同作用四种要素构成。美国斯坦福尼亚大学卡波萨罗纳等认为，"战略要对决策起有益的指导作用，就必须包含明确界定企业目标以及实现目标途径的要素"，并认为任何具有一致性的战略都应包含四个要素：第一，战略应包含一组清晰的长期目标；第二，战略应明确企业的范围，包括企业提供的产品种类、面向的市场及将要从事的活动领域；第三，战略应该清楚地表述将要获取和维持的竞争优势；第四，战略应该体现将要素联结起来的基本逻辑。

综合学者们对战略定义和内容的认识，并将它们之间的联系逻辑化和系统化后，可以认为完整的战略包含三方面的内容要素：目标（包括经营产业、范围、方向等）、途径（包括竞争优势、核心竞争能力和实现目标的方式）、方法和逻辑。

战略内容必须包含目标和方向，否则就不成战略，没目标的企业在竞争中只是简单地垂死挣扎，处于本能的自我保护或攻击。战略内容必须包含途径和优势，途径就是自己的制胜武器或优势，特别是要有所长（获得竞争优势）。一无所长获得胜利，如同乌龟与兔子在陆地上赛跑，乌龟即使赢了，但那也只是万年不遇的偶然，何况这只是一个寓言故事，而在现实中根本是子虚乌有的事。战略还需要正确地判断目前形势，并根据形势采取了正确的方法和策略，这是目标和途径匹配的方法和内在逻辑联系。战略内容必须包含策略方法和内在逻辑联系。

战略内容的第一个重要组成部分是战略的目标。笼统地讲，企业战略的目标是实现企业的生存和发展，按照西方经济学的观点即实现股东利益最大化，然而这样的目标对战略的制定没有实质性意义，战略的目标应该是更为具体的目标。战略目标是企业在既定的战略经营领域开展活动范围和要达到水平的具体规定。经营范围的陈述界定了企业对企业活动界限有争议的边界问题的立场，把澄清这些问题所花费的时间减少到最小程度，并让企业集中精力做好范围内的事。战略目标是对企业战略经营活动预期取得的主要成果的期望值，或者说企业要通过战略达到的位置或目标。战略位置或目标可以是竞争位置，如"市场主导者""行业领先者"，也可以是经济位置，如企业在一定时期内经营活动的方向和所要达到的业绩水平，还可以是其他社会位置或目标，如"技术领先者""质量最佳企业"。战略目标既可以是定性的，也可以是定量的。企业战略目标是在一些最重要的领域对企业使命的进一步具体化，不过由于战略的不确定性和战略保持灵活性的需要，战略目标不宜定得过死，要保持一定弹性。企业战略目标的基本表达公式为："战略目标=行业+范围+位置"。

战略途径是企业达到战略目标的工具和手段。战略途径包括外生途径和内生途径，核心是内生途径。外生途径是企业通过并购、重组等途径实现战略目标的途径。企业通过获得其他非内生的资源（如特殊地理位置、紧缺物质资源的使用权等能给企业带来经济租金的外生资源）达到战略目标也属于外生途径。内生途径是企业通过自身能力的利用、提高和建设而实现企业战略目标的途径。企业战略内生途径包括企业现在开展经营活动所依赖的过去培养的核心竞争力的利用和对未来开展经营活动所要依赖的核心竞争力的培养和更新。战略途径的基本表达公式为："战略途径=外生途径+过去核心竞争力的利用+未来核心竞争力的培养"。

战略的逻辑是如何将战略目标和战略途径进行完整、有序的逻辑结合，我们称为战略的方法，也即波特教授所讲的匹配。没有这种匹配的战略不能称为战略。除非能够清晰地说明目标、范围和竞争优势怎样结合在一起为企业的成功提供一致和令人信服的理由，否则，那仅仅是列出了一些战略要素而非战略。战略的逻辑主要包括战略的层次结构、时间层面结构、商业模式（或盈利模式）等内容，除此外企业的战术及策略等广泛内容也应视为战略逻辑的范畴。战略逻辑应将企业的资源、能力、竞争优势、企业价值链及市场表现结合起来，合理解释为什么及如何做的问题。柳茂平的企业战略内在结构框架，在一定程度上为我们提供了研究战略内在逻辑的思路（见图4-3）。

```
        ┌─────────────────────────────┐
        │      产品市场前沿竞争          │
        │  实现当前和未来总结果的高业绩   │
        └─────────────────────────────┘
                      ▲
        ┌──────────────────┐    ┌──────────────────┐
        │     竞争优势       │    │     竞争劣势       │
        │ 分层次的竞争优势    │    │ 分层次的非劣势     │
        │   主题体系         │    │   竞争主题体系     │
        └──────────────────┘    └──────────────────┘
                ▲                        ▲
```

```
┌ ─ ─ ─ ─ ─ ─ ─ ─ ─ ─ ─ ─ ─ ─ ─ ─ ─ ─ ─ ─ ─ ─ ─ ─ ─ ─ ─ ─ ┐
           价值链
     企业活动整体结构与活动方式：价值来源与价值传递
  ┌──────────────┐  ┌──────────────┐  ┌──────────────┐
  │ 价值链持久、   │  │ 价值链独特的   │  │ 价值链的通用   │
  │ 独特的关键优势 │  │ 关键优势环节   │  │ 环节活动方式   │
  │ 环节活动方式   │  │ 活动方式       │  │               │
  └──────────────┘  └──────────────┘  └──────────────┘
└ ─ ─ ─ ─ ─ ─ ─ ─ ─ ─ ─ ─ ─ ─ ─ ─ ─ ─ ─ ─ ─ ─ ─ ─ ─ ─ ─ ─ ┘
```

核心能力

　　具有价值的、可以被利用的、稀缺的、难以模仿的、难以替代标准的能力。不仅针对现在，而且针对未来竞争的能力。

独特能力

　　战略资源在现在的直接应用。当前企业创造的价值 多少来自这些战略资源？能否持久？如何纳入核心能力的未来目标？

通用能力

　　企业需要哪些通用能力？是否充分使用了这些一般资源，有效地形成了通用能力？这些能力是否不比竞争者低？

战略资源

　　具有价值的、可以被利用的、稀缺的、难以模仿的、难以替代标准的资源。企业有哪些战略资源？如果没有，为了未来和现在在应该如何积蓄？如何充分利用这些资源？

一般资源

　　为了适应环境快速变化，或实现企业活动高度协同，或者为了产品市场的前沿竞争，企业需要哪些与竞争者没有什么差别的资源？

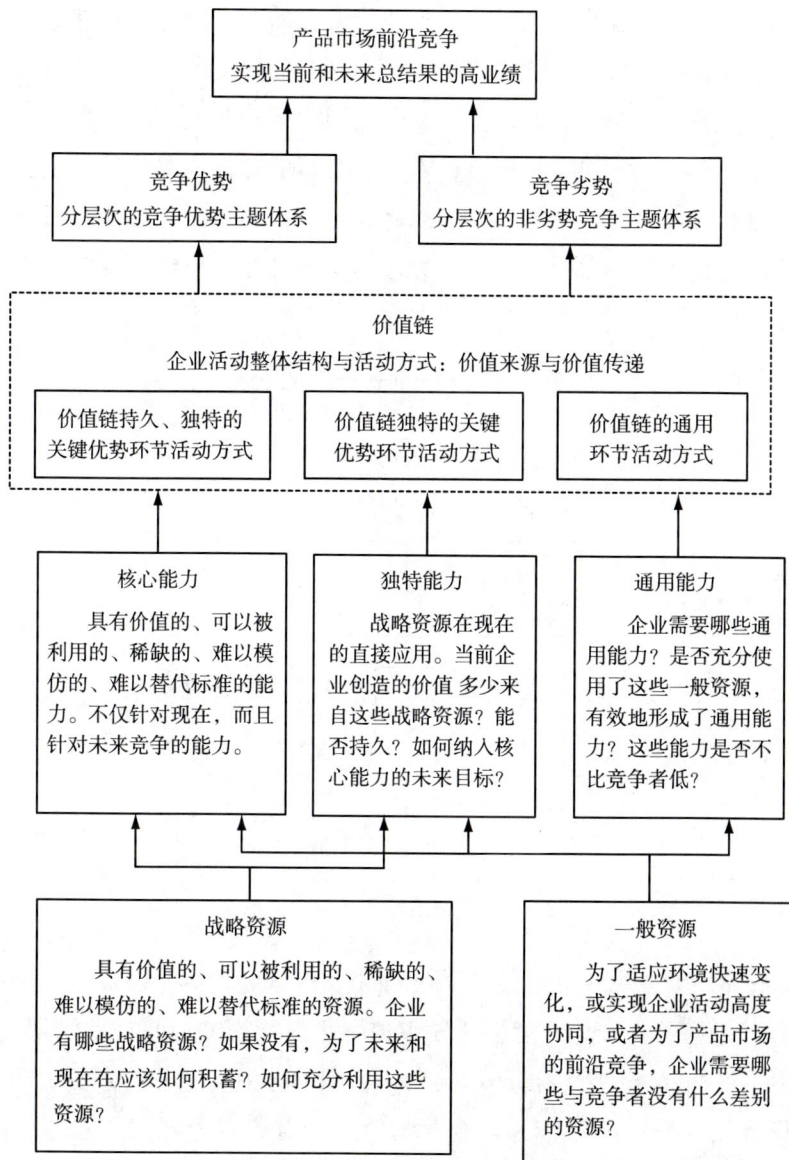

图4-3　企业战略内在结构框架

4.2.5 战略体系的层次结构

　　1978年，著名学者苏安提出战略的层次观点，认为根据战略功能层次，可以将战略基本分为总体战略、经营战略和职能战略。也有人将总体战略称为整体战略或公司战略，将经营战略称为竞争战略或业务单元层战略，将职能战略称为部门战略。总体战略考虑公司的整体投资方向、经营思想和理念，从宏观的角度考虑企业的战略。经营战略从某产品经营的角度考虑战略，经营战略必须服从于总体战略。职能战略，主要是企业内部各个非经营实体部门，包括职能部门或者生产单位的战略，职能战略的主要目的是提高工作的效率。这三个层次战略的地位和内容各不相同，它们之间的基本关系是：总体战略分解为经营战略，经营战略分解为职能战略；总体战略统帅经营战略，经营战略统帅职能战略（见图4-4）。

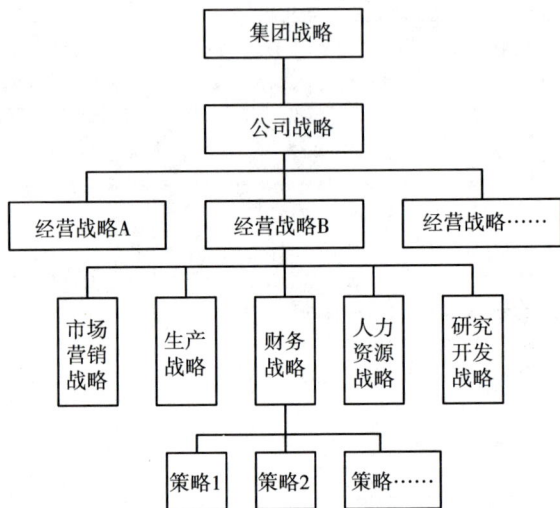

图4-4 企业战略体系层次结构

总体战略主要是研究企业要去哪儿和企业应该经营哪些事业以使企业长期获利的内容，是企业最高管理层指导和控制企业行为的最高行动纲领。因此，总体战略注重把握企业内外部环境的变化，同时努力将企业内部各个部门间的资源进行有效的战略配置，并以企业的整体为对象考虑问题。总体战略强调"做正确的事情"，该层次的战略以价值为取向，以抽象的原则为基础，忽略具体性。在总体战略思考中，企业需要考虑一体化战略、多元化战略、战略联盟和收购战略，必要时将考虑企业重组以增强企业的整体效率。

经营战略是在企业总体战略的指导下，企业某一个经营战略单位的战略计划，是总体战略之下的子战略。与总体战略相比，经营战略会更多考虑企业如何在特定的市场上获取竞争优势。比如，如何发现新的商机，以及在什么样的市场和什么时候推出什么样的产品，提供什么样的服务，等等。经营战略要思考企业在市场中的自我定位及取得竞争优势的方法和在不同产业发展阶段中所采用的不同策略等。经营战略强调"正确地做事情"，该层次的管理者需要努力识别最稳固的，同时也最有盈利性的市场区域，以发挥其竞争优势。

职能战略考虑如何有效组合企业内部资源来实现总体战略和经营战略。它更注重企业内部主要职能部门的短期战略计划，以使职能部门的管理人员能够清楚地认识到本职能部门在实施企业总体战略和经营战略中的责任与要求。该战略将思考如何提升企业的运作效能以使企业获得较佳的效率、品质、创新和顾客回应方面的能力。由于该战略直接处理诸如生产、市场、服务等最为一线的事物，因此，该层战略更加强调"如何将一件事情做正确"。

对战略三个层次的划分使战略在制定与实施的过程中能够促使企业各管理层进行充分的协商与密切的合作。总体战略、经营战略与职能战略共同构成了企业战略体系。

4.2.6 战略的时间层面

企业必须持续不断地开展业务增长的各种活动，使业务发展具有连续性，只有这样才可以使企业在现有业务衰退的情况下，仍然保持增长的动力。所有持续发展的大公司都具有一个共同特点：它们能够源源不断地建立新业务。它们既能够从内部革新其核心业务，同时又能开创新业务。它们所掌握的技巧在于：保持新旧更替的途径畅通，一旦出现减退势头便不失时机地以新替旧。然而，遗憾的是许多公司经受不起这种新旧的更替，因此企业想要保持持续增长的任务是艰巨的。建立好一条连续不断的业务更新途径，是实现企业可持续发展面临的中心难题。

由于业务更新每一步进程都隐含着种种风险和管理难题，因此巴格海认为企业的持续增长需要事先考虑好三个层面的业务，以实现企业业务的不断更新，从而实现企业的可持续发展。相应地，在企业构筑三个层面业务时，企业也应当按照业务发展的三个层面，确定三个层面的竞争优势，确定三个层面的资源和能力规划。因此对于良好的战略而言，应该包含这三个层面内容的考虑（见图4-5）。

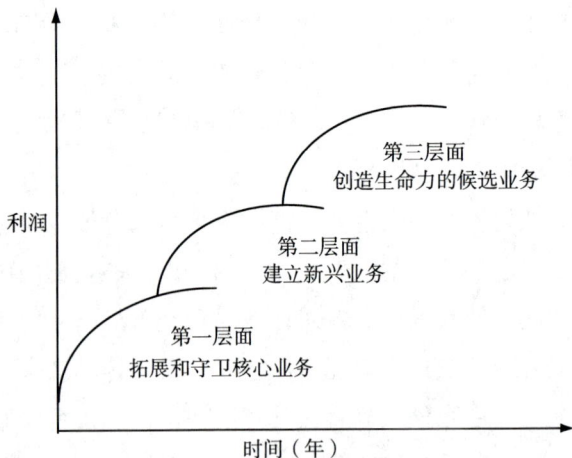

图4-5　企业战略的时间层面

（1）第一层面业务包含了处于企业心脏位置的核心业务，在成功的企业中，这些业务通常能为企业带来大部分利润和现金。这一层面业务对企业近期业绩关系重大，它们提供的现金和培育的技能能为其他业务发展提供发展资源。它们常常还有一些发展潜能，但最终将耗尽余力，衰落下去。在第一层面，管理的首要挑战是维持竞争地位并且发掘出核心业务的所有潜能，甚至包括持续创新、产能扩展、产品线扩展、小策略的改进、减小成本等。第一层面业务即为波士顿矩阵中的"金牛"业务。

（2）第二层面业务包括正在崛起中的业务，这些业务带有快速发展和创业性的特质，经营概念已发展成熟，并且具有高成长性。它们是公司的明星业务，这些业务的真正获利时间在未来四五年，但是已经出现了增长的势头和前景。第二层面的项目通常突出表现为一心一意追求收入和市场份额的扩张，需要不断追加投资，代表着现有业务的拓展方向或者公司业务发展的新方向。没有第二层面的业务，公司增长将最终停滞。

（3）第三层面业务包含了明天的业务，未来更长远业务选择的种子。它们是企业的研究课题、市场试点、联盟项目、少量投资的尝试和为加深对行业了解所作的努力。第三层面的项目选择是在想法基础上的初步研究，也许10年内甚至永远见不到利，但毕竟标志着走向实质业务的第一步。建立成功的业务，意味着企业从培育数量很多的"种子"项目做起，因为大多数种子项目会中途夭折。

企业这三个层面的业务会在不同时间段中给企业带来回报。无论它们成熟度如何，都应并行不悖地加以发展。企业要同时管理这三个层面的业务，拓展和守卫第一层面的核心业务，同时建立将要成为中期经济发展点的第二层面业务，此外还要在第三层面孕育公司长远发展的新兴业务。

在第一层面，考核重点可以是近期利润和现金流，衡量指标是利润、投资回报率、成本等。在第二层面，考核重点是营业状况和资本生产率，衡量指标可以是市场份额、获得新客户、收入发展、资本投资效率等。在第三层面，考核重点是回报的大小和成功的概率，衡量指标为待选项目估价、设想转为实际业务的概率、新项目的数量等。

为了创建具有生命力的更新，最成功的增长者把三个层面同它们的每项业务挂钩，每一个经营单位和职能单位也有各自相应的三层面。不过巴格海指出"过分注重增长同忽视增长同样成为一大问题"。企业必须要有足够的第一层面业务提供的现金流保证其他层面业务的发展。

4.2.7 商业模式

随着互联网的兴起，亚马逊、阿里巴巴等一批企业的巨大成功，引起了人们对企业商业模式的广泛关注和研究。但迄今为止，关于商业模式还没有形成普遍认可的理论体系，人们仍未能就许多有关商业模式的基本问题达成共识。有学者（如波特，2001）甚至对商业模式理论的生命力提出了质疑，认为商业模式只具有修辞学意义而已。尽管有学者对商业模式概念的存在意义提出了质疑，但绝大部分学者还是从不同角度肯定了商业模式概念存在的价值。

商业模式是一个非常宽泛的概念，通常所说的跟商业模式有关的说法很多，包括运营模式、盈利模式、B2B模式、B2C模式等。目前还没有形成关于商业模式的确切定义，不过多数学者认可商业模式的本质是企业价值创造的方式和逻辑。2011年，亚历山大·奥斯特瓦德出版了《商业模式新生代》一书，根据该书对商业模式的描述，可以归纳为：商业模式是企业发现、创造、传递、获得价值的方式和逻辑。由于盈利模式实质上是企业获得价值的方式和逻辑，因此盈利模式可被视为商业模式的范畴，也就是说商业模式包含盈利模式。

而对于商业模式与战略概念之间的关系，目前还存在较大的争议。桑托斯等（2009）认为商业模式只是战略的一部分。而汉默（2000）则认为，核心战略是商业模式的一个组成要素。但现在越来越多的学者则认为，战略和商业模式是两个不同的概念，它们之间无法替代，但互补共生。这种互补共生主要表现在：商业模式有助于战略选择分析、检验和确证；两者的整合分析有助于探究企业可持续竞争优势的来源；战略制定的结果必定要形成或影响商业模式，而商业模式又是战略实施的依据；商业模式是对已实施的战略的描述。

既然商业模式（含盈利模式）与战略互补共生不可分割，因此企业在制定战略时应该考虑企业的商业模式，并将商业模式作为必要补充，应用于企业战略形成的相关过程之中。

4.2.8 战略的形成——整合

在明白了有关战略的基本概念之后，那么战略又是如何形成的呢？这个看似简单的问题对战略管理的意义却十分深远。20世纪60年代至90年代，对于这个问题，不同的人有不同的认识和回答。企业家常常认为"战略可不是人人都能讲的故事，它需要企业家的脑袋和思维"。而战略咨询顾问却认为"战略需要特殊的技能，我们就是经过那些特殊技能培训并给人提供战略咨询服务的聪明人"。还有人认为"我从来就不相信战略，成功永远不能依靠战略一步一步规划而来"。

关于战略是如何形成的，明茨伯格教授的《战略历程》一书可以说是对战略形成归纳、总结最全面的书了。根据明茨伯格的总结，战略的产生至少有十个流派，然而这些流派又各自有自己的优点和不足。也就是说，至少有十种制定战略的思维方法或方式。明茨伯格认为，十个学派是用不同的方式在观察同一过程，因此战略形成过程是这十个学派的综合。明茨伯格这样描述，"我们对战略的形成如同盲人摸象，没有人具有审视整个大象的眼光，每个人都只是紧紧抓住了战略形成过程的一个局部，而对于其他难于触及的部分一无所知。而且，我们不可能通过简单拼接大象各个部分得到一头完整的大象，因为一头完整的大象并非简单的局部相加。"尽管明茨伯格讨论了"一些让您一眼就可以看到大象的方法"，但同时又提醒读者"只有您自己才能看见完整的大象"。

既然战略形成的十大学派各自有存在的理由与不足，那么在实践中，我们到底该采用哪种学派的理论思想来制定战略呢？明茨伯格认为这十个学派是对同一过程在不同角度和部分的观察，因此这十大学派每个学派都不是最佳的战略形成方法，这十大学派"应该被当作建造建筑物的砖或是混合物的组成部分"。为此明茨伯格提出了一个战略形成过程综合思维模式，同时描述了这十个学派在战略形成这个单一过程中所处的相对位置。自《战略历程》一书出版发行以来，明茨伯格战略形成的整合模式已被广为接受。关于这种整合模式，会不会成为战略管理的"第十一大学派"，目前我们不敢预测，但就其理论价值和影响而言，也许会成为一种新的战略管理学派。

明茨伯格认为，每个战略过程都应该将不同学派的各个方面结合起来，因为不可能去想象一个严肃认真的组织在战略制定时不考虑精神和社会的因素、不考虑环境的影响、不受领导力的左右、不经组织力量的推动、不在渐进和改革之间进行权衡。同时，否认学习就像否认控制一样愚蠢。战略的形成，事实上是判断性的设计、直觉性的想象和应变性的学习；它既需要变革性又需要永久性；它必须包含个人判断和社会性的交互、合作及冲突；它必须先经过分析，后经过规划，其间还必须经过协商；所有这些还必须都得是对苛刻环境所作出的反应。

明茨伯格用战略形成过程的分解图来表示战略形成中十个学派的意义。中央黑框是战略的实际创造，只有认知学派真正试图进入其中；但它并不是很成功。学习学派和权力学派在这一点上做着尝试性的努力。定位学派向后看，查找已有的数据资料，对其进行分析并纳入到战略制定这个黑框中。在另一侧，从黑框中出来的依次为计划学派、设计学派和企业家学派。计划学派向前看，但仅仅是稍稍向前，对以某些其他方法创造的战略进行规划；设计学派看得更远，着眼于战略远景；而企业家学派既向旁边看又视野超然，透过直接障碍形成对未来的独到见解。学习学派和权力学派处在下面，纠缠在细节之中。他们只看到树木而看不见森林。学习学派看着地面，有时到了草根。权力学派在某种意义上看得更低但并不更深：石头下面，有时甚至到了地下，试图认清组织不想一直暴露在外的部分。文化学派是从上往下看，笼罩在信念的云雾之中；而更上面的环境学派，可以说是在观望。与认识学派试图通过显微镜观察过程的内部相对照，结构学派观察过程本身，或者说观察过程的所有方面。这一战略形成模式，区别于目前的学者和咨询师的战略形成思维方式，有助于我们看透战略的形成（见图4-6）。

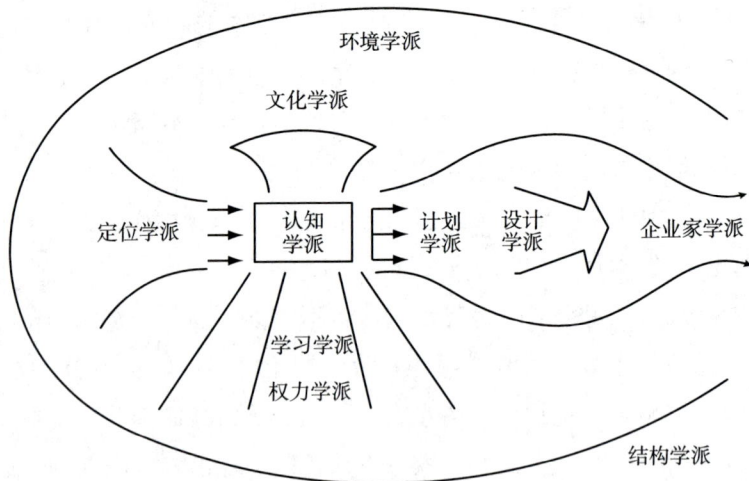

图4-6 战略形成中的十大学派

这一模式可以帮助管理者们看透战略的形成，而不像学者和咨询师们一样，"他们（学者和咨询师）像屠夫（包括我们在内）一样，为了方便自己把现实分割成块，有时只使用事物的某一部分而忽视了其余部分。就好像偷猎者掠取象牙而任大象躯体腐烂一样"。而目前我们的学者和咨询师介绍的战略制定思维方式（主流采用设计学派）是不健全的。

明茨伯格同时认为，战略的形成过程与手艺人制作陶器的过程类似，是一个摸索、尝试、学习、调整的过程。事实上，战略的分析和制定过程是一个将所有这些方法综合起来的一个逻辑的、系统的思维过程。这一过程相当复杂，唯一可以程式化或相对固定的模式可能主要是设计学派的模式。在形成和制定战略过程中，很难将这些因素用程式化的东西固定和表达，具体如何操作没有，也不可能有定式。

《管理学家》杂志主编，西安交通大学管理学教授席西民在对管理思想进行总结后，对战略制定分割的模式提出了这样的批评：

在中国企业发展如日中天，迫切需要管理理论和思想指导的时候，饥不择食的中国企业管理研究者和实务者在"管理软化"潮流冲击下，忽略了中国企业管理与美国企业管理所存在的历史性差距现实，对"管理软化"产生了错误判断，出现盲目跟风现象，高喊"文化管理，废除管理制度"。这给中国企业管理带来极大的危害，教训是惨痛的！一直到今天，还有不少人（特别是一些半路出家，根本没有系统学习过工商管理也没有企业管理实践经验的人）为了标新立异，根本不顾管理学的研究规范，到处鼓噪这个管理那个管理，把系统严肃的管理学当作可以任由摆布的面团，改个名字或者套上一些英文缩写就声称一种新的管理学理论诞生，简直是胡闹！这种现象如果发生在市场中，最多也就是一种市场行为或者市场现象，无可厚非，只要没有出现"虚假广告"等违法行为就可以。但是，如果一个管理学的研究者和实务者不加分析来盲目跟风，那后果就不堪设想了。我们知道，管理学作为一门经验科学，有它的艺术和技术之分、有它的道与术之别，如果把二者割裂开来，那么后果是危险的。"盲人摸象"事小，混淆视听，贻误商机事大。

有些经理人并不懂得战略规划和战略管理究竟是什么东西，更不要说进行战略规划和战略管理所必需的条件。正如《经济学家》杂志所揶揄的："没有人真正了解战略是什么(nobody really knows what strategy is)。"令人遗憾的是，明明是对此无知的，却没有经理人愿意承认自己是无知的。当然，安索夫丝毫没有责怪经理人的意思，相反，他尖锐地指出，经理人不懂得什么是战略规划和战略管理，正是有些战略规划家的策划不到位所致。

联想到中国近年的一些情况，不少号称"战略管理咨询公司""战略咨询大师"屡屡与他们服务的企业发生争执，正是安索夫40年前所遇见的问题。其实，最终问题还是咨询公司的问题，而不是企业的问题。事实上，企业作为战略买方不可能有什么试图习难咨询公司的倾向，发生争执的根源应该多从咨询人员身上寻找，即使是企业买方存在认识偏差或者预期过高，咨询人员也有责任和义务去帮助企业了解战略规划和战略观。当然，如果咨询公司出于获得生意，不惜胡乱承诺顾客，那么就更加要不得了。结果只能是如一些著名的管理评论者所指出的那样：战略规划家实质上只不过是一些类似"巫师"的专家。凭着一些诡异荒诞的技巧，使用着一些怪里怪气的名词，或用一些复杂的数学方程式和难解的图表作为障眼法，神神秘秘地、煞有介事地举行一些"仪式"(如座谈会等)，并在会上要求与会者做一些习作，然后提供一些似是而非的答案。这些所谓咨询大师的目的其实很明显，务求使经理人员在他们的引导下变得似懂非懂。如此一来能有不发生争执的道理？作为实战性强的战略管理咨询，确实应该仔细品味一下安索夫所走过的战略咨询道路并从中吸收有益的东西。❶

---

❶ 参见 席酉民,等.战略与变革:管理思想大系[M].北京:中国人民大学出版社,2009.

4.2.9 整合型战略制定方法的探讨

尽管明茨伯格提出了战略形成的整合模式，但并未给出如何具体操作。这里我们试图以"分析+构建"的手法对整合型战略的制定操作方法进行探讨。在探讨这种新的整合型战略之前，我们先了解一下"传统分析型战略"和"构建型战略"。

传统分析型战略是依赖哈佛大学传统的设计学派分析模型制定出的战略。明茨伯格总结的十大战略形成学派中的设计学派、计划学派及定位学派都属于传统分析型战略。安德鲁斯、安索夫、波特等战略大师关于战略的形成都属于传统分析型战略。

传统分析型战略的缺点在于：①需要处理庞大的数据和信息，而由于数据和信息收集、处理的复杂性，传统分析对数据的分析既难做到全面，也难做到深刻；②过分关注环境的客观性，而忽略了企业家精神的本质，是一种消极型战略，这种思考模式在非常大的程度上，会形成一种宿命论，而忽略了战略本身的跳跃性和战略本身能够塑造未来的这种习性；③分析型战略适合于中短期战略，不适合中长期战略，分析型战略更适合于经营层战略的制定，而不太适合公司层战略的制定；④有时战略系统性差，拼凑感明显，逻辑性差；⑤分析型战略更适合于渐进式变革，企业发展大的思路并没有发生根本性变化，是一种精细化、精确化的过程，关注细节，忽略整体。

构建型战略是战略制定者通过其对社会和事物规律的把握与理解，主要依赖主观方法形成的战略。构建型战略没有现成的固定模式，其方法和思维不受限制，因此构建型战略背后对应的是剧烈式的变革，其创新性强，具有跳跃突破性。构建型战略主要考虑的是企业做什么事其价值回报才是最大的、发展前途才是最好的，而较少考虑企业有没有能力和资源。先构建理想然后再反过来去思考如何才能获得战略实现需要的那些能力和资源。明茨伯格总结的十大战略形成学派中的企业家派、认知学派、学习学派、权力学派、文化学派、环境学派、结构学派都属于构建型战略。

构建型战略的缺点在于：①理想与现实存在矛盾，战略制定缺乏必要的物质和现实基础、执行基础，实现难度高；②缺乏科学性，缺乏数据和信息支撑，容易忽略细节；③有时容易偏激地偏离主题，而将企业其他问题放大，容易偏题；④战略风险大，成本高，对资金需求大。

通过比较可以看出，分析型战略和构建型战略是一对互补的战略制定手法。分析型战略的优点是构建型战略的缺点，分析型战略的缺点恰又是构建型战略的优点。然而作为为企业重大经营提供导航的战略而言，一旦有失偏颇，其后果可想而知，因此一个更为良好的战略制定手法应该将二者结合起来。而这一意识恰恰是目前我们许多战略管理学者和咨询公司所忽略的问题。为此，我们提出了整合型战略制定模式（见图4-7）。

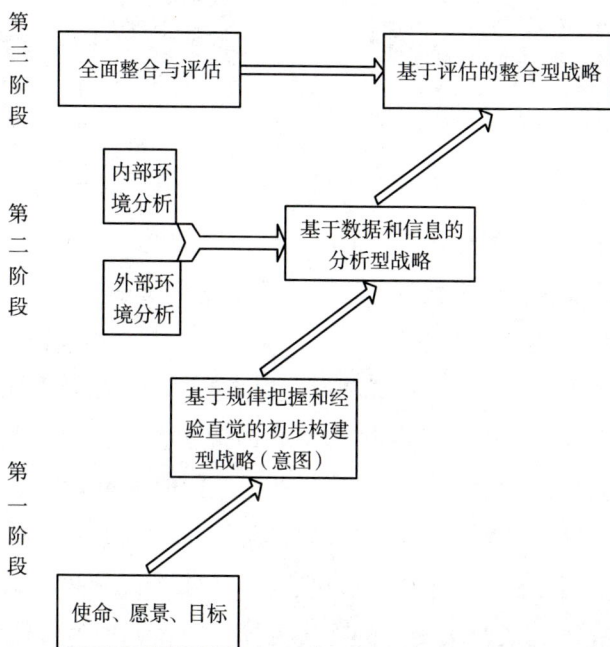

图4-7　整合型战略的制定模式

整合型战略制定模式的优点在于：①对构建型战略和传统分析型战略进行了整合，取其各自优点，弥补各自不足，既具有创意，又具有分析，既有理想，又立足现实；②博采众长，合理整合；③适用范围广阔，战略风险可控，战略可执行性强。

整合型战略制定的第一阶段或第一步就是进行战略构建。战略构建更多需要企业家或战略家的思维，不仅要有高度，还要有敏锐的直觉和气魄。战略构建是以规律、视野、远见为基础的，体现了战略的创新性和变革性。一般而言，战略构建主要包括规律构建、制度构建、价值构建、能力构建和需求构建（见表4-3）。

表4-3　战略构建内容

1.规律构建	2.制度构建	3.价值构建	4.能力构建	5.需求构建
●成功模式模仿 ●已知规律的应用 ●新规律的应用	●公司治理制度 ●产权制度 ●投资制度 ●公司动作制度	●价值主张 ●顾客细分 ●渠道通路 ●顾客关系 ●核心资源 ●关键业务 ●重要合作 ●成本结构 ●收入来源	●竞争优势 ●竞争壁垒 ●快速撤退	●潜在需求挖掘 ●价值创新 ●欲求提升

（1）规律构建。规律构建是指成功经营模式的模仿，或者对已知规律或新发现规律的利用。标杆管理就是一种对成功经营模式的模仿。电子行业的"摩尔定律"❶，就是英特尔公司发现的规律，此后这个规律由英特尔公司开始，并在整个行业中利用。对其他公司成功商业模式的复制，也属于规律的利用。对于公司制定战略而言，最先发现并应用规律的企业常常能获得战略先机。

（2）制度构建。制度构建是指从制度上进行的创新管理，如公司治理制度、产权制度、投资制度、公司运作制度等。例如，比尔·盖茨的公司所遵从的期权制度，安利等公司所采用的直销制度，包括复星集团目前正在做的这种公司类基金化运作，天津天士力的项目化管理制度，华为公司的轮值CEO制度等。

（3）价值构建。战略除了要进行规律构建和制度构建之外，还需要有价值的构建。这三者尽管可能在公司战略中的作用并不同等重要，但至少应该都要考虑到。例如，马云的阿里巴巴的支付宝（第三方转移支付）就是为了解决信用交易而进行的价值构建。价值构建既包含对价值的发现、对价值规律的利用、对价值的创造，还包含对价值的交易。商业模式构建事实上就是典型的价值构建的一种，它就是构建一种新价值。

---

❶摩尔定律是由英特尔创始人之一戈登·摩尔提出来的。其内容为:当价格不变时,集成电路上可容纳的晶体管数目,约每隔18个月便会增加一倍,性能也将提升一倍。换言之,每一美元所能买到的电脑性能,将每隔18个月翻一倍以上。这一定律揭示了信息技术进步的速度。

（4）能力构建。能力构建就是对企业竞争优势的界定，以及如何获得或建立竞争优势，如何建立竞争壁垒和进行快速撤退。能力构建是企业为了实现战略目标主动开发能力的行为。

（5）需求构建。需求构建意味着社会上没有这个需求，你就去创造这个需求，有了这个需求，你就去放大这个需求或者整合这个需求。W·钱·金和勒妮·莫博涅所著的《蓝海战略》就是一种基于顾客需求和价值构建的价值创新战略。

整合型战略制定的第二阶段或第二步就是进行战略分析（见图4-8）。战略分析包含两个方面内容，一是针对企业内部环境和外部环境扫描机会和威胁进行的战略分析，二是针对第一阶段构建的战略分析其可行性。这种战略分析是以信息、数据和事实为基础的，体现了战略的科学性。

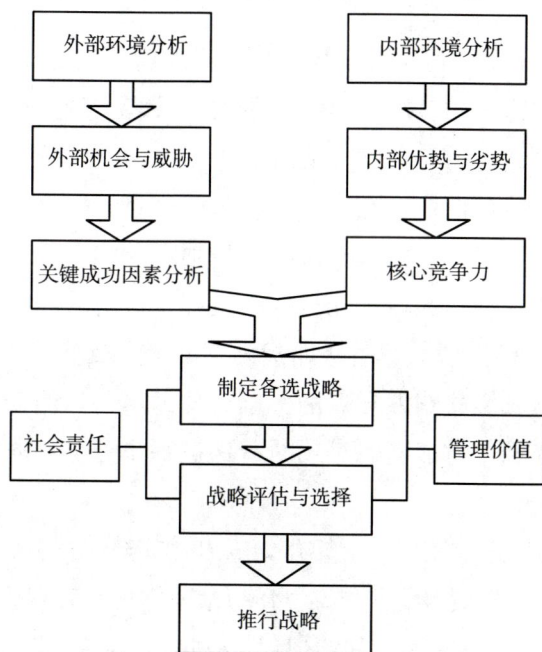

图4-8　战略分析内容

整合型战略制定的第三阶段或第三步就是进行战略整合。战略整合就是将经分析后的构建型战略和分析型战略按照战略包含的内容和形式有机组合，综合考虑，使其逻辑化、完整化、系统化，并最终形成具有结构层次和时间层面的、包含战略内容三要素的战略结构体系（见图4-9）。

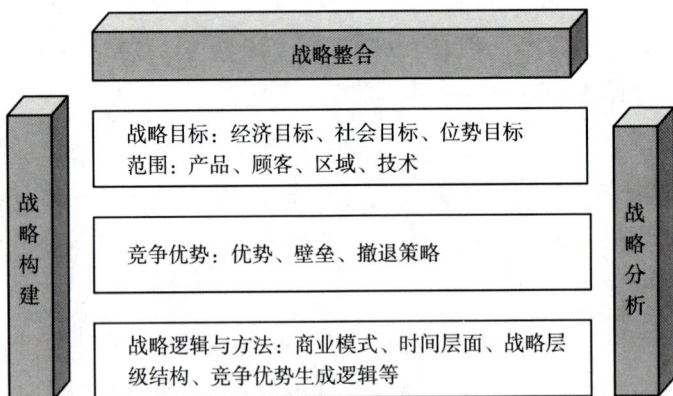

图4-9 战略整合内容

4.2.10 战略规划——从战略的形成到战略的表达

战略规划就是一个公司系统而且较为正式地确立公司发展的意向、目标、政策等重大战略问题，同时制定详细的规划，最终实现公司目的过程。对于一个良好的战略制定过程而言，不论采用什么思想和理论，采用什么方法，都需要规划，使其前后衔接、有逻辑、系统、完整。以上介绍的战略制定方法同样需要良好的规划才能把工作做好。规划和计划不能产生战略，但是在给定的可行战略下，规划和计划能将战略编程，所谓的战略规划其实只是将战略编程，使之可操作化[1]。尽管战略规划不能产生战略，但它可以为战略领导者提供硬数据，减轻战略领导者的大脑处理过量信息的负担。战略规划是在泰勒科学管理基础上将战略思维和执行的进一步分工，战略规划是战略执行的重要部分。

战略在没有编码之前不仅不会转化为输出，甚至连认识战略都很困难，因此没有规划的战略没有太多实践意义。所以战略需要一种编码，并进而转化为输出，而我们将这种输出称为"战略规划"。战略规划就是将战略思维、意图或思想进行逻辑化、系统的翻译、整理、计划和设计的过程，通过战略规划形成可以理解、执行和读懂的战略。

传统的战略规划曾经风靡一时，然而，在实际的应用中人们逐步发现这种

---

[1] 参见 亨利·明茨伯格的专著《战略规划的兴衰》。

传统战略规划模式不能适应环境变化。这种不能适应环境变化的战略规划，不能避免由于预测错误而造成的危害。种种理论和实践表明，传统的战略规划模式无法适应企业战略的目的需求，因此需要新的战略规划模式。为此，我们结合战略实现的模式提出了适应性战略规划模式。适应性战略规划是在传统战略规划基础上发展起来的新的战略规划模式。为了解决传统战略规划的两难处境，适应性战略规划包含战略的制定和战略调整两个内容。也就是说战略应该保持其相对的固定性，同时要根据企业内外部环境变化适时调整。在战略规划时，企业由于充分考虑和预测企业内外环境的变化，因此战略在预测期内主线是相对固定的；而对环境的预测毕竟是有限的，再好的预测也总有意外，因此战略应该根据意外而适当调整。适应性规划就是在线性规划的基础上，根据环境的变化不断作出调整的战略规划（见图4-10）。

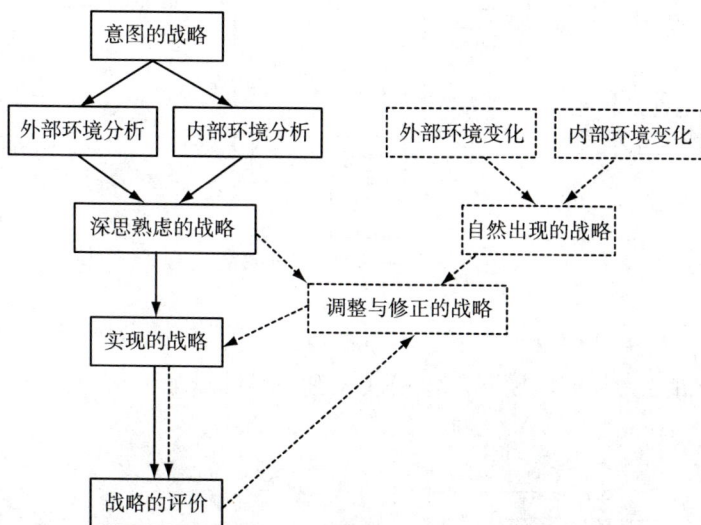

图4-10 适应性战略规划

战略规划的第一个环节：识别意图战略。战略规划是一种正式的、明确的、系统的战略制定程序，战略规划在制定之前是意图的战略。在茫茫世界中，一个企业不可能对所有环境要素进行拉网式的排查来制定战略，企业必须首先有一个关于战略的初步设想，或者是战略意图，然后依此展开分析，否则企业无法制定战略。

前面我们提到的构建型战略是意图战略的一个重要内容。除了构建型战略意图之外，企业还应该结合企业实际需求和情况，经过分析而提出分析型战略意图。关于这种分析目前没有完全统一的模式可依从，不过乔治·斯坦纳还是总结了两种较为通用的模式，各公司可以根据自身特点在这些模式上加以修正和应用。

一种是以目标差异为先导的战略规划模式。这种模式是先确立目标，通过对期望目标和现在情况之间的差距分析后，再决定应该填补的规划差异的规模。这种模式是一种限定性思维的模式（见图4-11）。

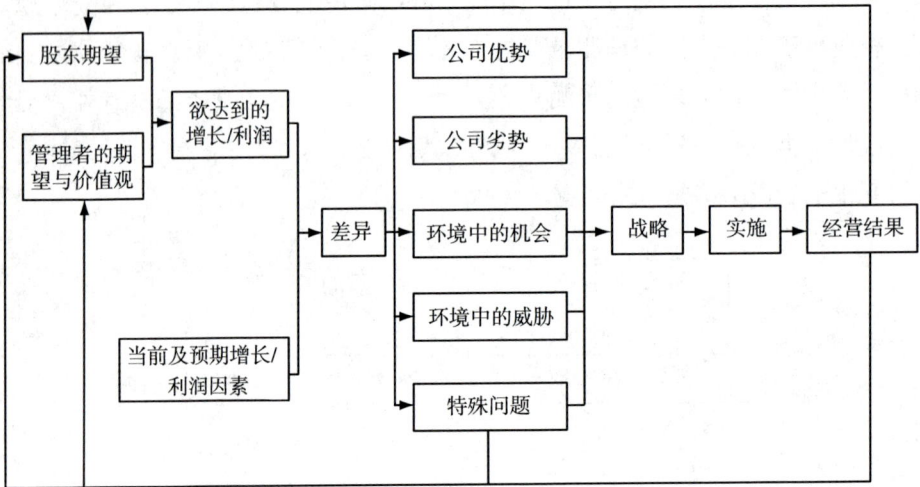

图4-11　先导战略规划模式

另一种模式是利用市场优势和吸引力为中心的战略规划模式。这种模式是以寻求市场机会为导向的模式。该模式没有明确的目标，是一种发散性思维的模式（见图4-12）。

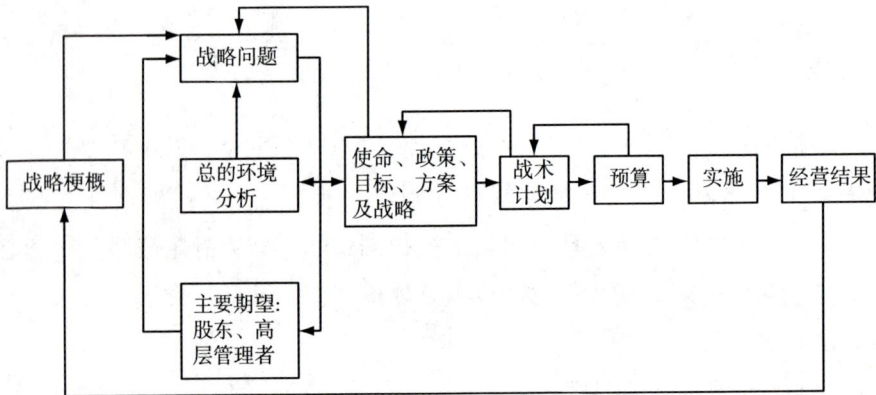

图4-12　以市场优势及吸引力为中心的战略规划模式

战略规划的第二个环节：战略分析。战略分析就是通过资料的收集和整理分析组织的内外环境，对预想战略进行评估。意图的战略由于没有深思熟虑而可能漏洞百出，甚至只是一个很模糊的潜意识，因此需要仔细分析才具有科学性，包括对企业内部环境和外部环境的分析。企业外部环境分析的目的在于了解企业现在赖以生存的外部环境，预测未来外部环境的状况，从而识别企业现在和未来的发展机会和威胁。企业内部环境分析的目的在于了解企业现在的内部情况，识别企业核心的能力和资源，从而识别企业现在和未来的发展优势和劣势。

战略规划的第三个环节：战略的选择和规划。根据战略分析，企业首先识别了企业的机会、威胁、优势和劣势。而战略的选择就是企业在战略分析的基础上如何将优势和劣势与机会和威胁匹配，从而扬长避短，抓住机遇，减少威胁。当然，战略的选择要受到多种因素的影响，SWTO 分析的最佳结果不一定就是最好的战略。这主要是由于战略的选择不完全是理性的结果，战略必然会受到组织文化、组织政治、组织权力等的干扰。此外，SWOT 结果缺乏动态性。因此，战略的选择必须要考虑这些主观因素的影响，否则一个貌似完美的战略最终会因执行困难而失败。通过仔细分析和权衡，形成了企业深思熟虑的战略。

对于一个正式的、具体的战略规划体系来讲，最后一定要用较为全面和详实的文件将战略表达出来。对于正式、具体的战略规划而言，最明确的表达形式就是要形成战略规划手册，以此作为企业战略的指导。战略规划手册的通用内容可能包含以下方面：①愿景、使命、目标；②战略的简单描述；③定义及术语；④背景资料和信息；⑤组织机构和职责；⑥战略简单分析；⑦对策；⑧行动计划、工作安排；⑨控制系统、控制图；⑩执行系统、执行图；⑪其他流程图；⑫公司（集团）战略；⑬经营单位战略；⑭职能战略；⑮其他。

战略规划的第四个环节：战略的实施。脱离战略的实施，战略规划的内容理论本身没有任何价值，因为只有能指导实践的战略规划才能产生价值。战略必须要经过执行才有价值，画饼不能充饥。我们这里的战略实施主要是指对战略控制的规划和如何使战略付诸实施的规划，可能包括实施计划、实施方案等一系列内容。通过战略的实施，产生了实现的战略，是将战略目标、途径和工具逻辑整合的设计。

战略规划的第五个环节：战略绩效的评估。战略绩效的评估是对战略实施内容和效果的评价。战略并不止于实施，是一个摸索、尝试、学习、调整的过程。因此，需要对战略执行效果进行评价，为战略的调整提供经验。

战略规划的第六个环节：战略的控制（调整与修正）。战略控制主要是由于企业内外部环境的变化，使原有规划不能适应环境变化，或通过战略的执行发现原有规划的缺点和缺陷而进行的修正。战略的调整与修正不是对原有战略的否定，而是对原有战略的继承和发展，不能完全脱离原有战略。经过修正后的战略再投入到实施过程中，由此形成了对战略的不断发展。

4.2.11 战略规划的局限和对策

尽管战略规划是战略形成与执行的重要部分，但是战略规划也有以下一些局限性。

（1）环境可能与预期的不同。预测要严谨而科学，基于错误预测之上的计划可能以失败而告终。

（2）内部抵制。在许多公司里引入正式战略规划体系招致了反对规划的倾向，以致妨碍了有效的规划。尤其在大公司中，旧的做事方式、旧的规章制度及旧的方法可能根深蒂固、难以改变。

（3）规划代价高昂。即使是在中等规模的公司里，进行典型的公司规划也需要投入大量的精力以作出有效的规划。许多人员的时间被占用，专门的研究和信息也需要一大笔费用。规划是昂贵的，在整个规划过程中管理者必须不断地投入大量的时间和精力。

（4）当前危机。正式的战略规划的目的并非使公司摆脱当前突发的危机。对于一个濒临破产的公司，最应该做的事是摆脱当前危机，而不是花大量时间来进行战略规划，因为"远水解不了近渴"。

（5）规划的困难。规划是件艰苦的工作，它要求有高度的想象力、分析力、独创力及作出抉择并投身其中的毅力。规划与处理日常经营问题所采用的思维过程不同。能进行一流规划所需要的天才在许多公司并不多见，管理者必须探求提高其规划能力的方式。如果没有天才，管理者又不能通过规划寻求卓越，那么引入正式战略规划可能毫无裨益。

（6）制订完毕的计划限制了选择。计划是或者应该是承诺，因此限制了选择。它可能减少了寻求计划外一系列不同选择的主动性。

（7）外在局限性。规划必须被执行才能产生效果，如果规划只是摆在档案室的文件则毫无意义和作用。

要克服战略规划的局限，避免规划失败，企业首先应该分析具体情况，确定战略规划的正式性和内容的具体性。对于可以不用正式、具体战略规划体系解决的，尽量不要使用正式的、具体的战略规划体系。一般来讲，影响这种决策和选择的因素主要包含如表4-4所示的一些方面。决策者应综合考虑这些影响因素，从而判断采取哪一种方式，或战略规划体系应具体到什么内容。

表4-4　战略规划决策影响因素

	趋向于更正式更具体的因素	趋向于不正式不具体的因素
组织	大公司	小公司
管理风格	政策制定者 权力主义的 在规划上无经验的	允许民主的 日常业务思考者 直觉思考者 在规划上有经验的
环境复杂性	稳定的环境 缺乏竞争 单一市场和顾客	多变的环境 许多市场和顾客 竞争激烈
生产过程复杂性	从开发到产品制成时间长 资本密集 一体化生产过程 高技术 市场对新产品反应时间长	从开发到产品制成时间短 劳动密集 简单生产过程 低技术 市场对新产品反应时间短
问题性质	复杂、棘手、多、长期	简单、短期、少
规划体系目的	协调各部门活动	培训管理者

其次，在进行战略规划时要有风险意识，降低战略的刚性，提高战略的柔性。具体来讲做到以下几方面。

（1）保持战略计划的简单化。过于详细的战略计划容易束缚创造性的战略思维，要解放人们的战略思维，战略计划就必须简单化。

（2）保持战略实施过程中的灵活性。信息是不完全的，环境是变化的，人类是有限理性的，因此在制定战略时总有意料之外的事件发生，战略计划的执行不能过分机械。

（3）保持组织的柔性化。组织的柔性化体现在两个方面：一是资源的柔性化；二是资源配置的柔性化。资源的柔性化指的是资源的有效使用范围的扩大，它取决于资源移作它用所需的时间和成本。资源配置柔性化指的是管理者重新调整资源用途的弹性，它取决于把资源转移到新的战略用途所需的组织协调能力。

4.2.12 战略管理

战略需要管理才能发挥作用，如果企业未能对制定的战略进行有效管理，那么战略没有任何意义。"战略只有结合与融入适当的规划与执行，才可能是一种有效的管理工具。而系统的战略构建如果与实施脱节，只会是令人沮丧和无效的工具。" 在再版的《公司战略》的序言中安索夫写道："过去30多年的经验证明，战略规划如果说还有所作用的话，作用也并不明显。它太局限于分析性的决策，未能意识到公司的领导行为、权力结构和组织动态都给决策与执行施加了巨大的影响。"一个差劲的战略会使公司在长期运营中陷入困惑或绝境，同样一个很有前途的战略也会因为缺乏执行和控制而产生悲剧性的结果。因此战略需要管理，只有良好的战略管理才能制定出有前途的战略，并将其付诸实施，从而实现战略目标。离开了实施机制，任何战略就会形同虚设。

正如明茨伯格构建的战略形成模式那样，战略的本质是复杂性，因此需要对战略进行系统管理。战略通常包括公司战略、经营战略和职能战略，所有这些战略层次和系统之间都必须相互协同而且互相联结，共同形成一个复杂的系统。战略不是僵化的，战略要根据企业内外环境变化适时作出调整，战略的形成需要不断地学习和认知，因此战略是动态的和开放的系统。战略要受到政治和权力的影响，因此战略的执行必然要考虑政治和权力的影响。任何一个战略决策都是由企业的经营者根据其对环境的未来变化预测进行的，而人是有限理性的，不同企业经营者往往对未来环境的把握不同，因而会出现不同的战略决策。即使是正确的战略决策也可能由于管理和组织能力的缺陷而造成企业战略的失败。而且，一个战略所带来的冲击除了它最初所采取的措施外，还取决于竞争对手、顾客和竞争环境中其他参与者对该战略或策略的反应。此外，机会主义和企业面对环境信息的非对称性，促使战略实施机制的建立成为必要。信息网络化、电子商务、经济全球化、企业战略竞争环境的巨变前所未有。这些因素决定了战略的复杂性，为此战略需要有效的管理。

战略管理是由美国企业家安索夫于1972年发表的《战略管理概念》一文中首先提出来的。在该文章中，他指出，战略管理措施应全面地应用于企业经营的每一个程序上，而不仅仅是在战略规划时才考虑它的适用问题。后来在其1976年出版的《从战略计划趋向战略管理》一书和1979年出版的《战略管理论》一书中又对战略管理进行了深入的研究。安索夫认为：战略管理是指将企业日常营运决策同长期计划决策相结合而形成的一系列管理业务。美国学者斯坦纳认为，战略管理是确定企业愿景，根据企业外部环境和内部条件认定企业目标，保证目标的正确落实并使企业愿景最终得以实现的一个动态过程。此外，还有其他许多学者和企业家也提出了对战略管理的不同见解。

战略管理与战略不同，战略是一种精神意识分析产物的概念，而战略管理则是一个动态的过程，是对战略概念的实践。西方，尤其是美国管理学派认为，战略管理的目的主要是获得战略竞争力（持续竞争优势）和超额利润。目前竞争格局的快速变化、技术的进步、全球化进程，使战略管理越来越复杂。战略管理的好坏、成功与否反映了一个企业管理者的能力和水平。

4.2.13 战略导向整合管理

纵观企业管理发展史，企业管理的发展经历了三个阶段：生产导向型管理、营销导向型管理和战略导向型管理。生产型管理产生于工业化生产阶段初期，当时企业生产出来的产品不愁销路，因此企业较少关心外部问题，只是关心如何提高劳动生产率的问题。营销导向型管理产生于工业化生产成熟阶段，此时企业生产逐渐供大于求，企业生产的产品不再不愁销路，此时企业管理除了关心内部生产运作之外，销售和市场成为企业成功管理的重点，营销成为企业管理的核心内容之一。战略导向型管理是在战略管理理论发展的今天，企业为了获得长期生存和发展而采取的新的管理方向。在战略导向型管理阶段，企业管理除了要关心经营型管理阶段的问题之外，重要的是把握未来，关注外部环境，获取企业的可持续发展，要以战略思维来进行企业管理，以战略来统帅企业的管理，将战略理念融于企业的管理之中。可见，战略导向管理是一种立足现在，知己知彼，面向未来的管理模式。

企业管理要解决两个问题，一是"做正确的事"，二是"正确地做事"。企业战略主要解决做正确的事这个问题；除此之外的管理机制主要是解决如何正确地做事。企业战略显然是十分重要的，如果未能做正确的事，则企业的一切都是空谈。但是，正确的事确定之后，如果没有相应的管理机制来正确地做事，则正确的事就是纸上谈兵，企业的战略选择也就是一句空话。所以，企业要成功，既要保证选择正确的事，又要按正确的方法来做事。也就是说，企业既要有正确的战略规划，又要有支持这种战略规划的管理机制。

战略导向整合管理就是将战略与管理机制融为一体的一种管理思想，是以战略为导向，把战略渗透到企业每个管理过程和决策中的管理方法，是全员、全过程提升企业战略能力的一种管理方法。战略导向要求企业的一切行动都必须在公司战略的指导下进行，换一句话说，企业的一切经营管理活动都必须和企业的发展战略保持一致。只有这样企业的发展才能形成一种合力，才会取得更好的经济效益。战略导向整合管理是对广义战略管理概念的体现。

有效和合适的战略管理有助于企业走向成功，无效和不当的战略管理则会得出相反的结果。战略管理只有遵循科学的原则，才是有效和合适的。一般认为战略导向整合管理要遵循以下五条原则：适应环境原则、全过程管理原则、全员参与原则、整体最优原则、反馈修正原则。

（1）适应环境原则。企业是社会大系统的一个组成部分，它的存在和发展在很大程度上受企业内外各种环境因素的影响。这些环境因素有些间接作用于企业，如政治、法律、经济、技术、文化等；另外一些因素则直接作用于企业，如政府、顾客、供货商、债权人、股东、员工、竞争者等。战略管理就是要在清楚这些环境因素的基础上，分析机会和挑战，并采取相应的措施。

（2）全过程管理原则。战略管理是一个过程，要想取得战略管理的成功，必须将战略管理从制定到执行，再到战略调整作为一个完整过程来加以管理，忽视其中任何一个阶段都不可能取得战略管理的成功。

（3）全员参与原则。由于战略管理是全局性的，并且有一个制定、实施、控制和修订的全过程，所以战略管理决不仅仅是企业领导和战略管理部门的事，在战略管理的全过程中，企业全体员工都将参与。当然，在战略管理的不同阶段，员工的参与程度不一样。但是一旦进入战略实施的控制阶段，企业中基层管理者及全体职工的理解、支持和全心全意的投入是十分重要的。

（4）整体最优原则。战略管理要将企业视为一个整体来处理，要强调整体最优，而不是局部最优。整体最优原则体现在战略管理不强调企业某一个局部或部门的重要性。

（5）反馈修正原则。战略管理涉及的时间跨度较大，在战略实施过程中，环境因素可能会发生变化。此时，企业只有不断地跟踪反馈方能保证战略的适应性。战略管理实质上是一种滚动式管理，只有持之以恒，才能确保战略意图的实现。

第五章　组织与运营管理

5.1 组织管理

5.1.1 组织管理体系

组织管理是指通过建立组织结构，规定职务或职位，明确责权关系，确定工作流程等，以使组织中的成员互相协作配合、共同劳动，有效实现组织目标的过程。组织管理是管理活动（计划、组织、指挥、协调和控制）的一部分，也称为组织职能。组织管理应该使人们明确组织中有些什么工作，谁去做什么，工作者承担什么责任，具有什么权力，与组织结构中上下左右的关系如何。只有这样，才能避免由于职责不清造成的执行中的障碍，保证组织目标的实现。大到公司总体的组织，小到一个团队，都需要有效的管理才能实现组织目标。尽管企业运营管理也包含组织管理的内容，但是对于一个公司而言，企业运营管理所涉及的组织管理内容的高度和广度还是远远不能反映组织管理的全部内容，因此这里我们将组织管理作为一个独立的体系——组织管理体系来阐述。这个体系不仅包含了组织架构体系的内容，而且包含了流程再造与组织再造等子体系。

5.1.2 组织架构管理的内容及要素

哈罗德·孔茨认为，为了使人们能为实现目标而有效地工作，企业必须按任务或职位制定一套合适的职位结构，这套职位结构的设置就是组织架构。所谓组织架构，就是通过界定组织的资源和信息流动的程序，明确组织内部成员之间相互关系的性质，为每个成员在这个组织中具有什么地位、拥有什么权力、承担什么责任、发挥什么作用，提供的一个共同约定的框架。其作用和目的是通过这种共同约定的框架，保证资源和信息流通的有序性，并通过这种有序性，稳定和提升这个组织所共同使用的资源在实现其共同价值目标上的效率和作用。任何一个组织都是由一个个独立的个人所组成的，如果没有一个共同约定的框架对他们在这个组织中的关系和地位明确地作出界定，这个组织也就不能有效运转。

组织架构的具体内容包括四个方面：第一，确定实现组织目标所需要的活动，并按照一定的原则（如专业化分工）进行分类，按类别设立相应的工作岗位；第二，根据组织的特点、外部环境和目标需要划分工作部门，设计组织机构和结构；第三，规定组织结构中的各种职务或职位，明确各自的责任，并授予相应的权力；第四，设计有效的工作程序，包括工作流程及要求，建立和健全组织结构中各方面的相互关系。

组织管理的内容决定了组织管理的对象主要包括组织目标、组织结构、组织职能、组织流程等与组织运作密切相关的要素。

（1）组织目标。组织目标是指一个组织未来一段时间内要实现的结果，它是管理者和组织中一切成员的行动指南，是组织决策、效率评价、协调和考核的基本依据。任何一个组织都是为一定的目标而组织起来的，目标是组织的最基本的要素。无论其成员各自的目标有何不同，但一定有一个为其成员所接受的共同目标。在既定组织目标的指引下，组织成员之间互相进行沟通，各尽其责，共同实现组织目标，共享组织发展带来的成果。组织除了需要有一个明确的、贯穿于组织的各项活动的统一目标外，在该统一目标主导下，通常还有若干子目标支持，这些层层分解的子目标与组织统一目标共同构成组织的目标体系。也就是说，组织是通过把管理目标的每项内容落实到具体的岗位和部门来实现管理职能的，从而保证管理系统中的每一件事情都有人做，每一项任务的具体要求和工作程序都有人贯彻和执行。

（2）组织结构。任何企业组织都是由作为组成要素的人按照一定的结构建立起来的系统，企业组织具有系统性。企业组织系统的构成既有纵向的上下层级关系，也有横向的同级连接关系。上下层次是一种纵向结构上的权责关系，横向层次则是一种专业分工上的权责关系。企业管理系统中的每一个岗位和部门必须权责一致才能有效运转。岗位权力过小会担不起应负的职责，权力过大则又会导致不负责任的权力的滥用，甚至可能会影响到整个系统的运行。就整个组织结构的整体运行而言，它既需要有对内的封闭性，又需要有对外的开放性[1]，保持一种封闭与开放的辩证统一，才能实现组织的持续发展。

（3）组织职能。组织职能是指按计划对企业的活动及其生产要素进行的分派和组合。组织职能对于发挥集体力量、合理配置资源、提高劳动生产率具有重要的作用。企业组织工作和活动的主要任务之一就是合理地分派资源和工作，建立并调整组织关系。当组织内部因素或外部生存环境变动而引起组织结构不能与之相适应时，组织就应该发挥其职能，使之适应新的变化，以便统一组织的各种行为。因此，企业组织活动的职能就在于消除企业内不断产生的各种无序状态，使之保持系统的有序性。如果企业组织完成不了这种职能，无序状态不断加剧恶化，就有可能导致组织的崩溃。

（4）组织流程。组织流程是指为完成某一项工作（或任务）而进行的一系列逻辑相关活动的有序的集合。组织流程是完成一项任务、一个事件或一项活动的全过程中的工作环节或步骤，以及它们之间相互的关系与顺序。如果组织结构不合理、组织基础流程不完善，其他管理工作都将无从谈起，组织效率必定低下。组织的流程是由活动组成的，活动构成了流程的最基本要素。组成流程的活动并非简单地叠加，而是通过一定的方式联结起来，活动之间的联结方式不同而形成不同的流程，因此活动之间的联结方式（逻辑关系）成为组织流程中的另一基本要素。

5.1.3 组织架构的过程

组织架构的目的就是进行责、权、利的分配，明确什么工作和任务由谁来负责，有多大管理权限，汇报关系如何。而在进行责、权、利分配时，管理者至少需要考虑四个组织要素：工作设计、组织设计、职位间报告关系、职权的分配。

（1）工作设计。工作设计是指为了有效地达到组织目标与满足个人需要而进行的工作内容、工作职能和工作关系的设计。也就是说，工作设计是一个根据组织及员工个人需要，规定某个岗位的任务、责任、权力及在组织中工作关系的活动。工作设计是通过满足员工与工作有关的需要来提高工作绩效的一种

---

[1] 所谓封闭性，是指企业内部要职责清晰，界限分明，责权利明确，封闭性有助于提高组织效率。所谓开放性，一方面是指组织结构要能适应外部环境的变化的灵活性，能够根据外部环境变化调整结构；另一方面是指组织与组织外的权责关系，比如生产企业对原料供应商的管理职责。

管理方法，因此，工作设计是否得当对于激发员工的工作动机、增强员工的工作满意感及提高生产率都有重大的影响。根据工作的任务特点，工作设计的方法主要有五种：工作专业化、工作轮换、工作扩大化、工作丰富化和工作团队化，管理者可以根据情况选择使用（见表5-1）。

表5-1　工作设计的五种方法

	优点	缺点	适用条件
工作专业化	①完成小型、简单工作的工人各自的效率会非常高 ②不需要在任务间转换，对人员素质要求低 ③便于管理和节约人力资源成本	①人员容易产生工作厌倦和不满 ②不利于组织学习和人员培养 ③不利于弹性生产	①规模化生产 ②技术专门化的工作 ③管理能力有限 ④职工学习能力不足
工作轮换	①利于消除职工厌倦感 ②利于人才的培养 ③非规模化生产时有利于节约人力成本	①不利于提高专业化水平 ②培训成本高 ③改善职工满意度有限	①小规模，多样化定制生产 ②职工学习能力强
工作扩大化	①利于培养职工成就感 ②利于人才的培养 ③利于节约人力成本	①职工会期待更高的待遇和薪水 ②培训成本高 ③改善职工满意度有限，甚至产生负面影响	①企业发展到一定阶段 ②职工晋升激励通道有限
工作丰富化	①利于消除职工厌倦感，提高责任感 ②利于人才的培养	①不利于规模化生产 ②对组织管理能力要求高	①具有良好的组织文化，职工主动性强 ②某些基层管理工作 ③工作技术性不强
工作团队化	①利于跨部门协调工作 ②利于目标的完成 ③利于人才的培养		①非常规、项目性工作较多 ②协调难度大

工作设计的主要内容包括工作内容、工作职责和工作关系的设计三个方面。工作内容的设计是工作设计的重点，一般包括工作广度、深度、工作的自主性、工作的完整性及工作的反馈等内容。工作职责设计主要包括工作的责

任、权力、方法及工作中的相互沟通和协作等内容。组织中的工作关系，表现为协作关系、监督关系等内容。

（2）组织结构设计。组织结构设计是指管理者将组织内各岗位进行合理组合，建立和实施一种特定组织结构的过程。组织结构设计是在工作设计基础上的、从组织整体层面考虑的工作组合关系。组织结构设计是一个动态的工作过程，包含了众多的工作内容。当组织内出现以下情形时，需要启动组织结构设计以适应组织的需要：新建的企业需要进行组织结构设计；原有组织结构出现较大的问题或企业的目标发生变化，原有组织结构需要进行重新评价和设计；组织结构需要进行局部的调整和完善。

组织设计最基本内容是部门的划分。部门划分就是要确定组织中各项任务的分配与责任的归属，以求分工合理、职责明确，从而有效实现组织目标。一旦通过工作专门化完成任务细分之后，就需要按照类别对它们进行分组以便使共同的工作可以进行协调，工作分组的过程称为组织的部门化。对工作活动进行分类主要是根据活动的职能，工作任务也可以根据组织生产的产品类型、地域、生产或服务活动过程、顾客进行部门化。

部门划分的原则包括精简原则、弹性原则、目标实现原则、任务平衡原则、便于监督与执行原则、部门分立原则。一般部门的划分方法包括按职能划分、按产品划分、按地域划分、按顾客划分、按过程或设备划分、按时间划分、按人数划分。

（3）职位间报告关系。指挥链。指挥链又称命令链，是与直线职权联系在一起的，指挥链是一种从组织最高层贯穿到最基层的不间断的职权线路，它明确指出谁要向谁报告工作。它能回答员工提出的"当我有问题时，去找谁""我对谁负责"这样一类的问题。从组织的上层到下层的主管人员之间，由于直线职权的存在，便形成一个权力线，这条权力线就是指挥链。由于在指挥链中存在着不同管理层次的直线职权，所以指挥链又可以称作层次链。

管理宽度和层次。管理宽度又称为管理幅度，指的是有多少人向一位经理人直接报告。每一个管理者所能直接指挥和监督的下属人数总是有限的，这个限度称为管理的宽度。管理的层次是管理纵向上的层数，由于管理宽度的限制，组织在管理横向宽度基础上又建立了纵向报告关系。法约尔认为职能和等级序列的发展进程是以一个工头管理15名工人和往上各级均为4比1的比数为基础的。例如，15名工人就需要有1名管理人员，60名工人就需要有4个管理人员，而每4个管理人员就需要有1名共同的管理人员，组织就是按这种几何级数发展的。

显然，当组织规模一定时，管理层次和管理宽度之间存在一种反向的关系。管理宽度越大，管理层次就越少。过宽的管理宽度会增加管理人员的管理内容，从而会使管理人员由于管理宽度过大而使管理效率下降。而过多的管理层次，容易产生官僚主义、管理成本增加、协调沟通不畅。因此，组织应该仔细权衡管理的宽度和层次，确保组织设计的最优化。

（4）职权分配。在组织经过职位和指挥链设计后，还必须明确各自的决策权力的大小、范围和内容。企业组织不能把大大小小的决策制定工作都压在企业老板一个人身上，这就需要企业将不同的决策权分配到不同职位的人员身上。不过下属有职责，并不一定有决策权。某件事尽管是某人负责，但是一些非常规的决策和判断，到底由谁来决策，必须明确。即便是管理者有这种决策权，但遇到这些事的时候，他是否需要报告，是先报告后决策，还是先决策后报告，都需要明确。而企业这种决策的贯彻实施，需要有一个事先达成的、组织成员之间相互关系清楚、工作责任明确、活动步调协调的约定。

5.1.4 组织结构的类型

组织结构是指为了实现组织的目标，在组织理论指导下，经过组织设计形成的组织内部各个部门、各个层次之间固定的排列方式，是组织内部对工作的正式安排。组织结构最基本的形式有职能结构、层次结构和网络结构。职能结构，即为完成企业目标所需的各项业务按职能进行划分的横向结构。层次结构，即为了完成企业目标任务分解的领导命令关系，是一种组织纵向结构。网络结构为组织完成单个特定任务的临时组合关系，是一种跨部门、跨组织的结构。多样化的组织结构就是这三种基本结构的不同组合形成。

（1）直线型组织结构。直线型组织结构，也称层级结构，是最古老、最简单的一种组织结构类型，它的特点是企业各级行政单位从上到下实行垂直领导，下属部门只接受一个上级的指令，各级主管负责人对所属单位的一切问题负责。厂部不另设职能机构，一切管理职能基本上都由行政主管自己执行（见图5–1）。

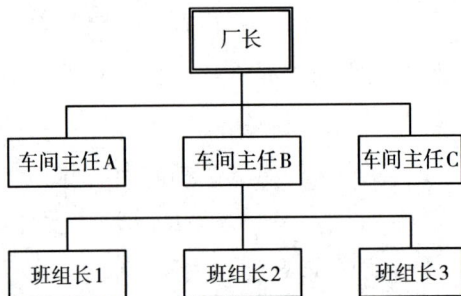

图5-1　直线型组织结构

其优点：①结构简单，命令统一，决策迅速；②责权明确，上下级关系清楚，维护纪律和秩序比较容易；③联系便捷，指挥灵活，易于适应环境变化；④管理成本低。

其缺点：①有违专业化分工的原则，它要求行政负责人通晓多种知识和技能，亲自处理各种业务；②权力过分集中，易导致权力的滥用；③管理工作简单粗放，成员之间和组织之间横向联系差。

直线型组织结构在业务比较复杂、企业规模比较大的情况下，把所有管理职能都集中到最高主管一人身上，显然是难以胜任的。因此，直线制只适用于规模较小、生产技术比较简单的企业，对生产技术和经营管理比较复杂的企业并不适宜。

（2）职能型组织结构。职能型组织结构又称多线型组织结构，各级行政单位除主管负责人外，还相应地设立一些职能机构。这种结构的特点是要求行政主管把相应的管理职责和权力交给相关的职能机构，各职能机构就有权在自己业务范围内向下级行政单位发号施令。因此，下级行政负责人除了接受上级行政主管指挥外，还必须接受上级各职能机构的领导（见图5-2）。

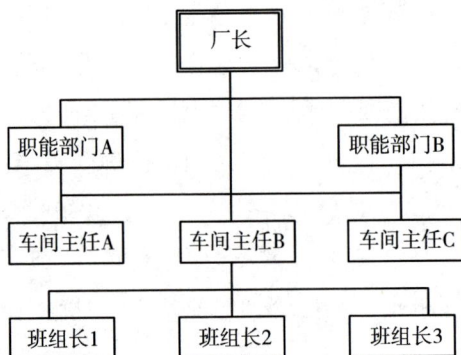

图5-2　职能型组织结构

其优点：①能适应现代化工业企业生产技术比较复杂、管理工作比较精细的特点；②由于吸收专家参与管理，可能发挥专家的作用，对下级工作指导具体，从而弥补了行政领导管理能力的不足。

其缺点：①多头领导，不利于组织的集中领导和统一指挥；②各职能单位自成体系，不重视信息的横向沟通，对环境变化的反应迟钝，工作易重复，造成效率不高；③若授权职能部门权力过大，在上级行政领导和职能机构的指导和命令发生矛盾时，容易干扰直线指挥命令系统。

（3）直线—职能型组织结构。由于职能型组织结构形式的明显缺陷，现代企业一般都不采用职能制，取而代之的是直线—职能型组织结构。直线—职能型，也叫生产区域型，或直线参谋型。它是在直线型和职能型的基础上，取长补短，吸取这两种形式的优点而建立起来的组织结构。目前，绝大多数企业都采用这种组织结构形式。这种组织结构形式是把企业管理机构和人员分为两类，一类是直线领导机构和人员，按命令统一原则对各级组织行使指挥权；另一类是职能机构和人员，按专业化原则，从事组织的各项职能管理工作。直线领导机构和人员在自己的职责范围内有一定的决定权和对所属下级的指挥权，并对自己部门的工作负全部责任（见图5-3）。而职能机构和人员，则是直线指挥人员的参谋，不能对直接部门发号施令，而只能进行业务指导。

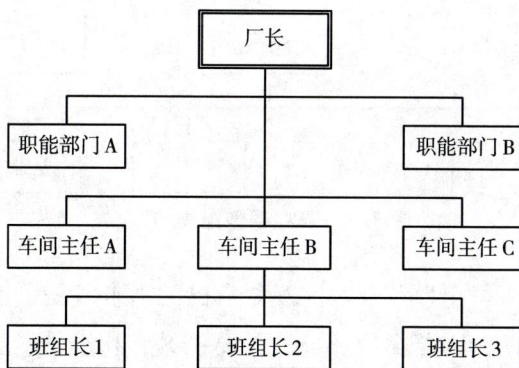

图5-3　直线—职能型组织结构

其优点：①直线主管人员有相应的职能机构和人员作为参谋和助手，能进行更为有效的管理；②可满足现代组织活动所需的统一指挥和实行严格责任制的要求。

其缺点：①部门间沟通少，协调工作较多；②容易发生直线领导和职能部门之间的职权冲突；③整个组织的适应性较差，反应不灵敏。为了避免这两类人员的摩擦，管理层应明确他们各自的作用，鼓励直线人员合理运用职能参谋人员所提供的服务。

（4）事业部型组织结构。事业部型组织结构又称为"联邦分权化"组织结构，是一种高度（层）集权下的分权管理体制。最早是由美国通用汽车公司总裁斯隆于1924年提出的，因此还有"斯隆模型"之称。事业部型组织结构实行分权化管理，事业部虽然不具有独立的法人资格，只是企业直接领导下的一个生产经营部门，但具有较大的生产经营权限，在企业统一政策领导下负责本事业部的生产、销售等全部活动，基本上相当于一个完整的企业（见图5-4）。其特点是在高层管理者之下，按地区或产品设置若干分部，实行"集中政策，分散经营"的集中领导下的分权管理。应用这种结构，可以针对单个产品、服务、产品组合、主要工程项目、地理分布、商务或利润中心等来组织事业部。每个事业部都有自己的产品和特定的市场，能够完成某种产品或服务的生产经营全过程，而在事业部内部则仍按照职能式结构设置职能管理部门。

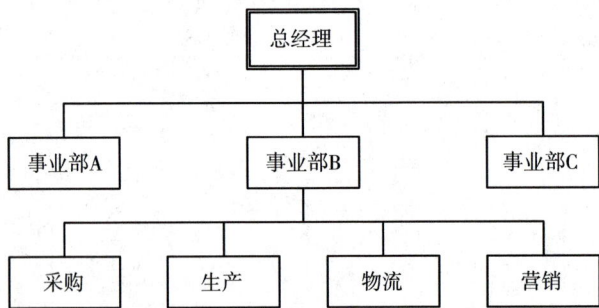

图5-4　事业部型组织结构

其优点：①由于每个事业部都能规划自己的未来发展，也能灵活自主地适应市场出现的变化，因而更适应环境的需要；②有利于最高层领导摆脱日常行政事务，成为强有力的决策机构，又能使各事业部发挥经营管理的创造性，提高企业整体效益；③事业部经理负责领导的是一个独立经营的部门，相当于一个完整的企业，这有利于经理接受各种考验，全面发展；④具有高度的产品前瞻性，因为每种产品都是一个独立的分部，分部内部的各部门之间会形成良好的沟通和协调，消费者对产品的意见和建议能及时反映到分部的相关部门，对产品及时作出改进，以适应市场需求。

其缺点：①职能机构重叠分散，一些资源不能充分共享，造成一定程度的浪费；②分权不当容易导致各分部闹独立，损伤组织整体利益；③各分部横向联系和协调较难。

事业部型组织结构适用于规模庞大、品种繁多、技术复杂的大型企业，是国外较大的联合公司所采用的一种组织形式。事业部型是分级管理、分级核算、自负盈亏的一种组织管理形式，即一个公司按地区或按产品类别分成若干个事业部，从产品的设计、原料采购、成本核算、产品制造，一直到产品销售，均由事业部及所属工厂负责，实行单独核算，独立经营，公司总部只保留人事决策、预算控制和监督大权，并通过利润等指标对事业部进行控制。也有的事业部只负责指挥和组织生产，不负责采购和销售，实行生产和供销分立，但这种事业部正在被产品事业部所取代。

（5）模拟分权型。模拟分权型是一种介于直线职能型和事业部型之间的组织结构形式。许多大型企业，如连续生产的钢铁、化工企业由于产品品种或生产工艺过程所限，难以分解成几个独立的事业部，又由于企业的规模庞大，以致高层管理者感到采用其他组织形态都不容易管理，这时就出现了模拟分权组织结构形式。所谓模拟，就是要模拟事业部制的独立经营、单独核算，而不是真正的事业部，实际上是一个个"生产单位"。这些生产单位有自己的职能机构，享有尽可能大的自主权，负有"模拟性"的盈亏责任，目的是要调动他们的生产经营积极性，达到改善企业生产经营管理的目的。需要指出的是，各生产单位由于生产上的连续性，很难将它们截然分开，就以连续生产的石油化工为例，甲单位生产出来的"产品"直接就成为乙生产单位的原料，这当中无须停顿和中转。因此，它们之间的经济核算，只能依据企业内部的价格，而不是市场价格，也就是说这些生产单位没有自己独立的外部市场，这也是与事业部的差别所在。

其优点：①除了调动各生产单位的积极性外，就是解决企业规模过大不易管理的问题；②高层管理人员将部分权力分给生产单位，减少了自己的行政事务，从而把精力集中到战略问题上来。

其缺点：①不易为模拟的生产单位明确任务，造成考核上的困难；②各生产单位领导人不易了解企业的全貌，在信息沟通和决策权力方面也存在着明显的缺陷。

（6）矩阵型结构。矩阵组织结构是在组织结构上，既有按职能划分的垂直领导系统，又有按产品（项目）划分的横向领导关系的结构（见图5-5）。矩阵型结构是实现企业横向联系的一种强有力的模式，当职能型、事业部型组织结构都不能较好地整合企业的横向联系机制时，可以考虑采用矩阵型组织结构。矩阵型组织结构是为了改进直线职能型横向联系差、缺乏弹性的缺点而形成的一种组织形式。它的特点表现在围绕某项专门任务成立跨职能部门的专门机构上，如组成一个专门的产品（项目）小组去从事新产品开发工作，在研究、设计、试验、制造各个不同阶段，由有关部门派人参加，力图做到条块结合，以协调有关部门的活动，保证任务的完成。这种组织结构形式是固定的，人员却是变动的，需要谁，谁就来，任务完成后就可以离开。项目小组和负责人也是临时组织和委任的。任务完成后就解散，有关人员回原单位工作。因此，这种组织结构非常适用于横向协作和攻关项目。

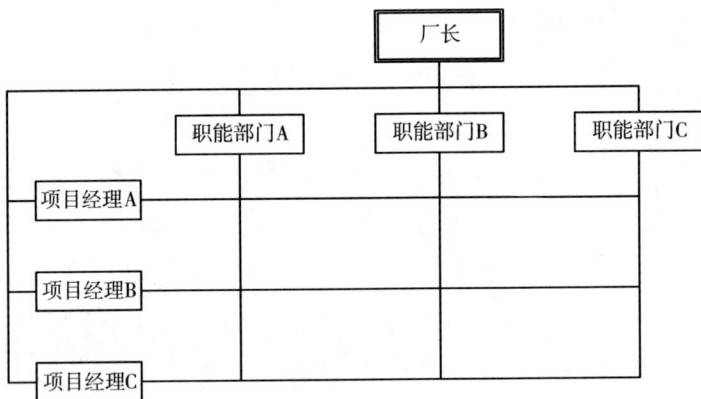

图5-5　矩阵型组织结构

其优点：①机动、灵活，可随项目的开发与结束进行组织或解散；②由于这种结构是根据项目组织的，任务清楚，目的明确，各方面有专长的人都是有备而来，因此在新的工作小组里，能沟通、融合，能把自己的工作同整体工作联系在一起，为攻克难关、解决问题而献计献策，促进了项目的实现；③它加强了不同部门之间的配合和信息交流，克服了直线职能结构中各部门互相脱节的现象。

其缺点：①项目负责人的责任大于权力，因为参加项目的人员都来自不同部门，隶属关系仍在原单位，只是为"会战"而来，所以项目负责人对他们管理困难，没有足够的激励手段与惩治手段，这种人员上的双重管理是矩阵结构的先天缺陷；②由于项目组成人员来自各个职能部门，当任务完成以后，仍要回原单位，因而容易产生临时观念，对工作有一定影响；③矩阵结构的一个劣势还在于一些员工要接受双重职权的领导，有时会使他们感到不知所措，尤其是在双方发生矛盾又各自坚持己见的时候，会加重员工的困惑和阻力，不利于工作的顺利进行。

矩阵结构适用于一些重大攻关项目。企业可用来完成涉及面广的、临时性的、复杂的重大工程项目或管理改革任务。特别适用于以开发与实验为主的单位，如科学研究，尤其是应用性研究单位等。

（7）委员会型组织结构。委员会型组织结构是组织结构中的一种特殊类型，它是执行某方面管理职能并以集体活动为主要特征的组织形式（见图5-6）。实际中的委员会常与上述组织结构相结合，可以起决策、咨询、合作和协调作用。

图5-6　委员会型组织结构

其优点：①可以集思广益；②利于集体审议与判断；③防止权力过分集中；④利于沟通与协调；⑤能够代表集体利益，容易获得群众信任；⑥促进管理人员成长等。

其缺点：①责任分散；②议而不决；③决策成本高；④少数人专制等。

（8）网络型组织结构。网络型组织是利用现代信息技术手段而建立和发展起来的一种新型组织结构。网络型组织结构是一种只有很精干的中心机构，以契约关系的建立和维持为基础，依靠外部机构进行制造、销售或其他重要业务经营活动的组织结构形式（见图5-7）。被联结在这一结构中的各经营单位之间并没有正式的资本所有关系和行政隶属关系，只是通过相对松散的契约（正式的协议契约书）纽带，透过一种互惠互利、相互协作、相互信任和支持的机制来进行密切的合作。从本质上讲，网络型组织结构的管理者将大部分时间都花在协调和控制这些外部关系上。

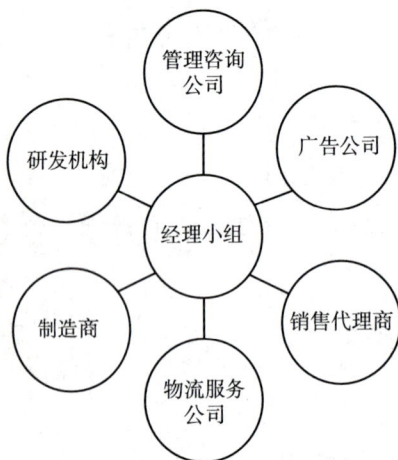

图5-7 网络型组织结构

其优点：①有利于构建学习型组织，能够在组织内部与外部环境发生变化时，持续地适应环境并不断地自我改进；②网络组织结构通过减少行政层次来减少信息失真，增加上下级的直接联系；③网络组织结构能够通过"无边界"的整合资源，充分发挥员工的合作和自主意识，激发员工的积极性和能动性，通过信任和开诚布公来促进员工的合作；④网络结构中的各组织单元建立在现代信息网络技术平台上，彼此之间有着紧密合作，使信息的处理速度大大提高。

其缺点：①网络型组织结构中的每一个组织单元都可以自主管理，但又要接受核心权力的控制，加剧了企业资源规划的难度，容易发生管理混乱的局面；②在网络型组织内部，各个节点相对独立，如果某些节点发生问题，这种网络型组织的扩散非常快，而且不容易受到管理层的控制；③工作效率的提高存在着瓶颈，高速信息处理过程中可能无法对全过程进行检测和控制。

采用网络型结构的组织，他们所做的就是通过公司内联网和公司外互联网，创设一个物理和契约"关系"网络，与独立的制造商、销售代理商及其他机构达成长期协作协议，使他们按照契约要求执行相应的生产经营功能。由于网络型企业组织的大部分活动都是外包、外协的，因此，公司的管理机构就只是一个精干的经理班子，负责监管公司内部开展的活动，同时协调和控制与外部协作机构之间的关系。

（9）项目型组织结构。项目型组织是指那些一切工作都围绕项目进行、通过项目创造价值并达成自身战略目标的组织。项目型组织结构适用于同时进行多个项目，但不生产标准产品的企业，常见于一些涉及大型项目的公司，如建筑业，航空航天业等。在项目型组织中，每个项目就像一个微型公司那样运行。完成每个项目目标所需的所有资源完全分配给这个项目，专门为这个项目服务。专职的项目经理对项目团队拥有完全的项目权力和行政权力（在职能型组织里，项目经理可以有项目权力，但职能经理仍保留对分配到项目中的手下人员的行政和技术权力）。

其优点：①灵活性强，能迅速、有效地对项目目标和客户需要作出反应；②每个成员始终都了解团队的工作并为之负责，团队有很大的适应性，能接受新的思想和新的工作方法。

其缺点：①资源及劳动力效率低下，成本高；②不同项目团队的成员难以共享知识或专业技术技能；③小组的领导人如果不提出明确要求，团队就缺乏明确性；④项目团队稳定性不好，小组成员虽然了解共同任务，但不一定对自己的具体任务非常了解，甚至可能因为对别人的工作过于感兴趣，而忽略了自己的工作。

（10）团队型组织。团队型组织也称为无边界组织，是以自我管理团队SMT（Self-managed Team）作为基本的构成单位。所谓自我管理团队，是以响应特定的顾客需求为目的，掌握必要的资源和能力，在组织平台的支持下，实施自主管理的单元。一个个战略单位经过自由组合，挑选自己的成员、领导，确定其操作系统和工具，并利用信息技术来制定他们认为最好的工作方法。惠普、施乐、通用汽车等国际知名的企业均采取了这种组织方式。SMT使组织内部的相互依赖性降到了最低程度。在大型组织中，团队组织结构一般作为官僚结构的补充，既能得到官僚结构标准化的好处、提高运行效率，又能因团队的存在而增强灵活性。

团队型组织具有如下特点：①在柔性生产技术和信息技术的基础上，团队被授权可以获得完成整个任务所需的资源，如原材料、信息、设备、机器及供应品；②在充分重视员工积极性、主动性和能力的前提下，团队消除了部门之间、职能之间、科目之间、专业之间的障碍，其成员经过交叉培训可以获得综合技能，相互协作完成组织任务；③在简洁、高效的组织平台（整体战略、信息技术、资金等）支援下，团队成员可以自主进行计划、解决问题、决定优先次序、支配资金、监督结果、协调与其他部门或团队的有关活动；④在扁平化组织中，自我管理团队对本单位的经营绩效负责，其管理人员从传统的执行者角色转变为创新活动的主要发起人，为公司创造和追求新的发展机会，中层管理者转变为对基层管理人员提供顾客和供应商信息、人员培训方案、绩效与薪酬系统设计等关键的资源，协助团队间知识、技能和资源的横向整合，最高管理层的精力主要集中在制定整体战略、驱动创新过程，扮演设计师和教练的角色。

5.1.5 企业组织结构扁平化

企业组织结构的演变过程本身就是一个不断创新、不断发展的过程，从企业组织发展的历史来看，组织结构先后出现了直线型、矩阵型、事业部型等发展形式。当前，金字塔式的层级式直线结构已不能适应现代社会，特别是不能适应知识经济时代的要求。目前企业发展已经呈现出竞争全球化、顾客主导化和员工知识化等特点，同样地，企业组织结构发展呈现出外形扁平化趋势和特征。

所谓企业组织结构扁平化，是一种通过减少管理层次，压缩职能机构，裁减人员，使组织的决策层和操作层之间的中间管理层级越少越好，以便使组织最大可能地将决策权延至最远的底层，从而提高企业效率的一种紧凑而富有弹性的新型团队组织。它具有敏捷、灵活、快速、高效的优点。前面介绍过的矩阵型组织、网络型组织、项目型组织和团队型组织属于或部分属于扁平化组织结构。

扁平化的组织结构，弱化了纵向的层级，打破刻板的部门边界，注重横向的合作与协调。其特点：①组织结构是围绕工作任务而不是围绕部门职能建立起来的，传统的部门界限被打破；②减少了纵向的组织层级，使组织结构扁平化；③管理者更多的是授权给较低层次的员工，重视运用自我管理的团队形式；④体现了顾客和市场导向，围绕顾客和市场的需求组织工作流程，建立相应的横向联系；⑤应用现代网络通信手段（E-mail、办公自动化系统、管理信息系统等网络信息化工具）进行沟通，大大增加了管理幅度与效率；⑥实行目标管理，在下放决策权给员工的同时实行目标管理，以团队作为基本的工作单位，员工自主作出自己工作中的决策，并为之负责。

扁平化的真正意义在于，外围扁平状组织决策重心的不断下移，让组织决策尽可能产生于发生信息的地方，减少决策在时间与空间上的滞后。实行扁平化，可以有效地提高企业效率，这是因为从控制跨度的角度来看，在其他条件相同的情况下，控制跨度越宽，组织效率越高。因此，组织应该有意识地变革，推行扁平化管理。

构建新型企业组织结构，推行扁平化管理，可以从以下几个方面入手。

（1）构建学习型组织。在扁平化管理下，组织中的各个层次和每个人，职责更加具体，任务更加明确，工作更加开放，管理更加自主。这对各级组织、每个层次及每个人在知识、技术、能力等方面的要求更高，对整个组织系统在学习方面上的要求也更高。从某种意义上说，扁平化管理是以学习型组织为前提，同时它也是构建学习型组织的客观需要。

（2）打造协作型团队组织。实行扁平化管理，管理重心下移，管理权力下放，基层的目标管理和自主决策得到了强化。企业系统的整体调控从过去主要通过上层组织的直接调控，转变为主要通过目标、任务和制度的间接调控；企业对子系统的协调也从主要依靠上级领导和管理部门的纵向管理，转变为企业子系统之间的业务衔接、利益相关上的横向合作。新的管理模式要求扁平化管理的企业内部加强整体意识、全局意识和协作意识，强化一盘棋思想和团队精神，这就要求企业要全力打造协作型团队组织。

（3）培育新型的管理文化和管理理念。扁平化管理是因企业经营环境变化而出现的一种管理创新，其核心是建立一种管理机制，培育一种管理文化，而等级观念、官僚文化、封闭保守思想与此格格不入，重要的在于培养一种平等协作、以人为本的柔性化管理理念。

（4）进行企业再造和流程再造。进行企业再造和流程再造就是以顾客为中心，以员工为中心，以效率和效益为中心，打破金字塔式的组织结构，建立横宽纵短的扁平化柔性管理体系，使企业能够适应现代社会的高效率和快节奏，使企业具有较强的应变性和灵活性。

（5）加强计算机网络信息技术建设，使计算机网络信息技术成为企业组织结构扁平化的支撑，只有信息技术的发展，才能使远距离现场作业和零距离现场控制成为可能。

5.1.6 企业组织再造

组织再造是指组织形态与组织管理的转化或改变。组织再造可以分为两类情况：一类是从现代化发展的角度理解组织再造，另一类是从日常管理的角度理解组织再造。前者是指传统的组织形态与组织管理向现代的组织形态与组织管理转化、演变与过渡，表现为组织结构从直线制向直线参与制和矩阵制的转变，从集权制向分权制的转变，从功能混沌、角色不分向功能分化、角色分明的转变。日常管理中的组织再造指当组织面临危机与挑战时所表现出来的改变自身以适应生存或发展需要的应变行为，表现为组织结构的适当调整和管理措施的适当改变，充分利用信息技术手段和现代管理理念，建立符合信息时代要求的组织模式。

所有组织再造都是有因而发的行为，诱发原因无非两个方面，内部原因和外部原因。组织结构、组织运营、人员构成等方面的变化是推动组织再造的内部原因。社会政治和经济形势的变化，社会价值观念的转变，科学技术的发展等变化是推动组织再造的外部原因。内外情况的变化要求组织系统也发生相应的变化，否则组织将失去生命力，逐步走向衰落与消亡。

组织再造的动机有两种，一种是实现行政管理的改善，另一种是实现企业的战略目标。以完善组织结构和流程，提高工作效率，规范行政管理为目的的组织再造属于前者。而组织制定战略后，根据组织战略进行的组织结构和管理的调整则属于后者。组织再造应遵循符合战略原则和动态适应的原则。符合战略原则就是组织结构应该有助于促进组织目标的实现，组织结构应该服从于战略。动态适应的原则就是组织结构应该根据组织内外环境的变化、组织发展的不同阶段、组织规模和技术动态地选择再造的内容，保持组织的柔性和灵活性。常见组织结构的优缺点见表5-2。

表5-2　常见组织结构的优缺点

	职能制	事业部制	矩阵制	网络制
资源利用效率	优	差	一般	好
时间效率	差	好	一般	优
应变能力	差	好	一般	优
责任	好	优	差	一般
最适合的环境	稳定的环境	各式各样的环境	具有多方面需求的复杂环境	易变的环境
最佳战略选择	集中/低成本战略	多元化战略	反应时战略	创新战略

孙旻、汪克夷等将组织流程再造与组织再造结合起来，提出了一种基于流程管理的组织再造，认为企业的核心流程包括订单实现流程、生产流程、销售流程和服务流程，这四大核心流程同企业的战略规划流程及基础设施和能力开

发流程共同形成企业的流程体系（见图5-8）。

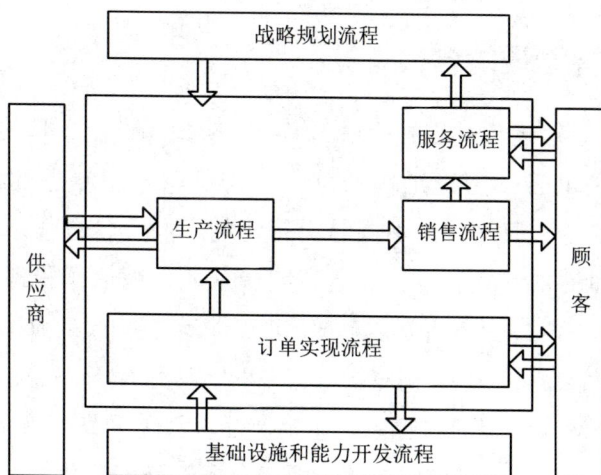

图5-8　企业流程体系

而适应信息与管理技术的发展，基于流程的组织在信息技术平台构建时，应全面考虑企业的战略、组织结构、管理水平、技术和外部环境等多方面因素，建立多维分层、具有动态可伸缩性的、集成的开放式体系架构。这个构架应与DSS（决策支持系统）、SCM（供应链管理）、ERP（企业资源计划）、CRM（顾客关系管理）、PDM（产品数据管理）等结合起来，实现企业的信息化流程管理（见图5-9）。

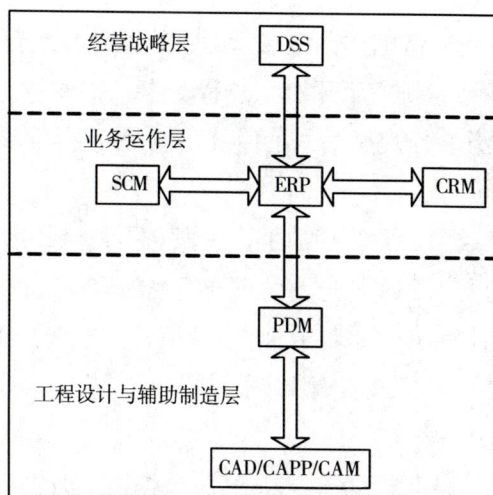

图5-9　企业信息化流程体系

5.2 运营管理

5.2.1 运营管理的含义

运营管理就是对运营过程的计划、组织、实施和控制，是与产品生产和服务创造密切相关的各项管理工作的总称。与运营管理相近的概念有生产管理、运作管理等，它们之间的不同是由行业的不同、各自强调的主体不同造成的。生产管理的主体一般是工业生产制造企业，而运作管理的主体一般是服务性企业或行业。过去，西方学者把与工厂联系在一起的有形产品的生产称为Production或Manufacturing，而将提供服务的活动称为Operations。

一般而言，运营管理的内容主要包括产品设计与开发、产品生产与制造、产品质量控制与保证、产品交付与售后服务。不过随着现代企业的生产经营规模不断扩大，产品本身的技术和知识密集程度不断提高，产品的生产和服务过程日趋复杂，市场需求日益多样化、多变化，世界范围内的竞争日益激烈，运营管理内容本身也在不断发生变化。尤其是近十几年来，随着信息技术突飞猛进的发展，为运营增添了新的有力手段，也使运营学的研究进入了一个新阶段，使其内容更加丰富，范围更加扩大，体系更加完整。与以往的运营管理相比，现代运营管理体现出以下新的趋势和特点。

（1）现代运营管理涵盖的范围越来越大。现代运营的范围已从传统的制造业企业扩大到非制造业。其研究内容也已不局限于生产过程的计划、组织与控制，而是扩大到包括运营战略的制定、运营系统设计及运营系统运行等多个层次的内容。将运营战略、新产品开发、产品设计、采购供应、生产制造、产品配送直至售后服务看作一个完整的"价值链"，对其进行集成管理是现代运营管理的新发展。

（2）信息技术已成为运营管理的重要手段。由信息技术引起的一系列管理模式和管理方法上的变革，成为运营的重要研究内容。近30年来出现的计算机辅助设计（CAD）、计算机辅助制造（CAM）、计算机集成制造系统（CIMS）、物料需求计划（MRP）、制造资源计划（MRPII）以及企业资源计划（ERP）等，在企业生产运营中得到广泛应用。

（3）运营管理的全球化。随着全球经济一体化趋势的加剧，"全球化运营"

成为现代企业运营的一个重要课题，因此，全球化运营也越来越成为运营学的一个新热点。

（4）运营系统的柔性化。生产运营的多样化和高效率是相矛盾的，因此，在生产运营多样化前提下，努力搞好专业化生产运营，实现多样化和专业化的有机统一，也是现代运营追求的方向。为做到这一点，现代运营实践中努力推广柔性运营系统。例如，产品设计中的并行工程、快速原型法、虚拟制造技术、CAD／CAM技术、模块化技术等，产品制造中的数控机床、柔性制造单元、成组技术等。

（5）供应链管理成为运营管理的重要内容。企业开始致力于整个供应链上物流、信息流和资金流的合理化和优化，与供应链上的企业结成联盟，以应对日趋激烈的市场竞争。

5.2.2 运营管理的目标

如果将运营与战略相区别，那么运营管理的主要目标是实现管理的效率。尽管运营管理目标也包含效果的成分，但其主要目标还是关注成本、质量、时间和柔性。具体而言主要有以下几个方面。

（1）成本。运营成本在很大程度上决定了企业产品的价格和企业利润空间，进而决定了产品的竞争力，因此运营管理应该注重运营成本的管理。不仅如此，实现低成本生产是运营管理首要的目标。

（2）质量。运营管理需要生产制造出满足用户质量需求的产品，否则产品无法交付给用户。不符合用户质量需求的产品不仅不能被交付给用户，而且会造成生产的浪费，甚至损害公司的形象和品牌。质量与成本是运营管理中的对立统一体，运营管理必须要考虑质量与成本函数，以确定二者最佳的配合，从而实现质量经济。

（3）时间。运营管理要不仅要保证产品能够按时生产和交付，而且要尽可能加快产品开发时间和交付时间。尤其在竞争越来越激烈的今天，企业要不断通过减少库存、提高资金周转来获得优势，这就对生产运营时间控制方面提出了更高的要求。

（4）柔性。在技术进步越来越快、信息瞬息万变的今天，企业所面临的不确定性有加剧的趋势，这就要求企业运营中要控制风险，减小不变成本比例，实现柔性化生产，在标准化和定制化之间权衡，实现柔性制造。

5.2.3 运营管理的基本内容

最初的企业运营管理也称为企业生产管理，原本指企业内部的生产和服务过程管理。这一过程是通过科学合理地选择厂房位置、设施和设备，制订生产作业计划，选择工艺流程，确定生产和服务技术，实行有效的流程和质量控制，组织生产和技术人员等达到及时生产产品或提供服务，以及降低生产成本的目的。随着社会供应链系统的逐步形成，企业运营管理的概念已被大大地扩展到其他领域。由于行业的不同，以及各企业具体管理职能分工的差别，运营管理的内容有很大差别。

运营职能所涉及的工作内容比其他职能更为复杂，其工作涵盖内容广，而且要求更为精确和细致。成本、数量、质量、时间等，这些可量化的运营的目标决定了运营工作需要更多的技术工具与手段，每一过程都可能需要用到数学决策模型、微观经济分析方法、统计分析工具、计算机辅助工具等。下面我们基于产品生命周期过程介绍一下较为基本的运营管理基本内容，通用性步骤、工具和手段。

（1）产品与服务的开发。产品与服务开发的主要步骤与内容包括可行性分析与计划、产品设计、产品测试和完善、商业化生产的实现（见表5-3）。在这一过程的每一个步骤中，都有一定的流程需要遵循，并且更多地需要应用到经济学或数学的技术，以便能获得高质量的决策（见图5-10~图5-13）。

表5-3 产品与服务的设计与开发内容

步骤	内容	特别说明
可行性分析与计划	根据市场预测及其他假设，初步确定打算开发的产品，进行详细的资料、数据和信息收集，确定其可行性，并根据可行性立项，提出初步开发计划	产品开发要基于顾客需求的角度确定，以满足顾客需求为首要出发点；制定用户需求
产品设计	包括概念设计、功能设计和详细设计	设计首先应站在顾客的角度考虑问题，而不是技术专家的角度；产品质量源于设计，好的产品是设计出来的，其次才是生产和检验出来的

续表

步骤	内容	特别说明
产品测试和完善	包括小量试制、安全和功能的测试，质量控制及标准的确定，生产技术的初步确定	此时一定要与规模化生产结合起来考虑，有时试验室的技术难以在规模化生产中实现或能够低成本生产
商业化生产的实现	生产运营场地、设施、设备、人员的选择、建造、购买、配备，技术的交接与培训；确定生产方式；制定生产流程、操作手册和管理制度	一定要确认质量能达到设计标准和要求，能够达到预定目标和要求；一定要考虑生产的经济性；考虑柔性生产

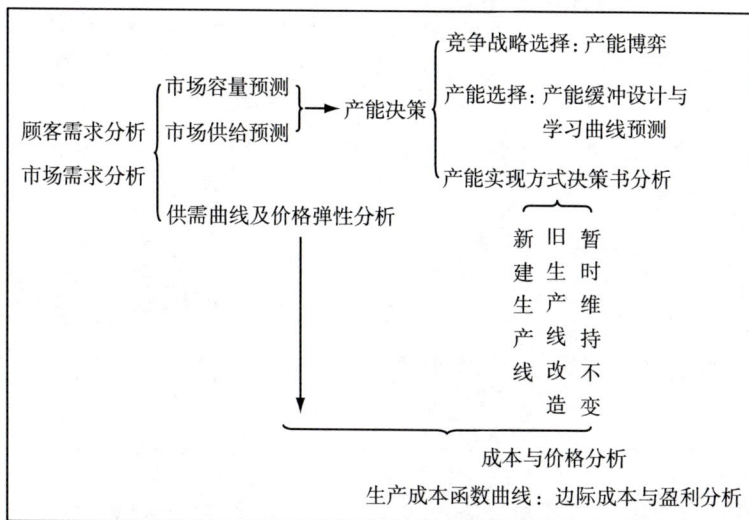

图5-10　可行性分析与计划流程及技术

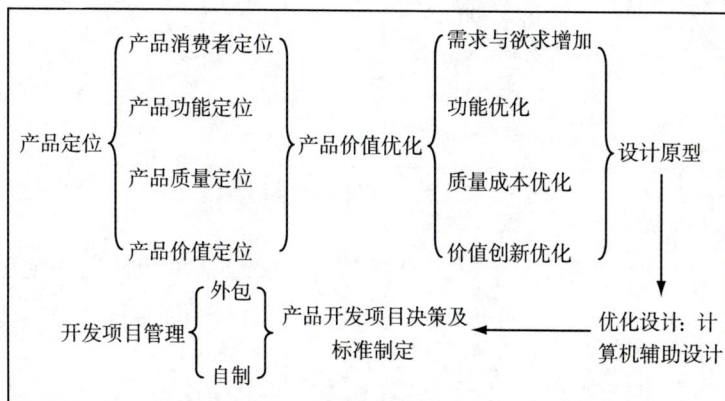

图5-11　产品设计流程及技术

157

小批量试制 ——→ 质量及功能测试 ——→ 生产技术开发 ⎰ 技术
⎱ 流程
⎱ 质量控制手段 ⎱ 技术资料与文件

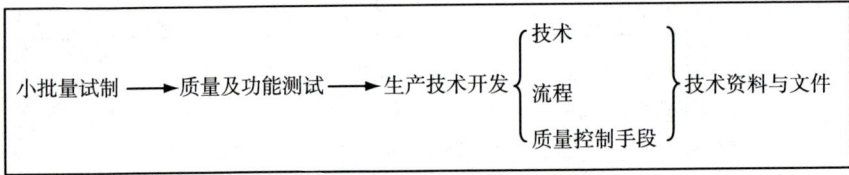

图5-12　产品测试与开发流程及技术

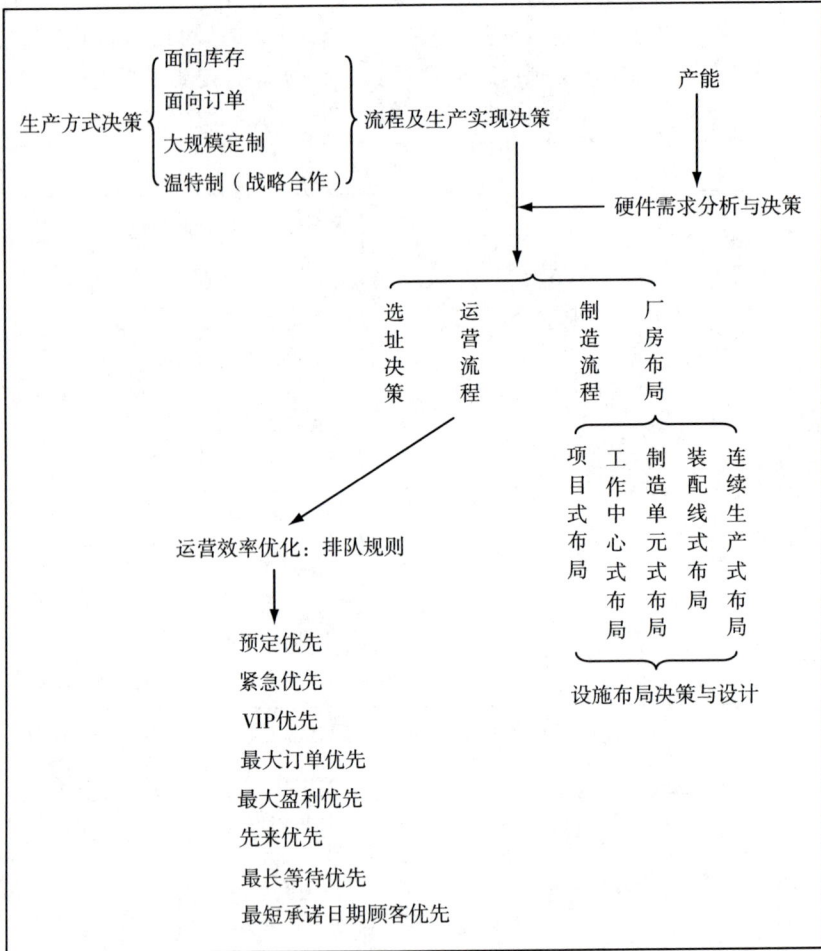

生产方式决策 ⎰ 面向库存
⎱ 面向订单
⎱ 大规模定制
⎱ 温特制（战略合作） ⎱ 流程及生产实现决策

产能

硬件需求分析与决策

选址决策　运营流程　制造流程　厂房布局

项目式布局　工作中心式布局　制造单元式布局　装配线式布局　连续生产式布局

运营效率优化：排队规则

预定优先

紧急优先

VIP优先

最大订单优先

最大盈利优先

先来优先

最长等待优先

最短承诺日期顾客优先

设施布局决策与设计

图5-13　产品商业化生产流程及技术

（2）产品生产与制造。产品生产与制造主要包括生产计划、组织与调度、控制与协调、评价与改进，详细内容及流程见表5-4与图5-14。

表5-4　产品生产与制造内容

步骤	内容	特别说明
生产计划	确定年计划、月计划等，以生产计划为主线确定其他辅助生产计划，如原辅材料、人员调度、生产辅助、质量保证计划等	生产工作需要多部门配合，要充分考虑资源的调度和分配问题，尤其企业多产品生产时，科学的计划尤其重要；特别要注意瓶颈资源
组织与调度	包括资源和人员的调度，充分利用有限的资源实现效率最大化	要以提高利用效率实现生产任务的核心进行组织与调度
控制与协调	包括成本、质量和时间的控制；跨部门、跨组织的信息沟通与决策	应积累数据，通过数据分析发现问题，及时改进；建立控制信息系统，及时采集信息和进行信息反馈
评价与改进	及时总结，发现问题，扬长避短，形成良性循环机制	质量保证不能依赖最后的成品检验，应该贯穿在生产全过程之中

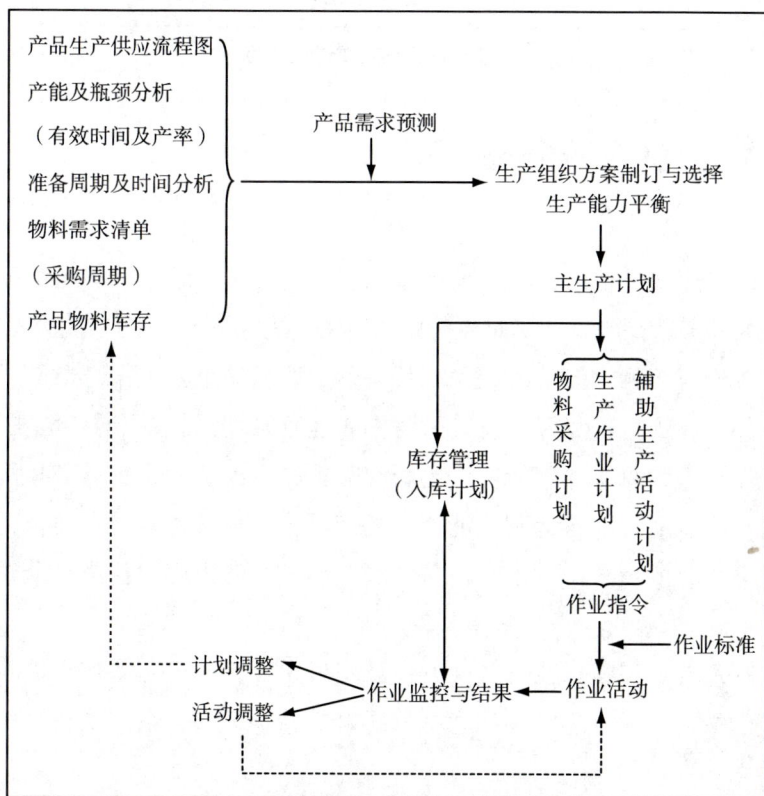

图5-14　产品生产与制造流程

（3）产品交付与售后服务。产品交付与售后服务是指将产品运输或传递到分销商或用户手中，并及时为客户提供优质服务，解决客户疑难及其他问题。其详细内容及流程见表5-5与图5-15。

表5-5　产品交付与售后服务内容

步骤	内容	特别说明
产品交付	根据订单，将产品运输或传递到分销商或用户手中	产品交付的及时性和准确性十分重要；同时要考虑交付的成本最低化
售后服务	及时为客户提供优质服务，解决客户疑难及其他问题	不断提高服务质量，提供可信、可靠、及时、响应、优质服务

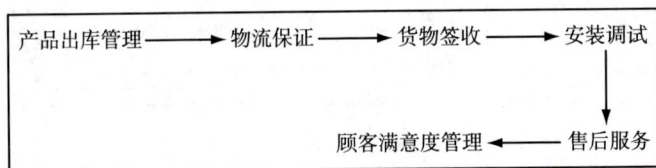

```
产品出库管理 ——→ 物流保证 ——→ 货物签收 ——→ 安装调试
                                              │
                                              ↓
            顾客满意度管理 ←—— 售后服务
```

图5-15　产品交付与售后服务流程

5.2.4 运营管理的方法

1. 识别顾客需求

运营的目的就是生产并提供满足顾客需求的产品或服务，因此对于运营而言，首要的任务就是识别并满足作为购买者的顾客需求[1]。对于满足特定功能的产品或服务而言，顾客需求的识别不仅是营销职能的重要工作，也是运营职能的重要工作。在进行产品开发设计过程中，运营管理人员一定要紧紧围绕顾客需求而开展，因为只有那些能够满足顾客需求的产品，才具有意义和价值，否则运营将毫无意义。对于运营职能相关的产品设计——顾客需求而言，其核心就是要提高顾客的欲求。欲求是消费者真正的、发自内心的甚至是令人愉悦的主动需求。

运营管理者不仅需要在产品开发设计中考虑顾客的核心需求，提高顾客对产品功能的欲求，而且还需要注意把握顾客的精神需求，系统地将马斯洛需求

---

[1] 有关"需求"的具体概念及理论，在本书"营销管理"章节中进行了阐述，请参阅有关章节。

层次理论中顾客对产品的生理需求、安全需求、社交需求、尊重需求和自我实现需求设计于产品之中。除了在产品设计中考虑顾客需求外，运营整个阶段过程中也需要考虑顾客需求，如购买、配送、使用、修配、保养、抛弃等过程中，都需要考虑顾客的需求。这些过程中顾客需求的表达为效率、简单、方便、风险、乐趣、环保。

与营销顾客需求考虑不同，运营管理不仅需要考虑消费者的需求，而且为了提高运营效率，更需要考虑内部顾客和其他利益相关者（供应商、经销商、社区、政府部门）的需求。在整个运营链上或流程上所有参与者都互为顾客关系，因此运营管理需要建立运营链上的顾客需求彼此满足关系，这样才能提高企业运营效率。

2. 价值创新

价值创新是蓝海战略的核心，既可以用于企业战略的制定，也可以用于运营管理中的产品的设计与开发过程。价值创新源于 2005 年由 W. 钱·金和勒妮·莫博涅合著的《蓝海战略》一书。价值创新要求企业重构买方价值，实现客户价值和企业自身价值的飞跃。

为了重新构建买方价值因素，蓝海战略提出了塑造新的价值曲线的概念，开发了一套四步动作框架："剔除——减少——增加——创造"，从而创造新的价值曲线，因此构思蓝海的战略布局需要回答四个问题：

（1）哪些元素是被产业认定为理所当然需要剔除的？这个问题剔除产业中企业竞争攀比的元素，这些元素经常被认为是理所当然的，虽然它们不再具有价值。

（2）哪些元素的含量应该被减少到产业标准之下？这个问题促使企业作出决定，看看现有产品或服务是否在功能上设计过了头，只为超过和打败竞争对手，结果造成了超过顾客所需并徒然增加成本。

（3）哪些元素的含量应该被增加到产业标准之上？这个问题促使企业思考产业中不得不对消费者作出妥协的元素。

（4）哪些产业从未有过的元素需要创造？这个问题帮助企业发现买方价值的全新源泉，以创造新需求改变产业战略定价标准。

3. 目标管理

美国管理大师彼得·德鲁克于1954年在其名著《管理实践》中最先提出了

"目标管理"的概念，其后他又提出"目标管理和自我控制"的主张。它是一种以目标为导向，以人为中心，以成果为标准，而使组织和个人取得最佳业绩的现代管理方法。德鲁克认为，并不是有了工作才有目标，而是相反，有了目标才能确定每个人的工作。所以"企业的使命和任务，必须转化为目标"，如果一个领域没有目标，这个领域的工作必然被忽视。因此，管理者应该通过目标对下级进行管理，当组织最高层管理者确定了组织目标后，必须对其进行有效分解，转变成各个部门及各个人的分目标，管理者根据分目标的完成情况对下级进行考核、评价和奖惩。

目标管理是一种程序或过程，它使组织中的上级和下级一起协商，根据组织的使命确定一定时期内组织的总目标，由此决定上、下级的责任和分目标，并把这些目标作为组织经营、评估和奖励每个单位和个人贡献的标准。目标管理方法提出来后，美国通用电气公司最先采用，并取得了明显效果。其后，在美国、西欧、日本等许多国家和地区得到迅速推广，被公认为一种加强计划管理的先进科学管理方法。

目标管理的指导思想是以"Y理论"❶为基础的，即认为在目标明确的条件下，人们能够对自己负责。在具体方法上目标管理则是泰勒科学管理的进一步发展。它与传统管理方式相比有鲜明的特点，可概括为：目标管理是参与管理的一种形式，强调自我管理、自我控制，促使授权，建立目标锁链与目标体系，重视成果。

4. 企业项目化管理

所谓企业项目化管理，就是站在高层管理者的角度对企业中各种各样的任务进行项目管理，其主导思想是把任务当作项目来进行运作，是一种以项目为中心的长期性组织管理方式。企业的项目化管理是将传统的项目管理理论、方法、手段和技术全方位应用于企业运作的管理方式，是传统项目管理方法和技

---

❶ Y理论：现代管理科学中关于人性的一种假设。1957年由美国社会心理学家、管理学家麦格雷戈在《企业中的人性面》中提出。麦格雷戈把传统管理学称为"X理论"，而将自己的管理学说称为"Y理论"。"X理论"认为：多数人天生懒惰，尽一切可能逃避工作；多数人没有抱负，宁愿被领导、怕负责任，视个人安全高于一切；对多数人必须采取强迫命令、软硬兼施的管理措施。"Y理论"的看法则相反，它认为，一般人并不天生厌恶工作，多数人愿意对工作负责，并有相当程度的想象力和创造才能；控制和惩罚不是使人实现企业目标的唯一办法，还可以通过满足职工爱的需要、尊重的需要和自我实现的需要，使个人和组织目标融合一致，达到提高生产率的目的。

术在企业所有项目上的综合应用。自20世纪90年代初项目管理引入中国以来，项目管理应用的范围和程度都在进一步扩展，企业项目化管理的探索和研究也随之展开，其作为一个重要课题日渐被关注。2002年4月，由中国科学研究院主办的"中国（首届）项目管理国际研讨会"上，李文作了《企业的项目化管理》的报告，首次提出企业的项目化管理的背景、定义，指出企业的经营活动可以按照项目的复杂程度和管理范围分为三类，并结合天津天士力集团公司的实践，阐述了企业中活动和任务项目化的程序和管理体系及项目化管理的组织结构。以企业的实践证明了项目化管理实施后对企业管理的改善和经营绩效的提升，进而说明了项目管理不仅是针对项目的科学的管理方法，也是有巨大的发展潜力的企业管理方法。

5. 标杆学习

标杆学习起源于20世纪70年代末，首先是在美国施乐公司向日本学习中创立，是指企业将自己的产品、生产、服务等与同行业内和行业外的典范企业、领袖企业作比较，找出差距，借鉴他人的先进经验以弥补自身不足，从而提高竞争力的管理方法。根据学习目标的不同，通常可将标杆管理分为内部标杆学习、竞争性标杆学习和功能/通用型标杆学习三类。内部标杆学习的对象是组织内部其他单位或部门，主要适用于大型多部门的企业集团或跨国公司。竞争性标杆学习的对象是行业内部直接竞争对手，由于同行业竞争者之间的产品结构和产业流程相似，面临的市场机会相当，竞争对手的作业方式会直接影响企业的目标市场，因此竞争对手的信息对于企业进行策略分析及市场定位有很大的帮助，收集的资料具有高度相关性和可比性。功能/通用型标杆学习的对象是任何行业内存在的一些相同或相似的功能或流程。

6. 风险管理

风险管理作为企业的一种管理活动，起源于20世纪50年代的美国。当时美国一些大公司发生了重大损失使公司高层决策者开始认识到风险管理的重要性。其中一次是1953年8月12日通用汽车公司在密歇根州的一个汽车变速箱厂因火灾损失了5000万美元，成为美国历史上损失最为严重的15起重大火灾之一。这场大火与20世纪50年代其他一些偶发事件一起，推动了美国风险管理活动的兴起。后来，随着经济、社会和技术的迅速发展，人类开始面临越来越多、越来越严重的风险。目前，风险管理已经发展成企业管理中一个具有相对独立职能的管理领域，在围绕企业的经营和发展目标方面，风险管理和企业的经营管理、战略管理一样具有十分重要的意义。

风险管理的目标就是要以最小的成本获取最大的安全保障。因此，它不仅仅只是一个安全生产问题，还包括识别风险、评估风险和处理风险，涉及财务、安全、生产、设备、物流、技术等多个方面，是一套完整的方案，也是一个系统工程。风险管理的基本程序包括风险识别、风险估测、风险评价、风险控制和风险管理效果评价等环节。美国COSO（反欺诈交易委员会）委托普华永道开发的《COSO风险管理整合框架》中指出，企业风险管理基本框架包括八个方面内容：内部环境、目标设定、事项识别、风险评估、风险应对、控制活动、信息与沟通和监控。

7. 全面质量管理

全面质量管理的概念最先是20世纪60年代初由美国著名专家菲根堡姆提出的。它是在传统的质量管理基础上，随着科学技术的发展和经营管理上的需要而发展起来的现代化质量管理方法，现已成为一门系统性很强的科学。全面质量管理（Total Quality Management，TQM）是指企业中所有部门、所有组织、所有人员都以产品质量为核心，把专业技术、管理技术、数理统计技术集合在一起，建立起一套科学严密高效的质量保证体系，控制生产过程中影响质量的因素，以优质的工作、最经济的办法提供满足用户需要的产品的全部活动。全面质量管理可以提高产品质量，改善产品设计，加速生产流程，鼓舞员工的士气和增强质量意识，改进产品售后服务，提高市场的接受程度，降低经营质量成本，减少经营亏损，降低现场维修成本，减少责任事故。全面质量管理的内涵是，以质量管理为中心，以全员参与为基础，目的在于通过让顾客满意和本组织所有者、员工、供应商、合作伙伴或社会等相关方收益而使组织达到长期成功的一种管理途径。全面质量管理的基本原理与其他概念的基本差别在于，它强调为了取得真正的经济效益，管理必须始于识别顾客的质量要求，终于顾客对他手中的产品感到满意。全面质量管理就是为了实现这一目标而指导人、机器、信息的协调活动。

8. 六西格玛质量管理

六西格玛管理是一套系统的、集成的业务改进方法体系，是旨在持续改进企业业务流程，实现客户满意的管理方法。它通过系统地、继承地采用业务改进流程，实现无缺陷的过程设计（DSFF），并对现有过程进行过程界定、测量、分析、改进、控制——简称DMAIC流程，消除过程缺陷和无价值作业，从而提高质量和服务、降低成本、缩短运转周期，达到客户完全满意，增强企业竞争力。管理专家罗纳德·斯尼（Ronald Snee）先生将六西格玛管理定义为："寻求同时增加顾客满意和企业经济增长的经营战略途径。"

六西格玛诞生于全面质量管理蓬勃发展的20世纪80年代中期，是对全面质量管理特别是质量改进理论的继承和新发展。20多年来，六西格玛已经走过了很长的发展路程，作为一种降低缺陷的方法，它在实践中得到了不断的充实和发展，目前六西格玛已不再仅仅是一种质量的改进方法，而是已经发展成为可以使企业保持持续改进、增强综合领导力、不断提高顾客满意度及经营绩效并带来巨大利润的一整套管理理念和系统方法。

传统的六西格玛被广泛应用于改善产品的质量，尤其适用于生产制造业，而新的六西格玛是一个领导力管理程序，是关于总体业务改进的方法。将平衡记分卡、业务流程再造、高效团队、对核心业务流程进行持续不断的监控等工具和六西格玛改善流程整合起来，是一套新的适用性的方法和切实可行的工具。

9. 流程再造

流程再造可以应用于公司整体的组织体系建设内容之中，也可以应用于企业局部运营管理之中。流程再造强调企业组织形式以"流程导向"替代原有的"职能导向"，为企业经营管理提出了全新的思路。哈默和钱皮认为流程再造是"为了飞跃性地改善成本、质量、服务、速度等现代企业的主要运营基础"，而"必须对工作流程进行根本性的重新思考并彻底改革"。流程再造的核心是面向顾客满意度的业务流程重新设计，其核心思想是要打破企业按职能设置部门的管理方式，代之以业务流程为中心，重新设计企业管理过程，从整体上确认企业的作业流程，以首尾相接、完整的整合性过程来取代以往的被各部门割裂的、不易看见也难于管理的支离破碎的过程。

10. 准时生产方式

准时生产方式（Just In Time，简称JIT），又称作无库存生产方式或零库存，是日本丰田汽车公司在20世纪60年代实行的一种生产方式。1973年以后，这种方式对丰田公司度过第一次能源危机起到了突出的作用，后引起其他国家生产企业的重视，并逐渐在欧洲和美国的日资企业及当地企业中推行开来，现在这一方式与源自日本的其他生产、流通方式一起被西方企业称为"日本化模式"。准时生产方式基本思想可概括为"在需要的时候，按需要的量生产所需的产品"，也就是通过生产的计划和控制及库存的管理，追求一种无库存或库存达到最小的生产系统。

在实现JIT生产中最重要的管理工具是看板（Kanban），看板是用来控制生产现场的生产排程工具。具体而言，是一张卡片，卡片的形式随不同的企业而有差别。看板上的信息通常包括零件号码、产品名称、制造编号、容器形式、容器容量、看板编号、移送地点和零件外观等。看板管理可以说是JIT生产方式中最独特的部分。JIT生产方式的本质是一种生产管理技术，而看板只不过是一种管理工具，决不能把JIT生产方式与看板方式等同起来。看板只有在工序一体化、生产均衡化、生产同步化的前提下，才有可能运用。

11. 精益生产

精益生产（Lean Production，简称LP）是美国麻省理工学院数位国际汽车计划组织（IMVP）的专家对日本丰田准时化生产（JIT生产方式）的赞誉称呼。精益生产的核心思想是以整体优化的观点合理地配置和利用企业拥有的生产要素，消除生产全过程中一切不产生附加价值的劳动和资源，追求"尽善尽美"，达到增强企业适应市场多元需求的应变能力，从而获得更高的经济效益。精益生产的核心其实是关于生产计划、生产和控制及库存管理的基本思想，而在计算机网络支持下的小组工作方式和工作现场的5S管理是实施精益生产的基础。不断改进是精细生产的指导思想，消除浪费是精细生产的目标，协力工作和沟通是实现精益思想的保证。

精益生产主要有六大特点：①以销售部门作为生产过程的起点，按订货合同组织多品种小批量生产；②在产品开发上有独特的办法，采用类似"项目经理负责制"，项目经理被赋予极大的权力去组织人力和物力资源，并会得到各级领导的支持，以保障开发的顺利进行；③在供应与营销管理上利用利益准则的同时，力求与协作厂商、零部件供应商、销售商及用户保持长期而稳定的全面合作关系，形成"命运共同体"；④在生产计划与库存管理体系上，精益生产的一大特色是其生产计划与库存管理方法——准时制生产；⑤在人力资源与组织管理方面，在人力资源组织上采用团队组织和团队工作方式，在组织管理风格上体现信息沟通及全员参与的合理化建议管理特色；⑥在质量控制体系上，精益生产采用的是全面质量管理，由所有人员共同参与并贯穿于从设计到制造的全过程中。

精益生产与传统大规模生产对比，其优越性体现在：所需人力资源能减至1/2；新产品开发周期能减至1/2或2/3；在制品库存能减至1/10；工厂面积能减至1/2；成品库存能减至1/4；产品质量能提高3倍以上。

现在随着精益生产的不断改进，又有人将美国的六西格玛也整合了进来，称为"精益六西格玛"。现在的精益生产已经远非由JIT、5S、全面质量管理工具组成的精益生产了。随着ERP系统的应用，单元式生产的应用，现在的精益生产已经包含了太多的内容。而原来的5S也已经变成了6S、7S甚至是8S了。也有人将TOC管理方法（Theory of Constraints，简称TOC）❶整合到了精益生产的内容体系之中。

12. 供应链管理

供应链管理（Supply Chain Management，简称SCM）就是指在满足一定的客户服务水平的条件下，为了使整个供应链系统成本达到最小而把供应商、制造商、仓库、配送中心和渠道商等有效地组织在一起进行的产品制造、转运、分销及销售的管理方法。现代商业环境给企业带来了巨大的压力，不仅仅是销售产品，还要为客户和消费者提供满意的服务，从而提高客户的满意度，让其产生幸福感。科特勒表示："顾客就是上帝，没有他们，企业就不能生存。一切计划都必须围绕挽留顾客、满足顾客进行。"要在国内和国际市场上赢得客户，必然要求供应链企业能快速、敏捷、灵活和协作地响应客户的需求。面对多变的供应链环境，构建顾客满意幸福的供应链成为现代企业的发展趋势。

供应链管理理论的产生远远落后于具体的技术与方法。供应链管理最早多是以一些具体的方法出现的。常见的供应链管理方法有快速反应（Quick Response，QR）和有效客户反应（Efficient Consumer Response，ECR）。

快速反应是指物流企业面对多品种、小批量的买方市场，不是储备了"产品"，而是准备了各种"要素"，在用户提出要求时，能以最快速度抽取"要

---

❶ TOC认为，任何系统至少存在着一个制约因素/瓶颈，否则它就可能有无限的产出。因此，要提高一个系统的产出，必须要打破系统的瓶颈。任何系统可以想象成由一连串的环所构成，环与环相扣，这个系统的强度就取决于其最薄弱的一环，而不是其最强的一环。如果我们想达成预期的目标，我们必须从最弱的一环，也就是从瓶颈的一环下手，才可得到显著的改善。

素"，及时"组装"，提供所需服务或产品。QR是美国纺织服装业发展起来的一种供应链管理方法。QR侧重于缩短交货提前期，快速响应客户需求。QR适用于单位价值高、季节性强、可替代性差、购买频率低的行业。QR改革的重点是补货和订货的速度，目的是最大程度地消除缺货，并且只在商品需求时才去采购。

有效客户反应是1992年从美国的食品杂货业发展起来的一种供应链管理策略，也是一个由生产厂家、批发商和零售商等供应链成员组成的，各方相互协调和合作，更好、更快并以更低的成本满足消费者需要为目的的供应链管理解决方案。有效客户反应是以满足顾客要求和最大限度降低物流过程费用为原则，能及时作出准确反应，使提供的物品供应或服务流程最佳化的一种供应链管理战略。ECR侧重于减少和消除供应链的浪费，提高供应链运行的有效性，ECR包括零售业的四个重要战略：有效的店内布局、有效的商品补货、有效的促销、有效的新产品导入。ECR适用于产品单位价值低、库存周转率高、毛利少、可替代性强、购买频率高的行业。ECR改革的重点是效率和成本。

13. 大规模定制

大规模定制是一种崭新的生产模式，结合了大规模生产和定制生产这两种模式的优势，在不牺牲企业经济效益的前提下，以大规模生产的低成本和短交货提前期提供定制化的产品，满足客户个性化需求。大规模定制是通过产品结构和制造流程的重构，运用现代化的信息技术、新材料技术、柔性制造技术等一系列高新技术，把产品的定制生产问题全部或者部分转化为批量生产，以大规模生产的成本和速度，为单个客户或小批量多品种市场定制任意数量的产品。大规模定制是企业实现订货型生产（MTO）和备货型生产（MTS）整合的一种战略方法。1970年美国未来学家阿尔文·托夫勒在《未来的冲击》一书中提出了一种全新的生产方式的设想：以类似于标准化和大规模生产的成本和时间，提供客户特定需求的产品和服务。1987年，斯坦·戴维斯（Start Davis）在《完美的未来》一书中首次将这种生产方式称为Mass Customization，即大规模定制（MC），并指出："一般说来，与其竞争对手相比，一个企业越能在大规模基础上提供定制化产品，就越能获得更大的竞争优势。"1993年B.约瑟夫·派恩二世在《大规模定制：企业竞争的新前沿》一书中写道："大规模定制的核心是产品品种的多样化和定制化急剧增加，而不相应增加成本"；"个性化定制产品的大规模生产：其最大优点是提供战略优势和经济价值"。从此，拉开了大规模定制理论研究和实践应用的序幕。

先进的制造技术、管理技术和信息技术是实现大规模定制的基础和保障。快速反应和低成本是大规模定制的两个支柱，个性化是大规模定制的核心。因此，大规模定制的本质特性可从三个方面来描述：高度个性化的产品或服务、快速响应市场变化的能力、较低的定制成本。因此，大规模定制生产方式，有以下主要特点：①以客户需求为导向；②以先进的信息技术与制造技术为支持；③以模块化设计、零部件标准化为基础；④以质量为前提；⑤以敏捷为标志；⑥以供应链管理为手段。

14. 信息化及ERP系统

ERP系统是指建立在计算机信息技术基础上，以系统化的管理思想为企业决策层及员工提供决策运行手段的管理平台。它是从MRP（物料需求计划）发展而来的新一代集成化管理信息系统，它扩展了MRP的功能，其核心思想是供应链管理。它跳出了传统企业边界，从供应链范围去优化企业的资源。ERP系统集信息技术与先进管理思想于一身，成为现代企业的运行模式，反映了时代对企业合理调配资源、最大化地创造社会财富的要求，成为企业在信息时代生存、发展的基石。它对于改善企业业务流程、提高企业核心竞争力具有显著作用。

ERP是将企业所有资源进行整合集成管理，简单地说是将企业的三大流——物流、资金流、信息流进行全面一体化管理的管理信息系统。它的功能模块不同于以往的MRP或MRPII的模块，它不仅可用于生产企业的管理，而且在许多其他类型的企业，如一些非生产、公益事业的企业也可导入ERP系统进行资源计划和管理。ERP系统的特点：①企业内部管理所需的业务应用系统，主要是指财务、物流、人力资源等核心模块。②物流管理系统采用了制造业的MRP管理思想；FMIS（财务管理信息系统）有效地实现了预算管理、业务评估、管理会计、ABC成本归集方法（基于活动的成本管理）等现代基本财务管理方法；人力资源管理系统在组织机构设计、岗位管理、薪酬体系及人力资源开发等方面同样集成了先进的理念。③ERP系统是一个在全公司范围内应用的、高度集成的系统。数据在各业务系统之间高度共享，所有源数据只须在某一个系统中输入一次，保证了数据的一致性。对公司内部业务流程和管理过程进行了优化，主要的业务流程实现了自动化。④采用了计算机最新的主流技术和体系结构：B/S（浏览器/服务器模式）、INTERNET体系结构、WINDOWS界面，在能通信的地方都可以方便地接入到系统中来。

15. 客户管理

最早发展客户关系管理的国家是美国，在1980年初便有所谓的"接触管理"，即专门收集客户与公司联系的所有信息。1985年，巴巴拉·本德·杰克逊提出了关系营销的概念，使人们对市场营销理论的研究又迈上了一个新的台阶。到1990年则演变成包括电话服务中心支持资料分析的客户关怀（Customer care）。

1999年，Gartner Group Inc公司提出了客户关系管理（Customer Relationship Management，简称CRM）概念。Gartner Group Inc在早期提出的ERP概念中，强调对供应链进行整体管理。而客户作为供应链中的一环，为什么要针对它单独提出一个CRM概念呢？原因之一在于，人们在ERP的实际应用中发现，由于ERP系统本身功能方面的局限性，也由于IT技术发展阶段的局限性，ERP系统并没有很好地实现对供应链下游（客户端）的管理。另外，到20世纪90年代末期，互联网的应用越来越普及，CTI（计算机电信集成）、客户信息处理技术（如数据仓库、商业智能、知识发现等技术）得到了长足的发展。结合新经济的需求和新技术的发展，Gartner Group Inc提出了CRM概念。从20世纪90年代末期开始，CRM市场一直处于一种爆炸性增长的状态。

从管理科学的角度来考察，客户关系管理（CRM）源于市场营销理论。从解决方案的角度考察，客户关系管理是将市场营销的科学管理理念通过信息技术的手段集成，有效利用每个顾客的信息，为顾客提供优质的实时服务。建立顾客关系最关键的是要了解顾客，作为了解顾客的解决方案，客户关系管理集合了当今最新的信息技术，包括建立客户数据库，利用Internet和电子商务、数据仓库和数据挖掘、专家系统和自动系统、呼叫中心等内容。作为一个应用软件的客户关系管理，凝聚了市场营销的管理理念。市场营销、销售管理、客户关怀、服务和支持构成了CRM软件的基石。

CRM的功能可以归纳为三个方面：对销售、营销和客户服务三部分业务流程的信息化；与客户进行沟通所需要的手段（如电话、传真、网络、E-mail等）的集成和自动化处理；对上面两部分功能所积累下的信息进行的加工处理，产生客户智能，为企业的战略战术的决策做支持（见表5-6）。

表 5-6　CRM 主要功能

主要模块	目标	该模块所能实现的主要功能
销售模块		● 销售。它是销售模块的基础，用来帮助决策者管理销售业务，它包括的主要功能是额度管理、销售力量管理和地域管理 ● 现场销售管理。为现场销售人员设计，主要功能包括联系人和客户管理、机会管理、日程安排、佣金预测、报价、报告和分析 ● 现场销售/掌上工具。这是销售模块的新成员。该组件包含许多与现场销售组件相同的特性，不同的是，该组件使用的是掌上型计算设备 ● 电话销售。可以进行报价生成、订单创建、联系人和客户管理等工作。还有一些针对电话商务的功能，如电话路由、呼入电话屏幕提示、潜在客户管理及回应管理 ● 销售佣金。它允许销售经理创建和管理销售队伍的奖励和佣金计划，并帮助销售代表形象地了解各自的销售业绩
营销模块	对直接市场营销活动加以计划、执行、监视和分析	● 营销。使营销部门实时地跟踪活动的效果，执行和管理多样的、多渠道的营销活动 ● 针对电信行业的营销部件。在上面的基本营销功能基础上，针对电信行业的 B2C 的具体实际增加了一些附加特色 ● 其他功能。可帮助营销部门管理其营销资料；列表生成与管理；授权和许可；预算；回应管理
客户服务模块	提高那些与客户支持、现场服务和仓库修理相关的业务流程的自动化并加以优化	● 服务。可完成现场服务分配、现有客户管理、客户产品全生命周期管理、服务技术人员档案、地域管理等；通过与企业资源计划（ERP）的集成，可进行集中式的雇员定义、订单管理、后勤、部件管理、采购、质量管理、成本跟踪、发票、会计等 ● 合同。此部件主要用来创建和管理客户服务合同，从而保证客户获得的服务的水平和质量与其所花的钱相当；它可以使企业跟踪保修单和合同的续订日期，利用事件功能表安排预防性的维护活动 ● 客户关怀。这个模块是客户与供应商联系的通路；此模块允许客户记录并自己解决问题，如联系人管理、客户动态档案、任务管理、基于规则解决重要问题等 ● 移动现场服务。这个无线部件使服务工程师能实时地获得关于服务、产品和客户的信息；同时，他们还可使用该组件与派遣总部进行联系

主要模块	目标	该模块所能实现的主要功能
呼叫中心	利用电话来促进销售、营销和服务电话管理员	● 电子商店。此部件使企业能建立和维护基于互联网的店面，从而在网络上销售产品和服务 ● 电子营销。与电子商店相联合，电子营销允许企业创建个性化的促销和产品建议，并通过 Web 向客户发出。 ● 电子支付。这是电子商务的业务处理模块，它使企业能配置自己的支付处理方法 ● 电子货币与支付。利用这个模块后，客户可在网上浏览和支付账单 ● 电子支持。允许顾客提出和浏览服务请求、查询常见问题、检查订单状态；电子支持部件与呼叫中心联系在一起，并具有电话回拨功能

16. 敏捷制造

敏捷制造与大规模定制的核心思想在本质上是一致的，只不过敏捷制造集成了更多的方法，包含了更多内容，更加突出了网络信息化的应用，突出了企业知识管理与创新的应用，除了充分利用企业内部资源外，还充分利用其他企业乃至社会的资源来组织生产。敏捷制造是在具有创新精神的组织和管理结构、先进制造技术（以信息技术和柔性智能技术为主导）、有技术和有知识的管理人员这三大类资源支柱支撑下得以实施的。敏捷制造技术不强调企业的全能，也不强调一个产品从头到尾都是自己去开发、制造，而是通过外包等方式，通过与其他企业在价值链上的分工合作，使产品的功能和性能可以根据用户的需要进行改变而得到新的功能和性能。敏捷制造比起其他制造方式具有更灵敏、更快捷的反应能力。

敏捷制造的一种有代表性的方式是温特制（Wintelism）。温特制是在与传统的福特制、丰田模式的扬弃、交叉、磨合中诞生的，是一种全新的生产方式。温特制作为美国新经济与全球产业重组的微观基础，它最初是在计算机领域中出现的。微软和英特尔共同构筑的温特制平台，即以微软公司的视窗系统和英特尔公司的微处理器互相咬合搭配，凭借实力和快速的创新不断抛开对手，在自己成长的同时也赚取了大量利润，并引导整个产业不断升级，从而成为行业金字塔的顶端企业。温特制的主要特征有：产品设计、生产、企业组织的模块化，业务外包，跨国生产的普遍应用，而业务外包则是温特制分工协作的主要表现形式。温特制围绕着产品标准在全球有效配置资源，形成标准控制下的产品模块生产与组合，标准制定者在完成产品价值链的全过程中，在与模块生产者的分工中，最终完成以双赢为基础的控制。温特制不仅仅是高新科技条件下的产物，更是一种适应经济全球化竞争的生产模式（方式），对21世纪初期的世界经济有着深刻的影响。

第六章　人力资源管理与学习成长

6.1　人力资源管理

6.1.1　从人事管理到人力资源管理

在工业革命时期，企业追求的是成本和规模，那时人的价值与其他生产资料的价值没有什么两样，人不过是通过劳动实现了劳动时间价值的转移，通过企业购买劳动者的劳动时间，并把这种劳动时间价值转移到商品中去。那个时候企业的雇员被视为"机器的零部件""自动化的活装置"，企业对其雇员的管理就是要确保企业生产某种产品而把人看作物的管理。将企业职工视为"物"的管理方式，是传统意义上的"人事"管理方式。20世纪20年代开始到50年代中期，是传统人事管理由萌芽到成长迅速发展的阶段。这一阶段人事管理活动被纳入了制度化、规范化的轨道，制度体系逐步趋于完善；人力管理工作范围开始由一般行政性、事务性管理，扩展到招聘、绩效评估、薪酬管理等激励引导工作范畴；企业雇主的认知也由原来的只关注效率、工作定额和工作强度转而开始注重团队建设、调整人际关系及员工积极性的激励。

第二次世界大战后，世界经济出现了蓬勃发展，随着工业化进程和科学技术的进步，企业需要雇用的工人越来越多，企业用于生产的机器设备也越来越复杂，这时企业主发现，雇用工人尤其是能胜任工作的工人有了一定的难度。面对这一变化，1954年彼得·德鲁克在其著作《管理实践》中首次提出"人力资源"的概念并加以明确界定。此后，人力资源管理理论不断成熟，并在实践中得到进一步发展，成为企业所广泛接受的针对企业人员的管理方式。

人力资源管理概念的提出说明了企业开始重视人的管理，第一次把企业员工视为一种重要资源。从20世纪50年代中后期开始到70年代，是现代人力资源管理逐步替代传统人事管理的转换期。这一阶段人事管理的范围继续扩大，由原来的几项扩展到几十项，企业雇主开始接受人力资源开发的新观念，开始认为"人力资源"是一种将"人力"即劳动力当作一种财富的价值观。

经过几十年的发展，现在的企业对人的管理更加重视，确切地说现在的人力管理概念实际上已经进一步发展成了"人力资本"管理。20世纪90年代以来，以一些先进国际化大公司为首，它们开始提升企业核心竞争力，占领市场产品、技术、资本和人才的制高点，从而进一步推动了人力资源管理向"人力资本"的阶段发展攀升。尽管现在大家对它在称谓上仍然是"人力资源管理"，但实质上已经不再是一种传统的"资源"管理了，更进而是一种"人力资本"的管理了。

6.1.2 人力资源管理新发展

在经济全球化和知识经济背景下，随着战略理论的发展及扩展，人们对人力资源管理的认识已经上升到战略的高度。战略人力资源将人力资源视为企业获取竞争优势的首要资源，强调人力资源与战略的匹配。战略人力资源强调企业与员工共同的成长与发展，战略人力资源强调将人的管理由资源向"人力资本"和"人力智本"方向转变。与资源不同，资本具有增值性，也就是说，资本可以创造价值，而资源却只能转移价值。

"人力资本"是指人们花在人力保健、教育培训的投入等方面所形成的资本。这种资本就其实体来说，是活的人体所拥有的体力、健康、经验、知识和其他精神存量的总称，它是一切资本中最重要、最宝贵且最具能动性的资本，能促进价值的增值。人力资本比物力资本更能有效地推动社会经济和企业发展，它强调在未来特定的经济活动中可以给相关经济行为主体带来价值或收益。经济学中著名的柯布–道格拉斯生产函数说明：人力的产量弹性比物力的产量弹性大3倍左右。

"人力资本"是由著名经济学家费雪在1906年发表的《资本的性质与收入》一文中首次提出的概念，后来诺贝尔经济学奖得主、人力资本之父——西奥多·W.舒尔茨1960年在美国经济学年会上的演说中系统阐述了人力资本理论。该理论认为人不仅是一切资源中最主要的资源，更是一种核心资本；不应当把人力资源的再生产仅仅视为一种消费，而应视为一种投资，这种投资的经济效益远大于物质投资的经济效益；教育是提高人力资本最基本的手段。资源和资本虽然只有一字之差，但却有着本质的区别：对于"资源"，人们多考虑寻求与拥有；而提到"资本"，人们会更多地考虑如何使其增值生利。人力资本与人力资源相比的先进点主要在于前者只是立足于人的现有状况来挖掘潜力，这个阶段的人力资源管理技术主要介于约束控制和激励之间；而在人力资本，则更偏重关注人的可持续发展，重视通过培训和激励并重等多种"投资"手段，如正规教育、在职培训、成人教育、医疗保健、个人谋职培训来提高人的价值。

"智力资本"最早是由西尼尔于1936年提出的，他认为智力资本是指个人所拥有的知识和技能。约翰·卡纳斯·加尔布雷斯1969年发展了智力资本这一概念，他认为智力资本不仅是纯知识形态的知识，而且还包括相应的智力活动，即智力资本不仅仅是静态的无形资产，而且还是有效利用知识的过程、有效实现目标的手段。1997年，美国学者斯图尔特提出智力资本是"公司中所有成员所知晓的能为企业在市场上获得竞争优势的事物之和"。"人力智本"的概念就是从"智力资本"的概念中引申而来，也有人称为"人力知本"，但实际上"人力智本"的概念比"人力知本"的概念更具有深刻内涵。

在知识经济时代，更确切地说，应该被称作"人力智本"管理了。20世纪90年代以来，世界经济持续高速发展的现实，引发了理论界对知识推动经济增长作用的重新认识。与过去的农业经济、工业经济相比，知识经济时代以知识为核心的资产对企业内部的投入产出系统的作用，已远远超过了历史上的任何时期，知识经济思想也被广为接受。随着知识经济的进一步发展，人力资本理论与竞争优势理论融合，并逐渐形成了一种新的理论——智力资本理论。

人力智本与人力资源、人力资本相比更具有特殊性。人力智本更具有稀缺性，基本很难从市场上购得，需要靠智力劳动者长期积累才能形成。除了一些外购的知识产权外，大量的智力资本都不是轻而易举获得的。正因为如此，智力资本具有比物质资本更高的稀缺性。人力资源作为一种要素，可以被利用，使人力价值转移到产品中而实现。人力资本作为一种投资，从而创造价值，实现价值增值。而人力智本作为企业核心竞争能力，则不仅可以创造价值，更可以创新价值。人力资本可以通过对人员的一般投资产生，而人力智本则更依赖创造性教育和培育创新能力来产生。与人力资本相比，人力智本不仅强调知识的积累、个人能力和智力，更强调知识的创新及组织整体的能力。

人力智本管理就现在而言也是一个全新的理念，目前也还在探索之中。进行人力智本管理实际上要涉及企业文化、战略、结构和生产方式等的系统匹配，它们之间任何一个方面的不协调都难以实现成功的人力智本管理。不过如果单从"人"与"智"的角度来讲，核心点有两个：一是进行团队建设和管理，二是进行学习型组织的建设。通过团队建设，形成合作和奉献精神，由个体的能力转化为团队和组织整体的能力。通过学习型组织建设，不仅可以促进个人知识的积累和创新，而且可以实现组织知识的积累和创新。其管理本质正如德鲁克所说的那样："用智慧代替鲁莽、用知识代替习惯、用合作代替强制。"

6.1.3 人力资源管理的内容

传统的人事管理是从微观的角度通过对企事业组织的人和事的管理，处理人与人、人与事之间的关系，其主要内容包括人力资源管理的基础业务（如岗位分析、岗位评价、定岗定编等）、人力资源管理的核心业务（包括招聘、培训、绩效考核、薪酬管理等）、人力资源管理的其他工作（如人事统计、员工健康与安全管理、人事考勤、人事档案管理、员工合同管理等）。后来出现的人力资源管理在传统人事管理基础上增加了一些特殊的内容：人力资源开发和规划、企业文化建设、员工发展与职业生涯设计等内容。最近的战略人力资源管理将人力资源开发和规划替换成了人力资源战略规划，将战略与人力资源管理结合起来。目前尽管关于人力资源管理的主要内容认识比较一致，但由于各经理人对人力资源管理的认识不同和组织的复杂多样性，人力资源管理的具体内容和系统没有完全一致的认识。

比如，有人建立了人力资源管理的八大模块：人力资源规划、人员招聘与配置、培训开发与实施、绩效考核与实施、薪酬福利、员工关系管理、职业生涯管理和人事管理。有人则建立了人力资源管理的十大系统：人力资源的战略规划决策系统、人力资源的成本核算与管理系统、人力资源的招聘选拔与录用系统、人力资源的教育培训系统、人力资源的工作绩效考评系统、人力资源的薪酬福利管理与激励系统、人力资源的保障系统、人力资源的职业发展设计系统、人力资源管理的政策法规系统、人力资源管理的诊断系统。

目前对人力资源管理或人力资源战略管理内容认识的混乱在于长期的人力资源管理实践中，人们只是重视人力资源管理的某个方面，并用各种技术手段对其精雕细琢，而忽略了人力资源的本质和整体性。因此本书强调，战略性人力资源管理是在公司总体战略和经营战略的指导下，制定人力资源的战略并使之有效执行和实施，进行人力资源战略性管理从而实现公司总体战略和经营战略的人力资源管理活动。本书所指战略性人力资源管理强调人力资源战略规划与组织战略的紧密结合，强调人力资源管理所有基础和核心业务应与组织战略的匹配和协调，强调人力资源战略作为公司的职能战略具有职能战略的一般特征。

我们在前面部分中所提到的作为一般性战略有关的内容和制定方法同样适用于人力资源战略的制定与执行。不过作为一个特殊的职能，人力资源战略管理的内容还包含一个使公司和经营战略得以实施和实现的特殊部分，即代理问题。之所以将解决代理问题列入战略的高度，在于公司各层次战略的制定和实施都由人来完成，人是战略成功的最重要的决定因素，从这个意义上，解决代理问题高于人力资源战略的规划和实施。人力资源管理是对资源的管理，尽管这种资源比较特殊，但其不能脱离资源的基本特性，也不能完全脱离资源管理的模式。在此思想指导下，结合威廉·P.安东尼等人的研究，我们认为人力资源管理主要包括七方面内容：人力资源信息管理、人力资源战略规划、人力资源的获得、人力资源的配置和利用、人力资源考核、人力资源的保护、人力资源的退出（见表6-1）。

表6-1　人力资源管理的内容

模块	内容	结果、目标及战略意义
人力资源信息管理	收集、整理、储存与人力资源管理有关信息	信息准确、完整、有效，能为企业人力管理提供重要信息
人力资源战略规划	分析公司整体及经营战略，分析人力资源信息，进行人力资源问题分析，制定人力资源整体战略规划	与公司中、长期发展战略匹配，为之提供人力资源支持

续表

模块	内容			结果、目标及战略意义
人力资源的获得	进行人力资源采购和开发，必要时进行人力资源储备			保证尽可能提供优质低成本人力资源
人力资源配置和利用	人力资源配置	进行或参与组织结构设计、进行工作内容分析和职位设计，优化人力资源配置结构		保证组织高效、有效运营，保证与公司整体和经营战略一致
	人力资源利用	人事匹配	进行岗前、岗后技术、行为指导、培训，进行监督管理	为战略实施实现提供具体控制
		解决代理	通过激励、文化和制度，解决代理问题	保证战略有效执行
人力资源考核	制订考核方案、收集考核信息、开展考核工作、进行考核评估、执行考核反馈、提出改进目标和措施			公平、公正、有效、高效，提供战略考核
人力资源保护	福利、HES、退出障碍、法律法规、伦理			保持战略性人力资源、减小离职成本、保护可用人力资源、战略性声誉考虑
人力资源退出	再就业工程、辞退、停/减薪留职；削减无效低效资源			配合战略需求，保证人力资源平稳退出

6.1.4 战略人力资源管理的模式

抛开传统的人事管理理论模式，1991年赖特（Wright）和斯内（Snell）将人力视为资源、资本、智本，并将三者结合起来，构建了人力资源管理的一般理论模型系统。人力资源管理作为企业管理的一个子系统，能力、知识与技能被看作"投入"，员工的行为被视为"转换"，而员工工作绩效则被视为"产出"。"产出"是人力资源管理的目标（持续人力资源竞争优势）和结果（绩效），因此为了达到和实现"产出"，人力资源管理归根到底主要是解决"投入"和"转换"这两个问题。"投入"的核心是人力资本存量问题，而"转换"的核心则是员工的动机问题。人力资本存量有赖于员工数量及其能力、知识、技能的提高，动机则有赖于代理问题的解决。因此，对于人力资源管理的一般理论模式而言，可以表示为：绩效（优势）=f[人力资（智）本存量，人力资源代理]。

在此一般理论基础上，赖特和斯内构建了一个试图把静态资源与动态管理结合起来的战略人力资源管理资本模型（见图6-1）。该模型把人力资源管理实践作为系统动态的一方，视为调节和控制人力资（智）本存量变量和人力资源代理变量的手段和方法。

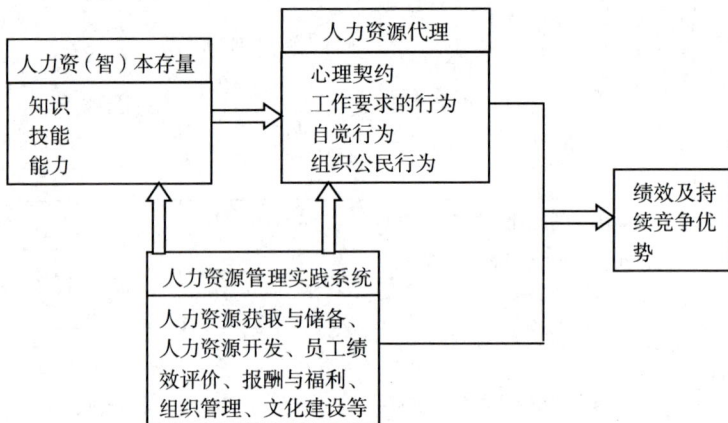

图6-1　战略人力资源管理资本模型

6.1.5　人力资源管理核心问题：代理

当一个或多个（委托人）为实施某种服务而雇用另一人或多人（代理人）为代为决策者时，代理关系就产生了。而在这种代理关系存在时，当代理人优先追求自己的目标而不是委托人的目标时，委托—代理问题就产生了。由于委托人和代理人各自追求自己利益的最大化，因此代理关系在我们社会中广泛存在。委托人的目标是要将他从代理人行为中所获得的价值和他支付给代理人的报酬之间的差异最大化；而代理人关心的是自己能从参与这种关系中获得的价值，并减少自己从事这种行为的成本。由于这种目标差异，企业中的经理人或职工就有可能为了追求自我利益而弱化企业利益。经济学中认为，这种代理问题的存在是由于信息不对称引起的。如果代理人任何违背委托人的行为能被委托人发现和监督，那么代理问题就无法存在。然而，由于信息的不对称使委托人无法判断、发现代理人作出了违背委托人的行为。除此外，委托人对代理人控制的有限能力也是代理问题出现的原因。有些时候委托人明知代理人在作出违背委托人的行为，但是由于委托人控制能力的限制使委托人无法纠正这种行为从而产生了代理问题。

代理成本是人力资源管理中最为重要的成本。不管是什么原因造成的代理成本问题，解决这个问题的宗旨就是如何来统一委托人和代理人之间的利益冲突。目前解决代理问题的手段有三个：一是建立良好的激励机制，其中主要包括体制激励、薪酬激励和晋升激励；二是形成完善的规章制度和监督机制；三是形成有力的企业文化。

1. 公司治理

公司治理的主要目的是从体制上解决代理问题，不过它所解决的主要是公司高层管理人员与股东之间的代理关系问题。公司治理主要关注那些所有者、经理、董事会成员易于产生冲突和易于被疏忽的领域。这些领域包括董事的选举、对 CEO 收入的总体监督和对董事收入的重点监督，还包括公司的总体结构和战略方向。

公司治理的三种主要内部机制是所有权集中、董事会和执行官报酬。对于上市公司而言，所有权集中在一定程度上可能会产生较强的对管理决策的监控能力。研究证明，机构性大股东在指导企业战略决策上正越来越努力和积极。对于董事会而言，内部董事控制了董事会并利用了他们与董事们的个人关系来影响企业决策。通常来讲，拥有大比例内部董事的董事会往往会缺乏对经营层行为强有力的控制和监督。独立董事可能会起到监督作用，不过他们由于不参与公司日常经营，因而无法很容易获得有效评估经营层决策和行动所需要的有关经理人及其技能的丰富信息。给予执行官较高的报酬尤其是股票期权也可以在一定程度上解决代理问题，现在越来越多的企业采取股票期权用于公司的治理。

2. 管理者收购

MBO（Management Buy-Outs）即"管理者收购"的缩写。MBO在西方发起的动因主要是解决经理人代理成本等问题，意在解决公司的所有者结构、控制权结构及企业的资产结构。管理层收购，又称"经营层融资收购"，国内一般译为管理者收购、管理层收购或管理层融资收购。

MBO是管理层利用杠杆融资对目标企业进行收购，具体来说是指目标公司的管理者或经营层利用借贷所融资本或股权交易收购本公司的股份的行为，从而改变公司所有者结构、控制权结构和资产结构，进而达到重组本公司并获取预期收益的一种收购行为。MBO是20世纪70年代在传统并购理论基础上发展起来的一种新型的并购方式，是企业重视人力资本提升管理价值的一种激励模式。

解决内部激励、降低委托代理成本的方式有许多种，而MBO是最直接的一种方式。通过收购，企业的经营者变成了企业的所有者，完成由单纯的企业管理者到企业主人的转变。由于MBO在激励内部人员积极性、降低代理成本、改善企业经营状况等方面起到了积极的作用，因而它成为20世纪70—80年代流行于欧美国家的一种企业收购方式。

3. 薪酬激励

近年来，随着社会的进步和技术的发展及社会生产方式的转变，委托人越来越认识到：隐匿行为和隐匿信息使高级管理层不可能精确地观察到一个单位或个人已经做过的事情和正在做的事情。因此，将员工仅仅看成简单的劳动投入要素，会使企业出现低效率，甚至会把企业带到危险的地步。简单的市场化劳动力购买关系不再能适应当今企业发展的需求，企业需要建立和设计完善和复杂的薪酬机制，与单位绩效相联系的经济激励通常是引导利润最大化行为的有力工具。目前多数企业采用了把雇员当前或将来的收益同工作业绩挂钩的方式作为激励机制解决代理关系问题。

战略经济学者贝赞可从经济学的角度对这种机制进行了解释，认为采用这种激励机制的理由在于：①工资与业绩之间关系曲线的斜率而不是工资水平给雇员提供了激励，雇员的行为受到努力的边际成本和边际收益相对大小的影响，仅仅改变工资水平并不会影响雇员的努力选择，与仅仅提供工资相比，当向雇员提供工资加佣金的工作时企业的利润更高，但如果企业设定一个更高的佣金费率，那么它将获得更丰厚的利润；②以业绩为基础的报酬方式也有助于解决隐蔽信息的问题；③以业绩为基础的薪酬也可能影响雇员对其喜好的企业选择，制定低于市场水平的工资会使那些业绩较差的雇员选择其他企业，同时较高的佣金率将促使表现最佳的雇员获得更大的市场率。

4. 晋升激励

除了薪酬激励外，晋升激励不仅能起到短期激励的效果，而且能起到长期激励效果。晋升激励不仅起到了激励的效果而且培养了人才。对于需求层次较高的员工不仅实现了其需求，而且企业比纯粹的薪酬激励所付出的人力成本费用更低。关于晋升激励需要注意以下几个问题。

（1）晋升的方面和通道长度问题。一般来讲，晋升通道有两条，管理通道和专业通道，二者可以独立，也可以结合起来使用。如果条件允许，最合适的是二者的结合使用。通过结合使用，可以延长晋升通道，防止晋升枯竭。晋升通道不宜过短也不宜太长。过短一方面会出现晋升枯竭，而减小激励效果；另一方面会增加晋升难度，容易使员工产生挫折而放弃晋升。

（2）不是所有人都适合晋升。晋升一般意味着职权的增加，晋升后其将对企业产生更大的影响。如果有才无德或有德无才的人得到晋升，对企业来讲是更大的不幸，其激励收益可能将会远远小于损失。因此，晋升的关键是要考虑什么样的人可以晋升，要识别、培养、晋升德才兼备的人才。

（3）晋升不是晋升激励的终点，而是始点。通过激励晋升的员工，并不一定具有完全胜任工作岗位的素质，需要进行培养和培训后才能使用，因此需要防止"帕金森病"和"彼得原理"现象。❶

5. 形成和完善规章制度与监督机制

尽管目前的业绩考核激励机制已经有很大的发展，业绩考核的指标包含了

---

❶ 诺斯古德·帕金森（C. N. Parkinson）是著名的社会理论家，他曾仔细观察并有趣地描述层级组织中冗员累积的现象。他假设，组织中的高级主管采用分化和征服的策略，故意使组织效率降低，借以提升自己的权势，这种现象即"帕金森病"。彼得认为这种理论设计是有缺陷的，他给出的解释是员工累增现象的原因是层级组织的高级主管真诚追求效率（虽然徒劳无功）。正如彼得原理显示的，许多或大多数主管必已到达他们的不胜任阶层。这些人无法改进现有的状况，因为所有的员工已经竭尽全力了，于是为了再增进效率，他们只好雇用更多的员工。员工的增加或许可以使效率暂时提升，但是这些新进的人员最后将因晋升过程而到达不胜任阶层，于是唯一改善的方法就是再次增雇员工，再次获得暂时的高效率，然后是另一次逐渐归于无效率。这样就使组织中的人数超过了工作的实际需要。

许多方面的内容，但是这些评估标准仍然不能包含企业希望雇员从事的所有活动，因此也就不能完全杜绝代理问题的发生。有些原则性指标很难量化和比较，或者不具有量化的特征而只需要按原则办事，在这种情况下，激励机制就难以杜绝代理问题，如安全问题、财务报销问题。此外，激励考核机制是一种事后代理监督行为，这种事后监督行为可能会使委托人的风险增加很大，如有财务人员或银行人员携款外逃等现象的出现。因此，杜绝代理问题不仅需要事后的激励机制，也需要事前和事中的预防和监督机制。当然，这些制度要根据各企业的具体情况而制定。而有些问题则需要国家法律、法规等进行约束。

6. 形成有力的企业文化

企业文化是指能影响企业职员偏好与行为的、由企业成员共享的一套价值观、信念和价值标准的文化，虽然这些准则与标准没有在合同中清楚地说明，但是无疑制约着管理者和职员的决策制定和行为。如果员工们感到某项决策与共同的价值观和信念一致，就会认为这项决策非常恰当而且值得支持。同样，如果他们认为决策过程符合他们赞许的标准，甚至当他们不喜欢决策的结果时，也会把决策过程看作公正的。反之亦然，组织成员会反对看起来是冒犯企业文化的任何行为。因此，文化为引导合作创造了机会，在一定程度上减小了代理成本。文化能在解决激励的根本问题上发挥重要作用。回想一下关于激励问题的讨论，前提是企业与下属单位或个人的目标不同。但如果假设这是不正确的，就是说，假设企业与下属单位有相同的目标，管理层就不必为这些单位的激励感到担忧了，因为这些单位也在追求同样的目标。对于文化的一种观点认为，在没有金钱奖励的情况下，文化会影响人们想要做的事情。比如，假设一个组织的竞争优势依赖于创新和产品质量。如果员工们从产品开发及自己与高质量产品的联系中获得了极大的满足，企业就几乎不需要为这种行为提供经济激励了。如果一个管理者想要促发某种特定行为，而这种行为在"绩效薪酬"的方案中又很难实现或者代价高昂，他或许会发现，在引发这种特定行为方面，一种强有力的文化可能比金钱激励更为有效。

平狄克认为文化通过三种方式为企业创造价值。第一，文化降低了企业对个人的信息处理的要求。第二，文化运用正式的控制系统，减少了对个体监控的成本。第三，文化塑造可以形成个人对一些共同目标的偏好，这就减少了谈判与讨价的成本，可促进那些通过更加明确的方法难以达到的合作。其中第二点解决的就是代理成本的问题，作为集体价值与行为准则的文化可以在企业内起到控制作用。

6.1.6　薪酬与企业生命周期

正如前面我们提到，企业应根据发展阶段的不同而实施管理。在人力资源管理中除了文化、组织结构、制度应随企业发展不同阶段而不同外，企业薪酬策略也应根据企业发展阶段的不同而有所不同（见表6-2）。李汉雄认为，企业每个阶段只有有限的能够用于支付员工薪酬的现金流，企业必须确保这些现金流通过有效的薪酬组合形成满足其薪酬的效应的要求。

表6-2　企业发展阶段与薪酬

薪酬组合政策	引入	成长	成熟	衰退
基本薪酬	低：为了储备资金增加投资，以促进组织成长	中：由于组织获益能力日益增加	中：由于组织获益能力已趋于稳定	高：因为激励计划难以奏效
短期奖励薪酬	中：组织为储备资金	高：组织为促进新发展的事业稳定增长；借此向市场占有率高的组织挑战	高：为维持目前市场上之占有率	中：因为针对部分市场上的占有率较低而设的奖励计划，以战胜遭遇到的困难
长期奖励薪酬	高：因为资金短缺；借此使员工与组织有同舟共济的感受	高：为建立稳定的市场地位；市场价值的计划更盛行	中：因为几乎不再成长；市场价值的计划更盛行	低：因为长期的成功已不见；此阶段中的市场价值计划亦消失

6.1.7　人本主义新趋势

对人的"物本管理"是基于"X理论"的管理方式。这种管理方式是建立在"人性恶"和"经济人"的人性假设基础上的管理方式。这种假设对人性的基本概括是：人生性以自我为中心，漠视组织的要求；人生性宁愿接受领导的支配，不愿主动承担责任；人生性缺乏进取心，反对变革，把安全看得高于一切；人生性易受欺骗、易受煽动。基于这种假设，必然导致管理人员对组织成员采取强迫性的控制和指挥，并以金钱奖励或以惩罚相威胁等方法，使他们为实现组织目标而努力。在这种假设下，组织必然会采用传统的金字塔式的组织结构、集中决策和严格的外部控制。企业管理的唯一激励办法就是以经济报酬来激励生产，只要增加金钱奖励，便能取得更高的产量。所以，这种理论特别重视满足职工生理及安全的需要，同时也很重视惩罚，认为惩罚是最有效的管理工具。

但是随着人的知识和智力在企业发展中发挥了越来越重要的作用，这种约束控制的物本管理方式抑制和抹杀了人的真正价值，越来越不能适应社会的发展需求。早在马克思创立唯物史观时，他就开宗明义地指出，"任何人类历史的第一个前提无疑是有生命的个人的存在"。人构成了社会最基本的逻辑起点，人与人之间的交往关系构成了社会的全部内容，人是所有社会活动的实践者和创造者，因此历史、社会的发展皆因人的存在，所以人的价值是不可抹杀、不可替代的。在马克思之后，"人本主义心理学之父"马斯洛提出了需求层次论，即人有五个层次的需要：生理、安全、爱、尊重和自我实现，这五个层次需求中，每当一种低层次的需求得以满足后，下一种较高层次的需求便会出现。这一理论在一定程度上成为"人本主义"的代表，同时也告知了人在不同阶段追求的价值是什么。

按照这种理论，在社会发展进步、物质产品极大丰富的今天，人需要满足自己更高层级的需求，因此过去约束控制为主要手段的管理方式便不再能适应现在的时代和社会了。人的需求在随着物质环境的变化而变化，随着物质产品的丰富，人所要实现的价值也在发生着变化。现在的社会，物质丰足、环境和谐，每个主体都由低层物质需求跳跃到了更高的需求高度。不过除此外，对于这种变化还有另外一个方面的原因，那就是人本身是具有能动性的，因此过分的约束控制反而制约了人的价值发挥。

关于"人本身具有能动性"这种认识是与前面提到的"X理论"完全相反的理论，麦格雷戈称之为"Y理论"。这种理论认为，一般人并非天生厌恶工作，人为了达成其本身已经承诺的目标将"自我督导"和"自我控制"，一般人不但能学会承担责任，且能学会争取责任，大多数人具有高度的想象力、智力和创造力。在约束控制管理方式下，常人的智慧潜能仅有一部分被利用，因此，在对人的管理策略上应采取诸如目标管理、参与管理、绩效考核、薪资与升迁管理等激励引导措施。

继"Y理论"之后，1981年日裔美国学者威廉·大内出版了《Z理论》一书，该书对日本企业的人本管理方式进行总结后形成了较为完整的人本管理理论。该书在出版后立即得到了社会的广泛重视，并成为20世纪80年代初研究管理问题的名著之一。

目前而言，人本化的人力资源管理方式每个企业都在提倡，也可以说都在做，但是我们在实践中还是会发现很多问题。突出存在的一个矛盾就是"放"与"收"的问题。许多企业既害怕放得太多而失去控制，又害怕收得过紧企业丧失活力。对人约束与激励的矛盾，这在经济界、管理界，甚至包括我们整个社会发展中目前都是个大问题。

6.1.8　人本主义人力资源管理建设思路

究竟如何进行人本管理目前没有一个标准的答案，关于人本管理的书籍和理论很多，但众说纷纭，管理者却无所适从。关注人本价值的呼声很高，企业做的却很虚，有时候只是徒有其表，未见其实。对于企业而言，究竟怎样践行这个新话题？怎样做才是关注人的价值呢？企业可以从三个方面操作：一是注重人本价值，二是崇尚激励，三是重视员工培训与成长。

1. 注重人本价值

重视人本价值就是要重视和尊重员工个性，以员工的能力、特长、兴趣、心理状况等综合性情况来科学地安排最合适的工作，并在工作中充分地考虑到员工的成长和价值，使用科学的管理方法，通过全面的开发培养和企业文化建设，使员工能够在工作中充分地调动和发挥工作积极性、主动性和创造性。

重视人本价值需要找到人的价值与企业或者组织价值的的平衡契合点。企业都是由个人组成的，企业有企业的愿景和价值追求，个人有个人的目标和未来规划，两者的价值轨道如果相斥，势必双方都不能达成所愿，因此两者之间需要一种平衡，找到个人与企业价值的交汇点从而形成合力，实现双方共同的价值追求。

重视人本价值需要尊重员工个性。尊重员工个性，首先要根据员工的能力和特长安排工作。德鲁克曾说过："尊重个性首先就是要根据员工的能力来安排工作。把不适合的人留在他们无法胜任的岗位上，这不能叫友善，而是残忍。"其次，要尊重员工的兴趣和爱好。哈佛大学历史上的首位女校长德鲁·吉尔平·福斯特（Drew G. Faust）曾说："如果你把你一天中醒着的一大半时间用来做你不喜欢的事情，你是很难感到幸福的。"最后，要信任并赋予员工责任。

2. 崇尚激励

以激励引导为核心的人本管理方式应从两个层面进行：一是单独个体层面的激励，二是组织层面的激励。

关于单独个体层面激励，可以从被誉为"人本主义心理学之父"的马斯洛的需求理论中获得一些答案。他提出了需求层次论即人的五个层次的需要：生理、安全、爱、尊重和自我实现，每当一种低层次的需求得以满足后，下一种较高层次的需求便会出现。这一理论在一定程度上成为"人本主义"的代表，同时也告知了人在不同阶段追求的需求是什么，如何围绕人的需求进行激励。但事实上在诸多的激励举措中，责任激励对激发人的工作热情最为有效。不论是为员工制定目标，还是对员工授权都是一种对员工信任的表现，都能使员工产生成就感。

在薪酬激励方面，工业时代的管理方式很单一、很直接，就是雇用工人劳动，付给他们相应的报酬，所以这个时期工厂普遍使用的就是约束控制力极强的"计时工资"和"计件工资"制。但是随着人的价值意识觉醒，人本时代的萌芽，管理方式及方法出现了很大的改观，原本的"计时工资"和"计件工资"制逐渐被绩效工资制度所代替。绩效工资制度的实施起初确实在一定程度上成为激励员工的动力，因为员工可以自己掌控自己的劳动所得，这使他们不仅在心理上有了被尊重感、价值感，而且从现实中也摆脱了对某一个企业长期依附的依赖感，行为上的自由促进了思想的自由，人们在主观意识、客观条件与实际管理环境等诸多因素的制导下，开始掌握越来越多的主动权。然而随着时代发展，出现了一种与企业组织扁平化、流程再造等新的管理战略与理念相配套的新型薪酬结构——宽带薪酬❶。

从组织层面的激励就是要在工作中充分地考虑到员工的成长和价值，使用科学的管理方法，通过全面的开发培养和企业文化建设，使员工能够在工作中充分地调动和发挥工作积极性、主动性和创造性。具体可以从"Z理论"中吸取一些营养。Z理论内容基本可以简述如下：①企业应该有畅通的管理体制，保证下情充分上达，应让职工参与决策，及时反馈信息；②基层管理者应享有对基层问题处理的充分权利，要有能力协调职工们的思想和见解，发挥大家的积极性，开动脑筋制订出集体的建议方案；③中层管理者要整理和改进来自基层的意见，及时统一向上报告有关情况，并提出自己的建议；④企业要长期雇用职工，使工人增加安全感和责任心，与企业共荣辱、同命运；⑤管理者要处处关心职工的福利，设法让职工心情舒畅，营造上下级关系融洽、亲密无间的局面；⑥要创造生动的工作环境，设法让工人感到工作不枯燥、不单调；⑦要重视职工的培训工作，注意多方面培养他们的实际能力；⑧考核职工的表现不能过窄，应当全面评定职工各方面的表现，长期坚持下去，作为晋级的依据。

3. 重视员工培训与成长

重视员工培训与成长是企业的一种气度。现在有不少企业都不重视对员工进行职业生涯规划，也许是觉得员工个人未来几十年的发展未必就与自己绑在一起，所以不愿意费尽心思为其量体裁衣，唯恐员工一跳槽又是为他人做嫁衣裳了；或者是觉得员工未来怎么发展要看组织需要和安排，没有必要让员工看得那么长远。前一种观点是不自信，后一种观点是短视，都只把企业当作了个人的企业，没有看作社会的企业。有第一种观点的企业会把为社会培养有用人才看成是对企业资源的浪费，这样企业的价值观是有问题的，有后一种观点的企业又是对员工个人价值的极大忽视。所以，实行人本管理的企业，有的时候需要的就是一种气度、一种心胸、一种价值。

人本管理对于企业而言，确实是一个难题。进入战略性人力资源管理时代，员工要求提升了，企业管理方式也理所应当得以优化改进。然而，

---

❶ 宽带薪酬的设计理念是将相对较少的职位等级增加更多档位的薪酬区间，以更好地解决企业里管理岗位较少而员工的加薪往往只能通过职位的晋升才能实现的不足。换言之，设计了宽带薪酬的企业，员工只要工作努力、获得了业绩的提升，即便是不晋升也能实现加薪，并且加薪的幅度可以满足未来相当长一段时间的需要。

形成人力资本需要两个条件，一个是能力构筑的个人价值，另一个是理念影响下的企业行为付出。企业要有气度、有魄力、有远见，不仅要肯将钱投在自己的员工身上，而且要有足够的耐心与信心等待员工成长后为企业赚回利润。同时，职工个人也要积极、主动地积蓄自己的综合价值，通过各种方式让自己不断增值，并有足够忠诚和安分的心服务于一个企业。可是，耐心与信心、忠诚与安分都是不可控的。由于这种不可控因素，愿意为之付出精力与金钱的企业少之又少，所以人力资本难以形成，即使形成也恐怕难以维系长久。

6.1.9 人力资源管理应克服官僚作风

人力资源本身的职能赋予了人力资源管理部门比其他部门更大的对人的掌控权力，正因为如此，人力资源管理部门比其他部门更容易患上官僚作风。许多公司由于没有正确地认识到人力资源管理部门所应该做的工作，结果赋予了他们很多不该赋予的权力，造成了公司的死亡。爱迪思认为，企业生命周期的结束是以官僚期而寿终正寝的。

官僚期的企业，到处充斥着制度、表格、程序、规章，就是看不到真正的经营活动。典型的官僚组织，企业已经不在乎客户，与外界隔绝，盛行文件崇拜，不管什么事情都需要打书面报告，客户提交了书面请求而最终找不到谁能对产品中出现的问题负责。部门负责人只能照章行事，但制度为何这样规定却说不清楚。官僚们认为自己做什么不重要，重要的是在于怎么做。他们"靠本本进行管理，下属们的工作内容没有他们是否能按时上下班重要"，他们"所关心的并不是迫在眉睫的大事，尽是些鸡毛蒜皮的小事"。他们对价值却一无所知，他们总是在成本、制度、流程上叫板，他们对变革的反作用考虑得很多，所以认为什么都不能干，他们总是从实施的角度去看问题，觉得机会都是问题。因此，官僚所经营的企业是一场非常大的灾难，企业会一步步走向破产，而且是准时破产。

更为恐怖的是，人力资源管理者常常会演化为幕僚。德鲁克说："在我所知的每一家企业中，最严重的组织问题，几乎都是幕僚和营运主管之间的冲突。"幕僚会干扰企业原本正常的责任链，严重影响企业的正常运转。他们削弱了运营主管的职权，总是围绕在最高层周围，阻断了运营主管和高层直接沟通的渠道，他们非但不能为在第一线的运营主管服务，反而试图变成主人，他们混淆了自己的工作范围，把原本应该由运营主管承担的制定政策、发展计划等工作揽到自己手中。结果是，运营主管开始视公司高层和他们身边的幕僚为必须智取的敌人，不是阳奉阴违，就是敬而远之。直线经理的失职，都是人力资源部门的越俎代庖引起的。戴维·尤里奇指出，人力资源部门应该像企业一样运营。人力资源部首先要找到自己的客户，并知晓客户的需求，成为客户的参谋和伙伴（人力资源业务合作伙伴，HRBP）❶，为之提供咨询服务和解决方案，而不是将自己看作有权人。

除此之外，康至军在《HR转型突破》中指出，人力资源部门应该跳出专业的深井，成为合作的伙伴。人力资源部门使出浑身解数，将眼下流行的概念和工具（多样化发展方法、行动学习、引导技术、人才胜任模型、职业发展路径）尽数揉入自己的工作或人力资源管理项目中，却是劳民伤财，没有产生任何价值。德鲁克这样评价人力资源管理部门的专业化工作："很多专业人士自以为很有成就，实际上他们不过在帮忙打杂或磨亮石头罢了。"专业人士的最大敌人，就是专业本身。人力资源只关注于自己的专业，而忽略企业整体大局，造成人力资源正成为一种企业的黑暗力量，强化着那些荒谬的企业规则，阻碍了创新和企业的变革。

6.2 学习与发展

6.2.1 学习发展是时代的必然性

未来学家托夫勒在《力量的转移》一书中写道："知识的变化是引起大规模力量转移的原因或部分原因。当代经济方面最重要的事情是一种创造财富的新

---

❶ HRBP (HR Business Partner)又称为人力资源业务合作伙伴，是企业派驻到各个业务部门或事业部的人力资源管理者，主要协助各业务单元高层及经理在员工发展、人才发掘、能力培养等方面的工作。HRBP与人力资源共享中心、人力资源专家共同组成了现代人力资源管理的"三驾马车"，其中HRBP是人力资源内部与业务经理沟通的桥梁，他们既熟悉HR各个职能领域，又了解业务需求，既能帮助业务单元更好地维护员工关系，协助业务经理更好地使用人力资源管理制度和工具管理员工，同时也能利用其自身的HR专业素养来发现业务单元中存在的种种问题，从而提出并整理出发现的问题交付给人力资源专家（或领域专家）来更好地解决问题和设计更加合理的工作流程。

体系的崛起，这种体系不再是以肌肉为基础，而是以头脑为基础。"20世纪90年代以来，世界经济持续高速发展的现实，引发了理论界对知识推动经济增长作用的重新认识，并逐步形成了一种新的理论：智力资本理论。智力资本理论第一次将企业层面的各项无形资本有机地统一起来，适应了知识经济时代企业资本运营与资本管理的新变化，弥补了人力资本理论中描述企业和新资源时的局限性，为经济增长理论和竞争优势论提供了更具说服力的理论模型。而企业获得智力资本的途径就是学习发展。

人们越来越认识到，企业要在3C（Competition、Customers、Change）的市场环境中确保可持续发展，必须具有比竞争对手更强、更快的优化配置资源的能力，也就是要具有独特的核心竞争力。知识管理作为一种新的管理模式，在对企业知识资源进行管理的过程中，对培育企业的核心竞争力发挥着难以替代的作用。因此，基于知识管理，可以帮助企业提升核心竞争力。管理学家德鲁克说："知识工作者已经开始成为劳动人口中的最大族群，但也可能是最昂贵、最缺乏生产力的族群。任何国家、产业、公司的竞争地位，将会愈来愈取决于知识工作者生产力的提升。" 随着经济的发展，越来越多的国内企业将转变到依靠知识工作者的知识和智慧来创造竞争优势。

人力资源管理作为企业管理的一个子系统，能力、知识与技能被看作"投入"，员工的行为被视为"转换"，而员工工作绩效则被视为"产出"❶。"产出"是人力资源管理的目标和结果，因此，为了达到和实现"产出"，人力资源管理归根到底主要是解决"投入"和"转换"这两个问题。"投入"的核心是人力资本存量（能力）问题。人力资本存量有赖于员工能力的提高，而这种能力的提高需要进行学习发展。

6.2.2 知识创新

自熊彼特首次提出创新的概念后，关于创新的理论研究如火如荼。研究者分别从战略、组织、管理、文化、环境等不同角度来探索创新的理论。发展至今，由于"知识已经成为关键的经济资源，甚至可能是唯一来源"，知识及知识管理对整个经济和社会发展产生了巨大的冲击，人们开始尝试知识管理和组织

---

❶ 见本章上节提到的"战略人力资源管理资本模型"。

学习。20世纪90年代以来，关于组织学习和知识创新，许多研究者强调指出：知识及创造和应用知识的能力，是一个企业持久优势的重要源泉。

对于知识和能力的研究，知识是企业的核心能力和竞争优势的来源已得到学术界和企业界管理实践的广泛认同。普拉哈拉德和汉默在企业核心能力的权威定义中，指出了能力是由知识构成的，核心能力是组织中的积累性学识，特别是关于协调不同的生产技能和有机结合多种技术流派的学识。企业的知识积累及其应用可以形成企业的能力，但这种能力是静态的。在社会不断进步发展、竞争日趋激烈的今天，企业光靠静态能力不足以维持企业的长期成长。而企业只有不断进行知识创新，形成动态能力，才能维持企业的持续成长。

企业的知识既包含显性知识和隐性知识，也包含个人知识和团队知识。这些知识一方面要通过外部知识的引入不断积累形成静态核心能力，另一方面也要通过自身不断的创新形成动态核心能力。正是这两种能力共同作用驱动着企业的不断成长。

6.2.3 知识管理

基于知识的企业能力理论认为，与市场机制相比，企业组织能更有效地在组织内共享和传送个人和团队的知识，企业之间绩效的差异是源于知识的不对称和由此导致的企业能力差异。彭罗斯认为"企业的规模取决于企业管理者拥有的知识和管理能力"。替斯认为企业的知识及相应的企业能力是企业经营范围的一个重要决定因素。因此，企业应该进行知识管理。

知识管理包括能推进整体核心流程的所有方法和工具，该流程至少包括五种核心活动：知识获取、存储知识、知识创造、知识传递与分享、知识应用。

1. 知识获取

知识获取是指从专家或其他专门知识来源汲取知识并形成企业知识库（系统）的过程或技术。知识获取和知识建立是交叉进行的。知识库初建时，一般只获取最必需的知识，以后随着系统的调试和运行而逐步积累新的知识。对知识库进行扩充和更新时，需要检查新老知识的相容性，以维持知识库的整体性，还要对新补充的知识分类存储，以供运用。

企业知识有显性知识和隐性知识之分。显性知识是指存在于介质表面的记录型信息，它易于整理和计算机管理。隐性知识是人们凭本能、知觉及经验感觉到的东西，人们难以系统化对其表述。企业知识获取是知识积累的过程，就是要不断获取企业外部的显性知识，不断使企业内部和外部隐性知识显性化。

2. 存储知识

知识存储是指组织将有价值的知识经过选择、过滤、加工和提炼后，存储在适当的媒介中，并随时更新和维护其内容和结构，以利于需求者更加便利、快捷地访问，获得有效的知识。知识不经储存就会随时间而遗忘，会随着知识的越积越多最后查找利用都困难，这样不仅会造成知识的浪费，而且还会极大浪费时间和成本。

储存知识的最重要问题就是要做好组织记忆。所谓组织记忆指的是组织将过去经历过、有用的项目经验、教训、最佳实务及案例等有用的知识储存在员工、文化、流程、文件或知识库内，其包括内隐、外显及各阶层的知识，以便未来碰到相类似问题时，能通过访问来支持员工的决策。因为在组织内部许多员工不知道应该记录和储存知识，也没有意愿和能力去储存知识，再加上组织内知识的相互交叉重叠、十分零碎，此时就需要组织有专人负责管理知识的分类和储存工作。

组织知识储存的主要媒介分为三类：员工个人、团队和组织系统。员工个人的知识储存在员工的知识储存系统中，这时可以利用专家黄页或知识地图来定义出具有重要知识的员工，要鼓励并支持员工对重要知识的记录、储存与分享，要保留具有核心知识资源的员工防止其流失，要通过师徒制的建立储存重要的知识。由于组织许多重要任务的规划或执行，都是透过委员会开会及项目团队的合作方式来执行的，因此团队知识更具有动态性和内隐性，比员工个人的知识更难于储存。团队知识的储存可以通过团队开会记录、项目的结果报告、案例研究及虚拟社群来进行。组织系统的知识储存应尽量自动化与计算机化，要善用文件管理系统形成无纸化的管理。组织可以通过建立一个高质量并易于使用的知识库，建立活跃的实务社群，来完善组织系统的知识管理。

3. 知识创造

企业知识创造是指企业在原有知识基础上的持续积累和突破。累积式知识创新是企业学习中在原有知识的基础上，结合外部资源进行持续创新，这种创新只能是在原有知识基础上的创新。创新的累积性还意味着学习过程必须是连续的，学习过程依赖的主体是企业组织，不能随时间的流逝而解体。突破式知识创新是指企业突破惯性思维，发现现有知识中没有的全新知识，这一创新的来源既有科技创新给企业带来的根本性变革，也有企业效仿竞争对手引进的新知识、新技术与新理念。无论是累积式知识创新，还是突破式知识创新，企业都需要具备包容新知识的素质和才能。

在一个组织内部，知识创造有时不仅不会自发产生，而且在知识的创造过程中还会遇到各种障碍，其中主要包括个人、组织和文化等方面的障碍。通常，人们习惯于用他们各自过去的经验来评判各种信念，而人们的信念是通过长期的学习积累起来的，也存在一种路径依赖（Dath-dependence），当一种新知识产生，而个人又不能及时作相应的调整来适应这种新变化时，不具有挑战性的人往往对新知识或新事物采取抵触行动，从而使新知识的产生、转移和共享面临各种人为的障碍。由于存在着不同程度的组织刚性，当企业创造出新知识并应用到实际的生产中时，原有的组织往往不能适应新知识的要求，因而对新知识会采取抵触的方式来阻碍新知识的转移和使用。因此，在进入新的技术领域时，为克服这种组织刚性所带来的负面影响，企业通常将新技术部门建立在原有的组织之外。此外，人与人之间的交往和沟通缺乏信任也是知识创造的障碍。一方面，从知识的转移来看，尤其是隐性知识，它很难通过正式的网络进行有效的转移，而只有通过紧密的、值得信赖和持续的直接交流等非正式网络才能实现知识的传递，而知识有效转移的前提条件就是知识转移的双方必须相互信任；另一方面，人与人之间的相互信任能有效地降低任何一方采取机会主义的可能性，从而提高人们合作的效率。

4. 知识传递与分享

有效的知识管理已经成为企业获取竞争优势的关键，企业要提高技术创新能力，就必须重视新知识的传递和分享，以便使知识发挥更大的作用。组织必须建立有效的知识传递和分享方法。常见的知识传递方法包括组织培训、会议、论坛、沙龙等，也可以是定期的推送、内部刊物的发行、岗位轮换、师徒承递机制等。

5. 知识应用

所谓知识应用就是指应用已有的知识去解决问题。知识用不上，那么"有知识"也就变成了"没知识"。彭罗斯（1959）认为知识的价值在于应用而非拥有。显然组织只有正确使用知识，知识资本才会产生价值。知识应用的关键有两个：一是知识的回忆，二是知识的实践。知识应用的首要条件就是它们能在恰当的时候被回忆起来。如果知识不能在需要的时候被想起来，那么这种知识必然不能被应用。其次是要将知识应用于实践。而知识的实践需要做好企业的激励机制，解决职工的能动性。

6.2.4 学习型组织建设

自从彼得·圣吉的《第五项修炼》出版后，"学习型组织"这一概念已引起人们的极大兴趣和广泛重视。善于不断学习是学习型组织的本质特征。对这种集体学习的兴趣，尤其是有关如何协调各种生产技能和整合几种技术的体系，已经成为当前许多有关将核心竞争力视为竞争优势来源的研究焦点。在激烈变化的市场环境中，学习被看作企业为了不断突破发展极限，保持和增加生产能力、创新能力和竞争能力而进行的一种有目的的追求。

企业的知识也并不一定能转化为企业的能力，因为碎片化的知识并不一定能形成组织能力的最大合力。隐性知识不经有组织的发掘应用实际上也没有现实意义。知识不经过有组织的引导，知识创新就会缺乏方向性。同样，企业的能力不经过组织的整合和梳理，也难以促进企业的成长。因此，企业需要不断地对知识进行搜集、整理和应用，通过不断的行为改变来促进企业的成长。一种促进企业知识转化为组织能力并进而促进企业成长的方法就是进行学习型组织建设。通过学习型组织建设，可以更快、更好、有序地挖掘企业隐性知识，引导知识积累和创新方向，促进知识分享和应用。学习型组织建设是对组织知识管理的重要实践模式。

学习型组织起源于美国哈佛大学佛瑞斯特教授于1965年在《企业的新设计》中提出来的理想组织形态。他构想未来组织的理想形态为：层次扁平化、组织咨询化、开放性，逐渐由从属关系转向工作伙伴关系，不断学习，不断重新调整结构关系的组织。彼得·圣吉以此为基础，融合了其他几项出色的理论、方法和工具，而发展出学习型组织的蓝图，并于1990年将他的研究成果写成《第五项修炼》，从而掀起了对组织学习与创建学习型组织研究的热潮。

尽管圣吉开拓了学习型组织研究的领域，但其主要强调的是关于学习型组织心智模式的改变，是用一种新的思维方式对组织的思考，而对于学习型组织的实践意义研究得并不是很充分。至此，实践者们仍然不是十分清楚到底该怎样做才能开始建设学习型组织。尽管《第五项修炼》实践篇提供了实践"五项修炼"的具体方式，但如果按照书中所述，逐项进行练习，不但不能达到理想的效果，而且还有割裂五项修炼、不成系统之嫌。"学习型组织架构"的提出虽然为学习型组织的实践者们提供了一个方向，但还是显得比较抽象。具体采用什么样的指导思想、理论工具和方法及进行何种基础结构创新，圣吉等人在《第五项修炼》实践篇中并未明确指出。而《变革之舞》虽然描述了创建学习型组织过程中的十大挑战，并将其分列于不同的阶段，但并未具体指明在学习型组织创建的起步阶段到底该如何做，先导小组究竟该如何成立，按照什么样的实施方案进行创建活动等问题。

在研究学者们的观点和理论基础上，我们重新构建了知识创新学习型组织建设的基本模式（见图6-2）。基于知识创新的学习型组织建设就是通过构建知识环境，积累知识，并通过分享传播与实践应用，不断实现知识创新的过程。其中，知识环境包括构建知识与信息平台，制定基于战略的学习规划、学习制度和学习体系，组建学习队伍，营造学习氛围（文化），制定学习方法等内容。知识积累包括个人学习积累、组织学习积累和团队学习积累。

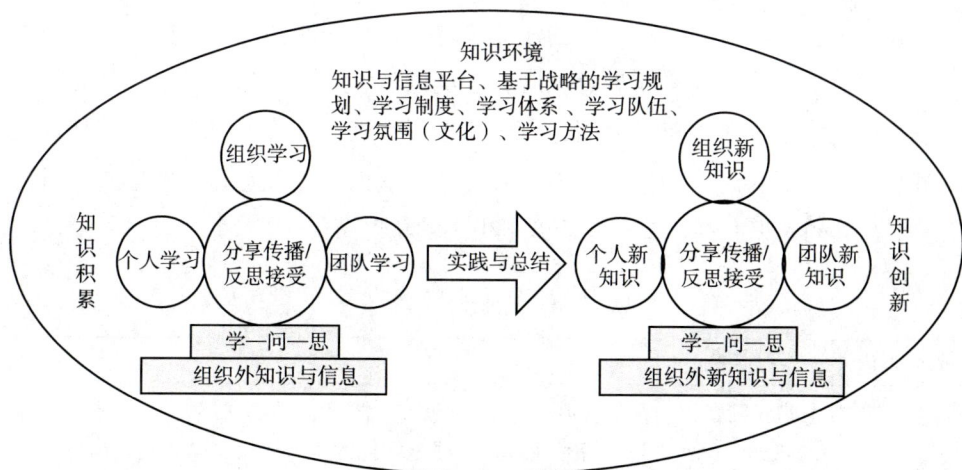

图6-2　知识创新学习型组织建设的基本模式

第七章　品牌与营销管理

7.1　品牌管理

7.1.1　品牌的含义

品牌的英文单词 Brand，源于丹麦古斯堪的那维亚语 brandr，意思是"烧灼"，当时人们用这种方式来标记家畜等需要与其他人相区别的私有财产。1931年美国宝洁公司（P&G）的麦克尔·罗伊提出品牌经理制以后，品牌日益成为提升企业竞争力的主要源泉。伯利·B.加德纳和西德尼·J.利维（1955）发表的第一篇有关品牌的论文中认为，品牌的发展是因为品牌具有一组能满足顾客理性和情感需要的价值，品牌的创建要超越差异和功能主义，它应该注重开发一种个性价值，让顾客得到满意的服务。英国学者金（1970）指出，品牌不仅由于其功能性价值而被喜爱，而且由于其心理和社会的价值而被喜爱。随着人们对品牌的重视和研究的深入，人们对品牌的认识也越来越深入和丰富。目前人们对品牌的认识已经从符号发展到了生态的角度（见表7-1）。

表7-1　品牌概念的发展

品牌理论	年代人物	描述
符号	林恩·阿普绍（1999）美国市场营销协会（1960）	品牌是用以识别一个或一群产品或劳务的名称、术语、标记、符号或设计，或是它们的组合运用，其目的是借以辨认某个销售者或某群销售者的产品或服务，并使之同竞争对手的产品和服务区别开来
情感	伯利·B.加德纳等（1955）金（1970））	品牌的发展是因为品牌具有一组能满足顾客理性和情感需要的价值，品牌的创建要超越差异和功能主义，它应该注重开发一种个性价值，让顾客得到满意的服务

续表

品牌理论	年代人物	描述
关系	迈克·佩里 （2002）	品牌是消费者如何感受一个产品，它代表消费者在其生活中对产品与服务的感受而滋生的信任、相关性与意义的总和
资源	亚历山大·L.贝尔（1993）	品牌资产是一种超越生产、商品及所有有形资产的无形资产，其带来的好处是可以预期未来的进账远超过推出具有竞争力的其他品牌所需的扩充成本
生态	潘成云（1999） 王兴元（2000））	品牌生命周期说，品牌生态说

在《牛津大辞典》中，品牌被解释为："用来证明所有权，作为质量的标志或其他用途，起到区别和证明的作用。在实际生活中，有人认为它是一种标志，或者一种集体视觉印象、效果可感知性、市场定位、附加价值、个性化消费等复杂符号为一体的主观反映，也有人认为它是一个名称、术语、标记、符号或设计，或者是它们的组合，它能够满足顾客理性和情感需要，从而识别某个销售者或某群销售者的产品或服务，并使之同竞争对手的产品和服务区别开来。"广告大师大卫·奥格威认为："品牌是一种错综复杂的象征，它是产品属性、名称、包装、价格、历史、声誉、广告方式的无形总和，品牌同时也因消费者对其使用的印象以及自身的经验而有所界定。"品牌与商标不同，商标仅是经过法律程序和法律确认的品牌，是受法律保护的品牌，商标只包含文字和图片，而品牌包含的内容却远远不止这些，商标权有国界，而品牌使用则无国界。

7.1.2 品牌的属性及内涵

在理解品牌的基础上，学者们为了更深刻地认识品牌，提出了品牌属性和品牌内涵的概念。但到目前为止人们对品牌的属性及内涵并没有很好地区分开来，不同的人又有不同的看法和认识。许多人在研究品牌的属性及内涵时，似乎是为了研究概念而研究概念，不仅忽略了研究这些概念的目的、意义，而且散乱又缺乏逻辑性。在仔细研究品牌属性和品牌内涵的区别之后，本书认为品牌属性和品牌内涵之间在本质上没有明显区别，品牌属性可以视为品牌内涵，品牌内涵也可以视为品牌属性。

为了克服关于品牌属性和品牌内涵认识的混乱，本书在顾客接受与认知层次的逻辑基础上，重新构建了品牌的属性结构和内容（见图7-1）。为此，本书按顾客对品牌的接受程度划分，由浅入深可以分为五个层级：认可、放心、认同、依恋（自恋、虚荣、攀比）、依存（奉献、信任、习惯）。相应地，顾客获得的品牌价值由低到高也可以分为五个层级：功能、质量、文化、个性、关系。这些内涵或属性，在顾客心目中形成一种影响，这种影响又可以分为五个层次，由小到大分别为：知名度、指名度、接受度、偏好度、忠诚度。

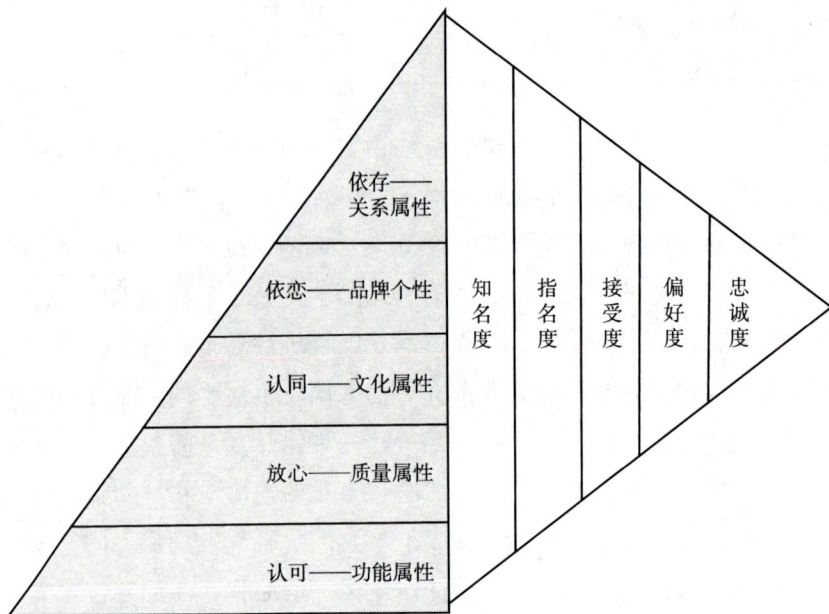

图7-1　品牌属性结构与内容

认可是一种顾客对品牌较为低层次的需求，与此对应的是产品的功能属性，只要产品能满足顾客特定的功能需求，就可以获得顾客的认可。放心是在对品牌满足低层次需求基础上的提高，与此对应的是品牌的质量属性。对于认可的产品，实际上顾客对产品还是心存疑虑的，因此他们不得不对产品的质量属性关注。只有那些质量属性满足顾客特定功能需求的产品，才能令他们放心。认同是对品牌满足顾客需求的第一次升华，此时顾客对产品的关注第一次由物质的层面转向了精神层面，与此对应的是品牌的文化属性。此时顾客开始关注品牌的文化，开始关注那些自己心理认同的品牌。

与一般意义上的心理认同不同，依恋满足的是顾客特定的心理需求。此时顾客第一次将品牌与自己的需求绑定在一起。与此对应的是品牌的个性属性。

在一种特殊的心理作用驱使下，如自恋、虚荣、攀比等，顾客认为该品牌与自己关系十分密切，是这种品牌而不是别的品牌才能满足自己的需求，此时甚至顾客已经忘记了产品的功能或质量属性，以至于可以容忍它们在其他属性上的缺陷。

依存满足的是顾客长期稳定的心理需求。此时顾客将品牌与自己长期的需求绑定在一起。与此对应的是品牌的关系属性。由于多次反复使用某品牌，顾客对这个品牌十分信赖，形成了一种习惯性动作，甚至他们乐于对该品牌奉献自己的力量。

尽管基于依存的品牌的关系属性是企业最为重要和理想的品牌位置，但由于消费者的不同，在现实生活中消费者对品牌的属性需求也是多样性的。因此对于品牌而言，应该在多方面满足顾客的心理需求才能获得满意的效果，并实现品牌在消费者中从知名到忠诚的转变。

7.1.3 品牌资产

品牌资产是20世纪80年代在营销研究和实践领域新出现的一个重要概念。20世纪90年代以后，特别是戴维·阿克的著作《管理品牌资产》于1991年出版之后，品牌资产就成为营销研究的热点内容。品牌资产，也称作品牌权益，在中文语境中，通常用"品牌资产"（而不是品牌权益）指代Brand Equity。品牌资产是与品牌、品牌名称和标志相联系，能够增加或减少企业所销售产品或服务价值的一系列资产与负债。有人认为品牌资产主要包括五个方面：品牌忠诚度、品牌认知度、品牌感知质量、品牌联想、其他专有资产（如商标、专利、渠道关系等），这些资产通过多种方式向消费者和企业提供价值。品牌战略专家翁向东则认为，品牌资产除了包括上述几个方面内容以外，还应包括品牌溢价能力、品牌盈利能力。在品牌资产金字塔中，最终能够为品牌拥有者带来丰厚的利润、获取更多市场份额的便是品牌忠诚度和品牌溢价能力这两大资产。品牌忠诚度和品牌的溢价能力属于结果性的品牌资产，是伴随品牌知名度、认可度、品牌联想创建后的产物。

本书认为，品牌资产是与品牌属性相联系，能够增加或减少企业所销售产品或服务价值的一系列资产与负债。形成品牌资产的要素包括知名度、指名度、接受度、偏好度和忠诚度。品牌资产不能脱离品牌的核心价值，这种核心价值就是品牌对顾客本质需求的满足。

知名度是品牌资产的首要要素，也是品牌价值的基本体现。如果一个品牌没有知名度，说明这个品牌还不具有品牌资产。因此，品牌管理的首要行动就是要在目标顾客圈中形成知名度。目标顾客圈中既包含目标顾客，也包含非目标顾客，但是这些非目标顾客可以影响目标顾客的需求。

指名度是品牌在顾客心目中形成的认知，而且这种认知能被顾客回忆和联想起来。品牌认知是顾客对品牌差异化的认识。指名度是品牌定位解决和考虑的问题。关于品牌认知的管理行动，同样应该是针对目标顾客圈，而不仅仅是目标顾客。

接受度是目标顾客对于这种品牌差异的接受程度。品牌接受度是品牌资产要素价值边际转换点。所谓边际这里有两层含义：一是指该点是品牌资产价值由隐性向显性转换的点；二是从此时开始每新增一单位目标顾客接受度，即可带来一单位的品牌资产价值效用。

偏好度是目标顾客对于这种品牌差异的喜好程度。品牌偏好带来了品牌资产价值乘数增值效应。品牌偏好是形成消费者再次和多次重复购买行动的前提。偏好的形成取决于品牌与顾客个性化需求的契合程度。一般来讲，对于品牌偏好管理所能做的主要是在品牌个性设计方面对顾客的满足，引导顾客偏好同样是一种品牌偏好管理的途径，但可能需要企业更多的努力和付出。

品牌忠诚度是指消费者在购买决策中，多次表现出来对某个品牌有偏向性的（而非随意的）行为反应。品牌忠诚是品牌偏好的结果延伸，消费者最终形成一种对品牌的信任、奉献和习惯的依赖行为。品牌忠诚是品牌管理最终的目标。

7.1.4 品牌关系

1992年，布莱克斯通根据人际关系交往的原理提出了"品牌关系"的全新概念，并认为品牌关系就是消费者对品牌的态度和品牌对消费者的态度之间的互动。这一概念不同于品牌满意、品牌忠诚、品牌个性等以往概念，而是借鉴人际关系研究的思路和成果来从品牌的角度研究关系营销，因而为品牌理论开拓了新的研究方向和创新思路。品牌关系管理是指企业努力建立、维持和增强其产品品牌与其顾客之间的关系，并且通过长期互动的接触和对承诺的履行来持续增强这种关系的一种管理方法。

传统品牌管理与品牌关系管理的指导思想有所不同。传统品牌管理的出发点或指导思想在于提供产品、吸引和争取顾客、每次交易价值的最大化及提升品牌资产，其与顾客之间的关系实质上是一种短期的交易关系。传统的品牌管理以产品和交易为中心，强调品牌资产。品牌关系管理则以顾客为中心，强调顾客资产。基于传统品牌管理的思想以品牌资产管理为核心，强调产品销售、吸引顾客和与顾客进行交易。而基于品牌关系的管理思想则以顾客资产管理为核心，强调顾客超过产品，强调关系超过交易，强调保持顾客超过吸引顾客。

品牌关系研究的一个基本假设是品牌与消费者关系类似于人与人之间的关系。品牌关系新概念引起了许多学者的研究兴趣，大量的人际关系理论成果被纳入品牌关系的研究当中，从而丰富了品牌关系理论体系的构建。根据现有文献，关系型态、关系阶段、关系评估是品牌关系领域三个最主要的研究课题。关系型态从静态角度研究经过品牌与消费者互动后所形成的种种关系类型，其研究目的是弄清关系是什么；关系阶段从动态角度研究品牌与消费者互动的过程，其研究目的是弄清关系是如何形成的；关系评估则属于效果评估的范畴，研究的是品牌与消费者互动的程度和质量，其研究目的是检验关系投入的成效。三个研究课题中，关系阶段研究已经比较成熟，这从所掌握的相关文献的结论类似性可以看出，而从关系型态和关系评估方面的研究由于研究角度不同而呈现出多样的研究成果。

相应地，对于品牌资产的价值评估，基于品牌关系角度也有新的发展。美国著名营销学者邓肯和莫里亚蒂（1999）前瞻性地指出，展望今日和未来，企业用以计算价值的单位不再是商品，取而代之的是品牌关系。而要想理解和管理品牌关系，首先必须对它进行描述和测量。现有的关系评估主要有两种方法：关系资产评估法和关系指标评估法。关系资产评估法主张从关系对企业和品牌的财务影响来评估品牌关系的强度，如CLV（顾客终生价值）、NPV（净现值）、关系盈利能力模型等；关系指标评估法则主张将品牌关系这个复杂的概念分解为若干维度和指标，或者逐个评估，或者将指标得分汇总，以达到评估的目的，如BRQ（品牌关系质量）、二因素论、八指标论等。相比之下，关系资产评估法更加复杂，主要用以衡量顾客对企业和品牌的长期价值；而关系指标评估法操作简单，用以衡量和指导品牌关系管理。

7.1.5 品牌价值

1997年，沃克·奇普（Walker Chip）首次使用品牌核心价值这一概念，认为它是品牌向消费者承诺的核心利益并代表着品牌对消费者的终极意义和独特价值，是一个品牌独一无二且最有价值的精髓之所在。其后的西方学者曾用品牌精华、品牌咒语、品牌代码、品牌精髓、品牌主题等词汇表示过这一概念。品牌核心价值（Core Value of Brand，CVB）是企业从自身品牌特征和品牌目标出发而理性确定的品牌终极追求及诉求。品牌核心价值是对品牌内涵最深层次的归纳，是企业进行品牌创新，提高品牌竞争力的重要基础。品牌核心价值是人们是否要购买某一品牌意愿的决定因素，核心价值是品牌的终极追求，是一个品牌营销传播活动的原点，即企业的一切价值活动（直接展现在消费者面前的是营销传播活动）都要围绕品牌核心价值而展开。品牌营销传播活动是对品牌核心价值的体现与演绎，并丰满和强化着品牌核心价值。

零点公司的品牌价值模型将品牌价值分为品牌价值内涵和品牌价值外延两个部分。品牌价值内涵是品牌价值的核心部分，反映了品牌的内在价值。品牌价值内涵实力的强弱会有效地影响消费者对品牌的忠诚度。品牌价值内涵包括情感和功能两个层面。功能层价值内涵包括功能利益和可感知质量。情感层价值内涵包括可感知的价值、个人联系度、社会特征、人格特征、历史传承等。品牌价值外延是可以通过广告、促销活动等手段有效提升的品牌价值部分。品牌价值外延通常包括品牌名称、品牌标志、广告语、形象使者、经营理念等，是品牌个性要素形成的重要因素。

品牌价值是品牌管理要素中最为核心的部分，也是品牌区别于同类竞争品牌的重要标志。迈克尔·波特曾提到：品牌的资产主要体现在品牌的核心价值上，或者说品牌核心价值是品牌精髓所在，它是靠品牌长期积累而形成的。品牌的价值包括顾客价值和自我价值两部分。品牌在顾客心目中的综合形象——包括其属性、品质、档次（品位）、文化、个性等，代表着该品牌的顾客价值。品牌在某一个时点的、用类似有形资产评估方法计算出来的金额，代表着品牌的自我价值。

7.1.6 品牌价值的评估

品牌价值评估不但可以量化具体品牌所具有的价值，还可以通过各个品牌价值的比较，从直观上了解品牌企业的状况，从某些侧面揭示出各个品牌所处的市场地位及其变动，以及揭示出品牌价值的内涵和规律，并且为企业实现以品牌为资本的企业重组扩张创造良好的舆论基础和社会基础。消费者更是通过品牌价值的影响，坚定自己对某些品牌的忠诚。投资者则是通过品牌价值的参考，决定自己的投资方向。品牌资产价值评估方法在理论界和实务界都存在许多争议，但一般分为三类：基于财务要素的品牌资产价值评估方法、基于消费者要素的品牌资产价值评估方法和基于市场因素的品牌资产价值评估方法。

1. 基于财务要素的品牌资产价值评估方法

（1）成本法。成本法将品牌价值看成获得或创建品牌所需要的费用的评估方法。成本法主要分为两种：一种是历史成本法，另一种是重置成本法。

历史成本法是完全基于财务数据的一种方法。该方法的优点是计算过程简单、明了。但缺点是由于企业对品牌的投入与产出的弱相关性，加上企业对品牌投资通常与整个投资活动联系在一起，因此很难将对品牌的投资单独剥离出来。另外，品牌成长是一个长期的过程，企业往往没有保存关于品牌投资完整的财务数据。所以，使用该方法对品牌价值进行评估，得出的数据往往会低估品牌的现实价值，会造成企业资产被低估，不利于企业的长远发展。

重置成本法是通过确定被评估品牌资产的重置成本减去各项贬值来评定品牌资产价值的一种评估方法。用公式可表示为：品牌资产的评估价值=品牌资产的重置成本×品牌成新率，品牌资产的重置成本=品牌账面原值×（评估时物价指数÷购置时物价指数），品牌成新率=剩余使用年限÷（已使用年限+剩余使用年限）×100%。由于重置成本法的原理简单，成本资料容易取得和掌握，在品牌资产价值的评估中，使用较为普遍。然而，采用重置成本法进行品牌评估具有很大的局限性：一是失效性贬值、功能性贬值和经济性贬值难以计算；二是没有考虑市场需求和经济效益的变化对品牌资产价值评估的影响。

（2）市场价格法。市场价格法是在市场上找出一个或几个与被评估品牌资产相类似的资产的近期交易价格，作为参照物与被评估品牌资产进行比较对照，在此基础上再按照一定要求对这些参照物进行修正，最后根据修正后的价值来确定被评估品牌资产的价格。市场价格法的理论依据是资产评估的"替代原则"。由于市场价格法是以替代原理为理论基础，以市场上实际的资产交易价格为评估基准，因此，只要有类似资产的交易实例，即可应用。

（3）股票市值法。股票市值法是由美国芝加哥大学的西蒙和苏里旺提出的。该方法的基本思路是：以上市公司的股票市值为基础，将有形资产从总资产中剥离出去，然后再将品牌资产从无形资产中分离出来。

（4）收益法。该方法的经济理论基础是预期原则和效用原则。采用该方法对品牌价值进行评估是指为了获得该品牌以取得预期收益的权利而支付的货币总额。采用该方法时，被评估品牌必须具备以下条件：一是被评估资产必须具有独立的、连续的预期获利能力；二是其预期收益可以合理地预测，并可以用货币计量；三是与品牌相关的预期风险和风险报酬也可以合理地估计出来。

2. 基于消费者要素的品牌资产价值评估方法

这类评估方法主要依据消费者对品牌各方面属性的认知和感受进行评价，评估结果可以反映出消费者对品牌真实的感受，反映了现在品牌资产理论越来越重视品牌与消费者关系的发展趋势。这类评估方法具有代表性的是品牌价值十要素（Brand Equity Ten）模型、品牌资产评估者（Brand Asset Valuator）模型。

（1）品牌资产十要素模型。戴维·阿克将品牌价值看作品牌力量，即衡量有关消费者对该品牌产品需求的状况。戴维·阿克认为，品牌资产由五项要素组成：品牌忠诚度、品牌知名度、品质认知、品牌联想和专有资产。后来在参考了 Y&R、Total Research、Interbrand 公司的研究成果后，戴维·阿克作了新的综合，提出了"品牌资产评估十要"的指标系统。该评估系统兼顾了两套评估标准：基于长期发展的品牌强度指标，以及短期性的财务指标。十个指标被分为五个组别，前四组指标代表消费者对品牌的认知：忠诚度、品质认知、联想度、知名度。第五组指标则是来自市场而非消费者的信息，指示两种市场的状况。

（2）品牌资产评估者模型。品牌资产评估者模型是由扬·罗比凯广告公司（Young & Rubicam）提出的。根据品牌资产评估者模型，每一个成功品牌的建立，都经历了一个明确的消费者感知过程。在调查中，消费者用以下四方面指标对每一个品牌的表现进行评估：①差异性，品牌在市场上的独特性及差异性程度；②相关性，即品牌与消费者相关联的程度，品牌个性与消费者适合程度；③品牌地位，即品牌在消费者心中受尊敬的程度、档次、认知质量及受欢迎程度；④品牌认知度，即衡量消费者对品牌内涵及价值认识和理解的深度。

3. 基于市场因素的品牌资产价值评估方法

（1）Interbrand 模型。英国的 Interbrand 公司是世界上最早研究评价品牌的机构，世界十大驰名商标就是由这一机构评选的。当一种品牌在出售时，应有其确定的价格将品牌作为一项无形资产，列在资产负债表上。根据这一思想，该公司设计出了衡量品牌价值的公式，其公式为：$E = I \times G$。其中，E 为品牌价值；I 为品牌给企业带来的年平均利润；G 为品牌强度因子。

（2）北京名牌资产评估事务所品牌资产评估法。北京名牌资产评估事务所参照《金融世界》的评价体系，结合中国的实际情况，建立起了中国名牌的评价体系。这一评价体系所考虑的因素主要有品牌开拓占领市场的能力（M）、品牌的超值创利能力（S）、品牌的发展潜力（D）。一个品牌的综合价值（P）可简单表述为公式：$P = M \times S \times D$。作为品牌的影子价格，品牌价值的量化分析，实际上是品牌市场竞争力的客观表现。

7.1.7 品牌价值创新

品牌价值创新，就是在一定的成本范围内，在不断改进产品、服务的基础之上，用新的品牌价值去满足顾客对原有产品或服务的更高价值目标的追求。品牌价值创新可以是更改品牌价值属性，也可以是赋予品牌全新的价值属性（如对现有品牌深度、广度和相关度的开发延伸，拓展品牌新的领域），还可以是企业通过品牌的新的经营策略，实现对品牌价值的管理和维护，达到品牌价值创造和价值增值的目的。

企业之所以要进行品牌价值创新，首先是因为通过品牌价值创新企业可以提高顾客感知价值。通过品牌价值创新，有助于顾客整理、加工有关品牌价值信息，简化顾客购买程序。通过品牌价值创新，能够增强顾客购买信心，提高忠诚度，降低购买风险。通过品牌价值创新，能够增加产品的形象价值，提高顾客心理情感价值，降低顾客对成本敏感程度。

其次是因为通过品牌价值创新可以为企业创造价值。通过品牌价值创新，能够增强顾客对相关产品广泛持久的信赖关系，增加重复购买的频率和购买种类。通过品牌价值创新，可以促进品牌声誉的价值溢出，促进品牌资产的扩张。通过品牌价值创新，可以建立竞争对手进入的有效屏障。

品牌价值创新最主要的任务就是提高品牌的差异化价值和品牌定位的创

新。品牌的价值关键体现在差异化价值的竞争优势上。常见的品牌价值差异化有：由产品的质量、性能规格、包装设计、样式等所带来的工作性能、耐用性、可靠性、便捷性等差别；增加由服务带来的品牌附加价值；塑造品牌联想和个性。而品牌定位则可以决定品牌特性和品牌发展动力。常见的品牌定位有品牌的差异性定位、品牌的竞争性定位。

7.1.8 品牌管理理论的发展

品牌理论大体经历了五个发展阶段，即品牌形象、品牌定位、品牌个性、品牌识别、品牌关系及品牌核心价值（见图7-2）。

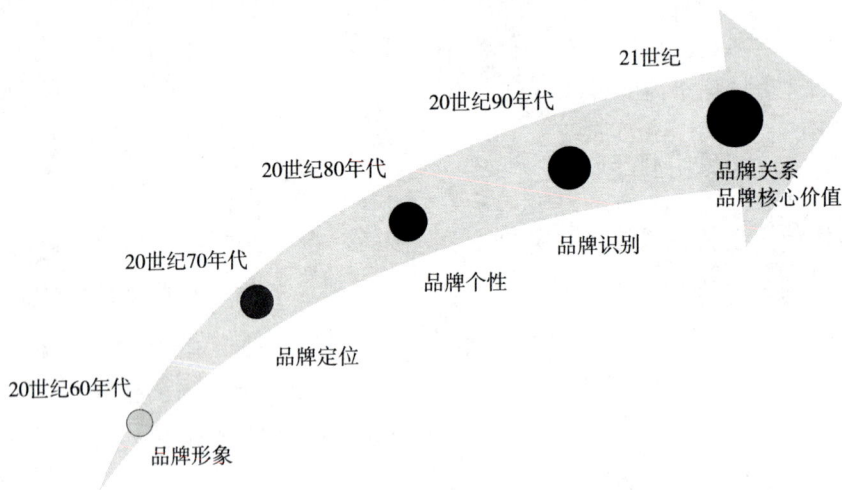

21世纪

20世纪90年代

20世纪80年代

品牌关系
品牌核心价值

20世纪70年代

品牌识别

品牌个性

品牌定位

20世纪60年代

品牌形象

图7-2 品牌理论的发展

1.品牌形象阶段

利维认为，品牌形象是存在于人们心目中的关于品牌各要素的图像及概念的集合体，主要是品牌知识及人们对品牌的主要态度。品牌形象论是大卫·奥格威在20世纪60年代中期提出的创意观念，是广告创意策略理论中的一个重要流派。在此策略理论影响下，出现了大量优秀的、成功的广告。他认为品牌形象不是产品固有的，而是消费者联系产品的质量、价格、历史等后形成的形象，此观念认为每一则广告都应该是对构成整个品牌的长期投资。因此，每一品牌、每一产品都应发展和投射一个形象。形象经由各种不同推广技术特别是广告传达给顾客及潜在顾客。消费者购买的不只是产品，还购买承诺的物质和心理的利益。在广告中诉说的产品的有关事项，对购买决策常比产品实际拥有的物质上的属性更为重要。

2.品牌定位阶段

品牌定位是品牌在消费者心目中找到一个合适的位置，强调寻找市场和消费者心理的空白点，目的在于与竞争对手品牌相区别。凯勒（Kellerr）认为一个品牌定位取决于四个因素：目标市场、竞争的性质、消费者的相同点和不同点联想。20世纪70年代艾·里斯和杰克·特劳特提出"定位"概念，在国外已被认为是进行广告策划的最基本的方法之一。所谓"定位"，就是把产品定位在你未来潜在的顾客心中，或者说是用广告为产品在消费者的心目中找出一个位置。这个位置一旦确立起来，就会使消费者在需要解决某一特定消费问题时，首先考虑某一品牌的产品。定位并不改变产品本身，而是要在顾客心中占领一个有利的地位。

品牌定位与产品定位不同。产品定位解决"如何和对手的产品不同"的问题，产品定位所涉及的产品功能、价格、属性、使用者等都可以单独加以定位并展开。品牌定位解决"如何与竞争对手在头脑中区隔"的问题，根据企业战略主导思想的不同，可以是品牌定位决定产品定位，也可以是产品定位决定品牌定位。今天，品牌定位有从产品功能诉求、品牌情感诉求过渡到品牌文化诉求、品牌个性诉求的趋势。

3.品牌个性阶段

品牌个性这个概念很早就有学者提出（加德纳和利维，1955），但一直以来，关于品牌个性理论的研究进展比较缓慢。自20世纪80年代，施吉（Sirgy）（1982）提出任何品牌或产品都应该具有个性，以及戴维·阿克（1997）运用心理学中的"大五"人格理论模型对品牌个性维度进行探索性研究以来，品牌个性已经成为营销学、心理学研究领域的焦点之一。品牌个性是品牌形象（品牌表现、品牌个性、公司形象）的一个重要构成维度，是消费者感知到的品牌所表现出来的个性特征，是消费者对品牌所联想到的人类特征。

1997年戴维·阿克提出品牌个性的五大维度分别为Sincerity（真诚）、Excitement（刺激）、Competence（胜任）、Sophistication（教养）和Ruggedness（强壮）。黄胜兵和卢泰宏（2003）阐释了中国的品牌个性维度为"仁、智、勇、乐、雅"。"仁"是同戴维·阿克等人研究的美国文化背景下的品牌个性维度中的 Sincerity 相对应的品牌个性维度，形容人们具有的优良品行和高洁品质，如务实、诚实、正直等；"智"是同西方的 Competence 相对应的维度，形容人们聪慧、沉稳、可靠和成功等品质；"勇"与 Ruggedness 较为相关，形容强壮、坚韧、勇敢等形象特征；"乐"比较具有中国特色，除包含了 Excitement 的含义以外，还具有表达积极、自信、乐观、时尚的含义；"雅"同西方研究中的 Sophistication 相应，涵盖了有品位、有教养等词汇，用来形容儒雅的言行风范和个性（见表 7-2）。

表 7-2　品牌个性词汇

维度		品牌个性层面		51 个品牌人格
Sincerity	纯真	Down-to-earth	务实	务实，顾家，传统
		Honest	诚实	诚实，直率，真实
		Wholesome	健康	健康，原生态
		Cheerful	快乐	快乐，感性，友好
Excitement	刺激	Daring	大胆	大胆，时尚，兴奋
		Spirited	活泼	活力，酷，年轻
		Imaginative	想象	富有想象力，独特
		Up to date	现代	追求最新，独立，当代
Competence	称职	Reliable	可靠	可靠，勤奋，安全
		Intelligent	智能	智能，富有技术，团队协作
		Successful	成功	成功，领导，自信
		Responsible	责任	责任，绿色，充满爱心
Sophistication	教养	Upper class	高贵	高贵，魅力，漂亮
		Charming	迷人	迷人，女性，柔滑
		Delicate	精致	精致，含蓄，南方
		Peacefulness	平和	平和，有礼貌的，天真
Ruggedness	强壮	Outdoorsy	户外	户外，男性，北方
		Tough	强壮	强壮，粗犷

4. 品牌识别阶段

品牌识别是由法国学者卡菲勒1992年提出的，卡菲勒认为品牌识别包含体格、个性、文化、关系、反映、自我形象，是组织希望能够创造和保持与品牌有关的理念、特质、承诺和事物。品牌识别指从产品、企业、人、符号等层面定义出能打动消费者并区别于竞争者的品牌联想，与品牌核心价值共同构成丰满的品牌联想。品牌识别也可以称为品牌拥有者期待着留在消费者心智中的联想。一个强势品牌必然有丰满、鲜明的品牌识别。科学完整地规划品牌识别体系后，品牌核心价值就能有效落地，并与日常的营销传播活动（价值活动）有效对接时，企业的营销传播活动就有了标准与方向。品牌识别既是基于品牌的一种本质属性而存在，同时也是一种识别动作行为的过程，其最终形成了品牌的形象。

5. 品牌关系及品牌核心价值阶段

1992年，布莱克斯通根据人际关系交往的原理提出了"品牌关系"的全新概念，并认为品牌关系就是消费者对品牌的态度和品牌对消费者的态度之间的互动。这一概念不同于品牌满意、品牌忠诚、品牌个性等以往概念，而是借鉴人际关系研究的思路和成果来从品牌的角度研究关系营销，因而为品牌理论开拓了新的研究方向和创新思路。品牌关系研究的一个基本假设是品牌与消费者关系类似于人与人之间的关系。品牌关系建立有三个重要途径：品牌承诺、品牌互动、品牌体验。

品牌承诺就是一个品牌给消费者的所有保证，如苹果公司的承诺为"人性化科技"。品牌互动（包括消费者之间的互动、品牌之间的互动、消费者与品牌之间的互动等）是品牌价值和品牌形象建立的主要途径，对品牌关系的形成具有重要影响。在互动过程中，消费者与品牌之间不断进行信息、情感等方面的交流，并在此基础上形成品牌关系；在互动过程中，品牌社群起到重要作用，为互动提供了场所和途径，成为近年来品牌关系研究的一个重要方面。品牌体验是消费者在品牌接触过程中对品牌相关刺激产生的直接或间接反应，包括个体体验和共享体验两类。品牌体验是品牌互动的一种重要形式。

从20世纪50年代起，西方学者已不再从符号和形象的浅表层面研究品牌问题，而把情感价值、品牌生态环境、品牌联想等概念引入品牌理论，为后来学者研究品牌核心价值奠定了基础。1997年，沃克·奇普首次使用品牌核心价值这一概念，认为它是品牌向消费者承诺的核心利益并代表着品牌对消费者的终极意义和独特价值，是一个品牌独一无二且最有价值的精髓之所在。品牌核心价值是对品牌内涵最深层次的归纳，是企业进行品牌创新，提高品牌竞争力与核心竞争力的重要基础。现在人们认为，企业的一切营销传播活动都要围绕品牌核心价值而展开。

7.1.9 基于品牌关系和价值的品牌管理

品牌需要管理，并且随着品牌价值的日益增长与显现，品牌管理已经成为企业管理领域的一个新的热点、一个时髦的概念。品牌管理就是建立、维护、巩固品牌的全过程。通过品牌管理有效监管控制品牌与消费者之间的关系，并最终形成品牌的竞争优势，使企业行为更忠于品牌核心价值与精神，从而使品牌保持持续竞争力。

就品牌管理的组织体系发展来看，先后产生过三个主要的品牌管理组织形式（制度），即业主或公司经理负责制、职能管理制、品牌经理制。业主或公司经理负责制，是指品牌的决策活动乃至很多组织活动，全部由业主或公司高层领导承担，只有那种低层次的具体活动，才授权下属去执行的一种高度集权的品牌管理制度。职能管理制，是指在公司统一领导协调下，品牌管理职能主要由公司各职能部门分担，各职能部门在各自的权责范围内行使权利、承担义务的品牌管理制度。品牌经理制度由宝洁公司首创，其基本原则是让品牌经理像管理公司一样来管理品牌。品牌经理不仅要关心新产品的开发、生产和销售，而且还要关心产品和产品线的发展，以期利用品牌知名度求得最大的经济效益。

关于品牌管理的方法和步骤，不同的管理者及咨询公司有不同的具体操作步骤和思路。但无论多么不同和复杂，基本包含三大步骤：品牌构建、品牌传播和品牌维护。基于品牌关系和价值的品牌管理就是在品牌管理三大步骤中紧紧围绕品牌价值和关系来进行。

1. 品牌构建

进行品牌构建，首先要分析并寻找目标市场。分析和寻找目标市场的过程可能包括头脑风暴估计市场需求、初步形成若干细分市场（基于如消费人群、区域、渠道、价格等）、评估合并相同特征的细分市场、为市场暂定名称、分析并明确市场的特点、对市场再次进行合并和精确、分析市场规模并估计收益。

　　针对备选的目标市场，把握消费者品牌价值需求。把握消费者品牌价值需求的过程主要包括识别同一细分市场的竞争对手、了解竞争对手的品牌价值内涵及核心价值、了解竞争对手的优劣势、明确竞争对手现在所处的地位、头脑风暴初步提出在各个维度可能的品牌定位、分析消费者还有哪些品牌诉求未被满足、对目标消费者文化特征分析、对目标消费者消费心理需求分析、对目标消费者情感需求标准描述。

　　基于分析对品牌进行定位。进行品牌定位时，一定要紧紧围绕品牌的核心价值并基于品牌其他价值内涵展开。在进行品牌定位时，一定要注意专度和广度。专度是品牌定位一定要有一个核心的定位不可失去焦点，广度是注意在专度的基础上适当有几个次焦点。如果没有次焦点的存在，可能会由于品牌太过"专"而缺乏适量的顾客。正如《卓越的神话》所认为的：一个要素出色，一个要素优秀，其他三个要素到达行业平均水平。定位不是创造某种新的、不同的事物，而是去操纵心智中已经存在的认知，去重组已存在的关联认知。定位重要的不是你想做什么，而是竞争对手允许你做什么。特劳特认为，当今企业处在一个媒体爆炸、产品爆炸、广告爆炸的时代，顾客心智备受骚扰，心智憎恨混乱，因此品牌定位一定要突出而简单。

　　建立完整的品牌识别系统。品牌识别除了包含品牌定位的内容外，还包括品牌形象的设计。品牌识别系统可能包括品牌定位（含品牌核心价值）、品牌名称、品牌标志、品牌说明、品牌口号、品牌承诺、品牌故事、品牌广告语/曲、品牌包装和人物形象、产品设计、品牌沟通设计、品牌规划等。品牌核心价值、品牌定位、品牌个性、品牌识别之间的关系见图7-3。

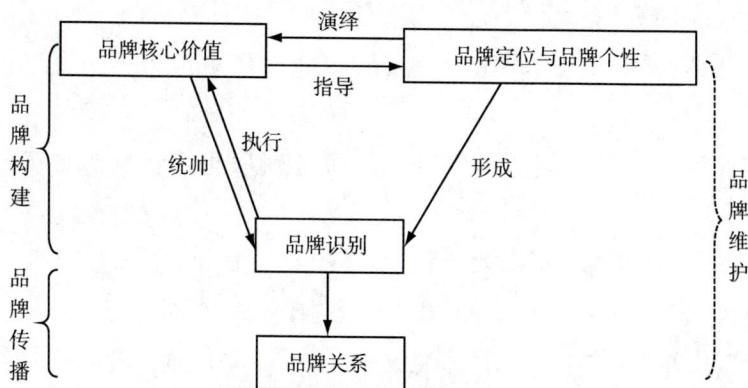

图7-3　品牌管理系统

2. 品牌传播

品牌传播就是企业以品牌的核心价值为中心，在品牌识别系统的整体框架下，选择广告、公关、销售、人际等传播方式，将特定品牌推广出去，建立品牌形象，促进市场销售。因此，基于品牌关系和价值的品牌传播就是企业以品牌的核心价值为中心，在品牌识别的整体框架下，建立品牌关系的过程。

（1）品牌接触。品牌接触是指一个消费者或预期顾客对品牌、产品目录或者与这种营销者们的产品或者服务有关的与该产品的接触体验。品牌接触的关键是选择品牌接触点。品牌接触点是指顾客有机会面对一个品牌讯息的情境。此接触点是品牌讯息的来源，包括主动接触与被动接触。管理品牌接触点的沟通活动包括：确认品牌接触点（时间、地点、行为、态度）；根据各品牌接触点的潜在影响力决定其优先顺序；判断哪些品牌接触点最能得到顾客的反馈；计算讯息控制成本，以及每一个品牌接触点收集顾客资料的成本；决定哪些接触点可以传达额外的品牌讯息，或能加强有意义的对话；针对核心接触点加强密集度；对接触点进行创意，扩大品牌接触点。常用的品牌接触点有广告、公关、展示、直效营销、促销、品牌互动等。

① 广告：
● 电视：全国性电视网、独立电视台、地方电视台；
● 广播媒体：全国性广播网、独立广播电台、地方广播；
● 全国性日报：版面广告、分类广告、夹报广告、特刊广告；
● 周刊报纸；
● 特殊受众报纸；
● 国际与全国性杂志；
● 消费性杂志：正规印刷广告、封面里/封底里广告、折页广告、谈话广告；
● 商业性杂志：正规印刷广告、封面里/封底里广告、折页广告、谈话广告；
● 户外广告：海报板块、油漆告示、巨型看板；
● 交通广告：车厢广告、车站广告、空中广告、车体广告；
● 小型户外广告媒体（如停车场收费器广告、垃圾桶广告、电话亭广告）；
● 特殊广告（如热气球、飞机喷字等）；

- 购物指南广告；

- 电话簿黄页广告；

- 特殊的查询指南广告；

- 互动式广告；

- 店内广告；

- 电影院广告；

- 录像带广告；

- 网络广告：网页、搜索引擎、链接、弹出广告、微博、博客、微信。

②公关：新闻发布、记者会、独家报道、访问、公众报道、公司形象广告、事件赞助、产品安插进入电影与电视情节中。

③展示：店头样品、店头演示、店头张贴、展会。

④直效营销：直接邮购、目录、电话营销、打进来、打出去、直接回应广告、广播直接回应广告、一分钟广告、信息广告、印刷媒体、新电子媒体、电视购物（家庭购物频道）、录像带营销（电子购物）、直接销售、一对一销售、组群销售。

⑤促销：折价券、印刷折价券、电子折价券、样品赠送、礼品赠送、免费礼品（如咖啡罐的包装内赠送一瓶小奶精）、自我清算的礼品（只向客户提供，按准成本价购买的相关产品）、竞赛与抽奖、优惠包装、价格折让买卖。

⑥品牌互动：体验店、品牌评价、品牌调查、品牌体验、品牌论坛、客户建议箱、品牌组织。

（2）经销商支持。企业除了进行直接品牌接触外，还可以通过对经销商的支持进行间接的品牌传播。对经销商的支持包括销售竞赛、交易津贴、购买津贴、促销津贴、累计津贴、店内陈列和购买点材料、培训计划、商展、合作广告等。

3. 品牌维护

品牌维护是指企业针对外部环境的变化给品牌带来的影响所进行的维护品牌价值、品牌关系的一系列活动的统称。品牌维护有利于巩固品牌的市场地位，保持和增强品牌生命力，预防和化解危机，抵御竞争品牌。在竞争市场中，竞争品牌的市场表现将直接影响到企业品牌的价值。不断对品牌进行维护，能够在竞争市场中不断保持竞争力。同时，对于假冒品牌也会起到一定的抵御作用。品牌维护的内容包括品牌强化、品牌保护、品牌危机管理和品牌创新。

为了避免品牌随着时间的推移而弱化，品牌管理者可以通过品牌的强化策略来维护与加强品牌价值与关系。品牌强化要在保持品牌战略定位的基础上，不断进行品牌跟踪与诊断，进行品牌评估，针对品牌弱化问题不断强化品牌，适当进行品牌延伸。

品牌保护就是对品牌的所有人、合法使用人的品牌实行资格保护措施，以防范来自各方面的侵害和侵权行为，促使品牌的保值和增值。品牌保护包括品牌的法律保护、品牌的经营保护和品牌的自我保护。

品牌危机管理就是要做好品牌危机的防范意识，及时化解和处理品牌危机，恢复品牌的活动。

品牌创新就是在一定的成本范围内，在不断改进产品、服务的基础之上，用新的品牌价值去满足顾客对原有产品或服务的更高价值目标的追求。品牌价值创新可以是更改品牌价值属性，也可以是赋予品牌全新的价值属性（如对现有品牌深度、广度和相关度的开发延伸，拓展品牌新的领域），还可以是企业通过品牌的新的经营策略，实现对品牌价值的管理和维护，达到品牌价值创造和价值增值的目的。

7.1.10 品牌战略

品牌战略就是公司将品牌作为核心竞争力，以获取差别利润与价值的企业经营战略。品牌战略是企业实现快速发展的必要条件。品牌战略管理内容一般包括品牌化决策、品牌模式选择、品牌识别界定、品牌延伸规划、品牌管理规划与品牌远景设立六个方面的内容。品牌战略管理的内容除了包括品牌管理的一般内容外，更注重品牌生命周期的变革与创新管理，包括品牌模式的选择（单一品牌多元化的多品牌、联合品牌、主副品牌等）、品牌延伸策略、品牌国际化、品牌发展等。

7.2 营销管理

7.2.1 营销及营销管理的概念

关于营销的定义，不同时代、不同的人有不同的看法。美国市场营销协会

（AMA）（2004）认为，营销是一项有组织的活动，它包括为顾客创造、沟通和传递价值，以及维系和管理顾客关系，从而使公司及其利益相关者受益的一系列过程；营销管理是选择目标市场，通过创造、传递和沟通更高顾客价值而获得、维系和发展顾客的艺术和科学。营销管理的实质是需求管理，即对需求的水平、时机和性质进行有效的调解。

市场营销的思想起始于20世纪初的美国，当时经济学的研究正处于巅峰时期。美国西北大学教授菲利普·科特勒在美国市场营销协会成立50周年的纪念大会上曾经说过："经济学是营销学之父。"科特勒认为，营销是个人和集体通过创造，提供出售，并同别人自由交换产品和价值，以获得其所需所欲之物的一种社会过程。其管理体系包括：①分析营销机会；②设计营销战略；③确立市场供应品；④管理和传播营销方案。科特勒在2006版《营销管理》一书中又提出了"Holistic营销"（全面营销）理论，"Holistic营销"涉及四个方面的内容：关系营销、整合营销、内部营销、社会责任营销。

本书认为，营销就是发现、创造并满足顾客需求，发掘并传递顾客价值，促进价值交易的活动。顾客需求与顾客价值是营销学中最为核心的概念。

7.2.2 需要、需求与欲求

在营销学中，需要、需求和欲求是最基本、最核心的概念。科特勒认为，营销学主要是辨别和满足人类和社会的需要，对营销学所作一个最简短的定义就是"有利益地满足需要"。需求由需要发展而来，是消费者对所需之物价值与支付的平衡，即顾客愿意且能够支付得起的所需之物。需要是一种客观上的满足，而需求不仅包含客观上的满足，且更多包含了消费者主观精神上的满足，需要是需求的"物质"基础。欲求是消费者具有十分强烈的购买欲望的需求，是在需求基础上进一步的主观精神满足。满足顾客需求是营销的核心关注点，按照不同的视角需求具有不同的分类。

1.按照产品供应和满足分类的需求

需求按照产品供应和满足类别可以分为八类：负需求、无需求、潜在需求、下降需求、不规则需求、饱和需求、过度需求和不健康需求。研究需求的产品供应和满足类别对于营销而言的主要意义在于从宏观上识别和预测市场机会及其大小，或者根据需求的变化采取营销修正策略（见表7–3）。

表7-3　按供应及满足的需求分类

	描述	营销意义
负需求	负需求是指全部或大部分顾客对某种产品或劳务不仅不喜欢，甚至有厌恶情绪	在此情况下，市场营销的任务是分析市场为何不喜欢这种产品，研究如何经由产品再设计、改变产品的性能或功能、降低价格和正面促销的市场营销方案来改变市场的看法和态度，即扭转人们的抵制态度，实行扭转性营销措施，使负需求变为正需求
无需求	无需求是指市场对某种产品或劳务漠不关心。无需求通常是针对新产品和新的服务项目，人们因不了解而没有需求；或者是非生活必需的装饰品、赏玩品等，消费者在没有见到它们时也不会产生需求	市场营销的任务就是要设法把产品能带来的利益和价值同人们的自然需要和兴趣结合起来，以引起消费者的关注和兴趣，刺激需求，使无需求变为正需求，即实行刺激性营销
潜在需求	潜在需求是指多数消费者暂未表现出购买意愿的需求	市场营销的任务就是估量潜在市场的大小和发展前景，努力开发新产品，设法提供能满足潜在需求的产品和劳务，变潜在需求为现实需求，实行开发性营销
下降需求	人们对一切产品和劳务的兴趣和需求，总会有发生动摇或下降的时候	市场营销者必须分析市场衰退的原因，决定是否通过构筑新的目标市场，改变产品特色，或者采取更有效的营销组合再刺激需求。市场营销的任务是设法使已下降的需求重新回升，使人们已经冷淡下去的兴趣得以恢复，即实行恢复性营销
不规则需求	许多产品和劳务的需求是不规则的，即在不同时间、不同季节需求量不同	市场营销的任务是设法调节需求与供给的矛盾，通过灵活定价、促销和其他激励措施，并寻找改变需求时间模式的方法，使供求趋于协调同步，即实行同步性营销
饱和需求	饱和需求是指当前市场对企业产品或劳务的需求在数量上和时间上同预期的最大需求已达到一致。但是，饱和需求状态不会静止不变，而是动态的，它常常由于两种因素的影响而变化：一是消费者偏好和兴趣的改变，二是同行业者的竞争	营销任务是设法保持现有的需求水平和销售水平，防止出现下降趋势。这就要求企业必须保持或改进产品质量、不断估计消费者需求的满足程度与企业生产经营之间的关系，努力做好营销工作，即实行维护性营销。主要策略是保持合理售价，稳定推销人员和代理商，严格控制成本费用，进一步搞好售后服务等

续表

描述	营销意义
过度需求	过度需求是指市场对某种产品或劳务的需求量超过了卖方所能供给和所愿供给的水平，这可能是暂时性缺货，也可能是价格太低，还可能是由于产品长期过分受欢迎所致	在这种情况下，应当实行限制性营销。限制性营销就是长期或暂时地限制市场对某种产品或劳务的需求，通常可采取提高价格、减少服务项目和供应网点、劝导节约等措施。实行这些措施是难免要受到反对的，营销人员要有充分的思想准备和应对措施
不健康需求	不健康需求的产品将引起有组织的抵制消费活动，如对烟、酒的需求	营销的任务是劝说人们放弃这种爱好，采用的手段有宣传它是有害的信息、大幅度提价和减少供应

2. 按照现实需求的分类

与潜在需求相对的是现实需求，它是指消费者意识到的，并表现出购买意愿的需求。现实需求反映一定时期内市场容量的大小。现实需求包含的类型主要有有效需求、无效需求、刚性需求和欲求。如果说识别潜在需求的营销意义在于识别和预测市场机会及其大小，那么识别现实需求的营销意义在于有效和高效利用现有市场。

有效需求一般是一个宏观经济学概念，指预期可给雇主（企业）带来最大利润量的社会总需求，亦即与社会总供给相等从而处于均衡状态的社会总需求。这里所指有效需求是指市场上存在，且消费者具有购买意愿的需求；无效需求是指市场上暂不存在，但消费者具有购买意愿的需求。识别无效需求的营销意义在于帮助企业开发新的产品，在一定程度上有效利用现有市场。

刚性需求，指商品供求关系中受价格影响较小的需求。绝对的刚性需求是那些不论价格高低都必须要购买的产品需求。刚性需求一般是一些常用的生活必需品（真实需求），但是通过社会政治、经济、文化等手段，随着人们需求层次的变化，一般（弹性）需求在社会政治和技术控制下"强迫性消费"（虚假需求）❶，经培养而形成刚性需求。了解刚性需求及其形成原理，对营销的意义在于帮助企业开发新的产品，高效利用现有市场，牢牢控制价格，降低营销成

---

❶ 马尔库塞认为，真实需求是人在生活中维持生活必需的需求，在统治阶级立场下的需求是虚假需求。

本，促进销量。

欲求是消费者具有十分强烈的购买欲望的需求，这种需求与刚性需求类似，消费者对价格不敏感，需求程度十分高。与刚性需求的被动需求不同，这种需求是消费者真正的、发自内心的甚至是令人愉悦的主动需求。

为了便于区分有关现实需求的这几个概念，现将它们之间的关系总结如下（见图7-4）。

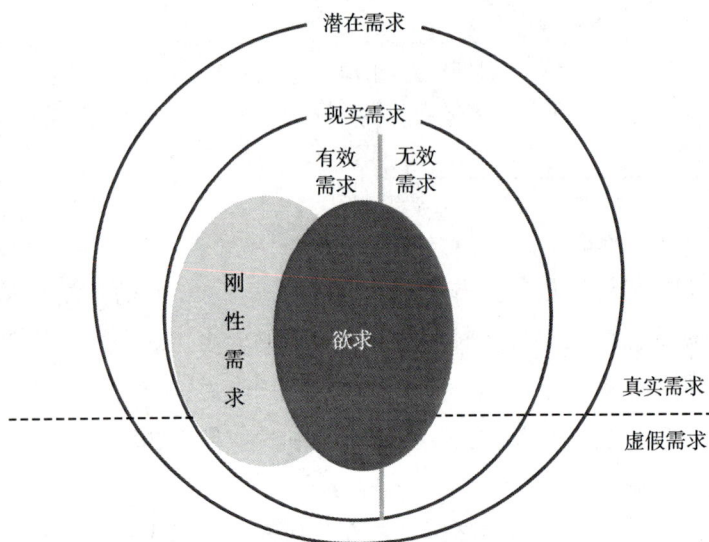

图7-4 现实需求分类

3. 按照需求层次分类的需求

马斯洛需求层次理论，亦称"基本需求层次理论"，是行为科学的理论之一，由美国心理学家亚伯拉罕·马斯洛于1943年在《人类激励理论》论文中所提出，常被现代企业应用到员工激励方法当中。马斯洛理论把需求分成生理需求、安全需求、爱和归属感（亦称为社交需求）、尊重和自我实现五类，依次由较低层次到较高层次排列（见图7-5）。在自我实现需求之后，还有自我超越需求，但通常不作为马斯洛需求层次理论中必要的层次，大多数会将自我超越合并至自我实现需求当中。这一理论不仅对于企业内部组织激励具有重要意义，同样对于组织营销也具有十分重要的借鉴价值。马斯洛需求层次理论建立了如下假设。

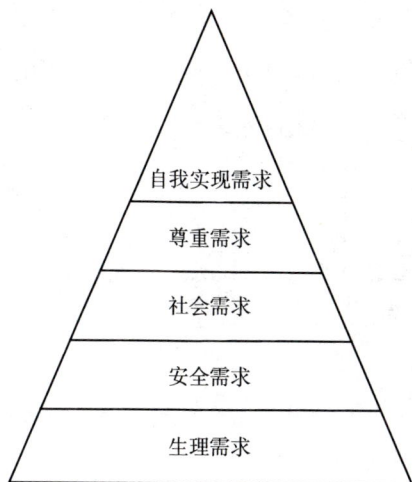

图7-5　马斯洛需求层次分类

（1）五种需要像阶梯一样从低到高，按层次逐级递升，但这样的次序不是完全固定的，可以变化，也有种种例外情况。

（2）需求层次理论有两个基本出发点。一是人人都有需要，某层需要获得满足后，另一层需要才出现。二是在多种需要未获满足前，首先满足迫切需要，该需要满足后，后面的需要才显示出其激励作用。

（3）一般来说，某一层次的需要相对满足了，就会向高一层次发展，追求更高层次的需要就成为驱使行为的动力。相应地，获得基本满足的需要就不再是一股激励力量。

（4）五种需要可以分为两级，其中生理上的需要、安全上的需要和感情上的需要都属于低一级的需要，这些需要通过外部条件就可以满足；而尊重的需要和自我实现的需要是高级需要，它们是通过内部因素才能满足的，而且一个人对尊重和自我实现的需要是无止境的。

（5）同一时期，一个人可能有几种需要，但每一时期总有一种需要占支配地位，对行为起决定作用。任何一种需要都不会因为更高层次需要的发展而消失。各层次的需要相互依赖和重叠，高层次的需要发展后，低层次的需要仍然存在，只是对行为影响的程度大大减小。

马斯洛需求理论的意义在于帮助企业开发新的产品，指导品牌与营销关系的建立，进行市场细分，增加顾客需求价值，提高消费者满意度，高效利用现有市场。

4.按照产品消费过程分类的需求

购买者一般对商品的消费要经历六个阶段，分别是购买、配送、使用、修配、保养、抛弃。在这六个阶段中，购买者都有不同的需求。这些需求内容主要有效率、简单、方便、风险、乐趣、环保（见表7-4）。效率是指顾客能够快捷地得到高质量的产品或服务；简单是指消费者可以自己操作，不需要对消费者太多培训和有太多技术等要求；方便是指能够在最短距离、最短时间获得，不须消费者专门费心；风险是指消费者风险最小化，包括生命安全、财产安全、荣誉道德安全等；乐趣是消费者能够体验到的其他快乐；环保是符合节能降耗，减少环境污染。该需求分类的营销意义在于进行服务质量的设计，进行顾客价值的创新，有效和高效实现营销，提高客户满意度。

表7-4 产品消费过程需求分类

	1. 购买	2. 配送	3. 使用	4. 修配	5. 保养	6. 抛弃
效率						
简单						
方便						
风险						
乐趣						
环保						

7.2.3 顾客价值与顾客满意

早在1954年，德鲁克就指出，顾客购买和消费的绝不是产品，而是价值。顾客价值是顾客通过购买商品所得到的收益和顾客花费的代价（购买成本和购后成本）的差额。蔡特哈姆尔（Zeithaml）在1988年从顾客角度提出了顾客感知价值理论，她将顾客感知价值定义为：顾客所能感知到的利得与其在获取产品或服务中所付出的成本进行权衡后对产品或服务效用的整体评价。其实对于营销而言，研究顾客感知价值更具有意义。顾客感知价值是顾客满意的基础，顾客感知价值越大，顾客满意度就越高。满意度决定顾客对产品的再次购买，并决定产品的品牌价值。

扬克（Jeanke）、罗恩（Ron）、恩诺（Onno）从供应商和顾客两个角度，基于顾客价值的动态性研究，描述了随着业务发展，价值从一个模糊的概念到市场上的具体产品的整个过程（见图7-6）。对供应商而言，供应商依据的是他所感觉到的顾客需求及企业本身的战略、能力和资源，形成"想提供的价值"的概念。由于企业条件或产品开发与市场脱节等原因，企业以"想提供的价值"为基础，设计出以具体产品或服务为载体的"设计价值"，两者之间存在"设计差距"。对顾客而言，顾客从自身角度出发希望获得的是"想得到的价值"。由于社会环境、科技的发展程度等客观因素的限制，市场上提供的产品不可能与顾客想得到的价值完全吻合，因此存在"折中差距"和顾客的"期望价值"。由于供应商与顾客之间存在对于顾客需求的不对称信息，或是企业在顾客需求调查过程中，过多地掺杂了企业自身的思想，对顾客需求的分析未必客观准确，所以"想提供的价值"与顾客"想得到的价值"之间存在"信息差距"。顾客的主观性价值感知，使"期望价值"与"设计价值"间出现"感知差距"。当顾客使用产品后，"所得到的价值"与"期望价值"之间的差距为"满意差距"。通过缩小各个差距，企业就可以提供真正为顾客所需的价值。研究该模型的营销意义如下。

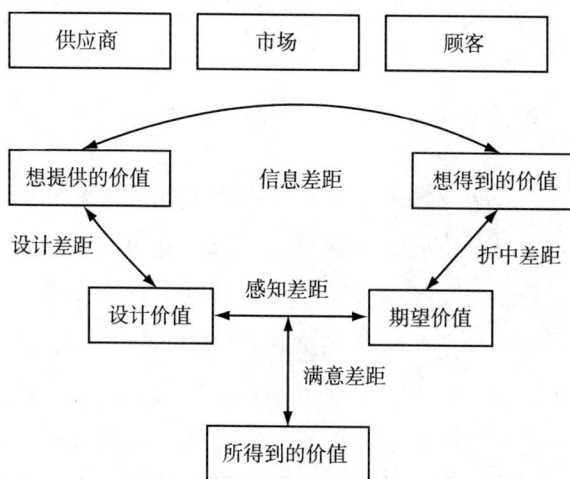

图7-6　顾客价值实现模型

（1）抛弃竞争的因素，顾客对于产品的接受价格与顾客期望价值有关，顾客期望价值越高，顾客对产品的期望价格越高。因此，基于顾客价值定价不是产品的实际价值，而是顾客期望价值。

（2）产品营销价值信息传播中，过度宣传会造成顾客期望价值的提高，尽管利于高定价，但会损害顾客满意，相反亦然；会导致顾客感知差距，进而影响顾客期望价格。

（3）设计价值可能大于也可能小于顾客感知价值，因此营销要重点挖掘顾客的感知价值，而不是一味关注设计价值。

（4）不要把顾客看得太挑剔，顾客期望价值比想要的要低。

基于这一模型，温格兰（Weingand）将顾客价值划分为四个层次，即基本的价值、期望的价值、需求的价值和未预期的价值，各个层次都对应不同的顾客价值。与马斯洛需求层次相似，四种需要像阶梯一样从低到高，按层次逐级递升；某层价值获得满足后，另一层获得价值才迫切需要。研究顾客价值层次理论的意义在于，在同样成本下，满足顾客感知的未预期价值能获得更高的顾客满意度，依次为需求价值、期望价值和基本价值（见图7-7）。

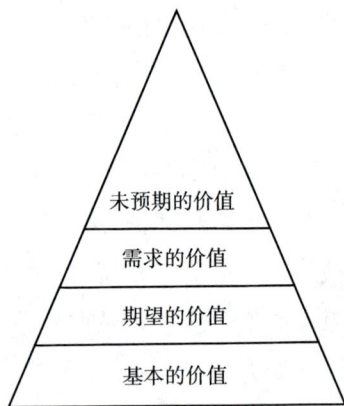

图7-7　顾客价值层次

7.2.4 顾客价值创新

价值创新是美国战略专家理恩·莫博杰恩最先提出来的概念，是指企业使自己的价值链与竞争对手不同，另辟蹊径，绕开竞争，达到无竞争的境界。通过价值创新，企业可以实现超额价值，价值创新是超竞争理念的具体化。在竞争越来越激烈的市场中，企业既不愿意企业之间直接对抗，又想要创造超额价值，所以最好的办法是将目光更多地关注在顾客身上，即创新顾客价值。顾客价值创新需要企业从价值层次的角度为顾客提供具有最大价值创新的产品和服务。顾客价值创新的成功与否，不仅在于新价值能满足顾客数量的多少，而更在于顾客对新价值需求程度的高低。一般而言，顾客价值创新包括价值识别和价值创新两大内容。

价值识别就是识别顾客价值曲线。顾客所需的某种产品或服务包含若干要素，一个产品、一种服务是由一组要素构成的。不同的顾客对每个要素的需求程度是不同的，将不同要素点在市场中的竞争力大小连起来，即成了某一个顾客或顾客群对某一产品或服务的特定价值曲线（见图7-8）。通过价值曲线，企业可以直观地了解公司产品的特点及其市场竞争力。

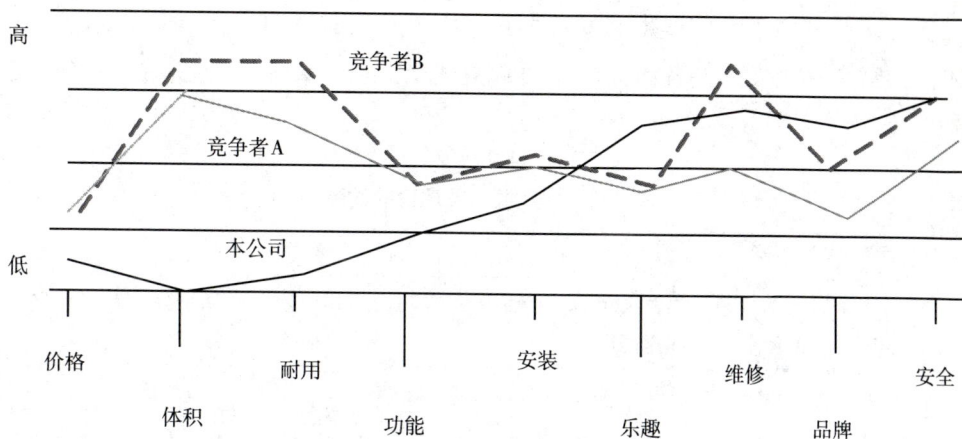

图7-8 价值曲线

价值创新就是在价值曲线基础上，通过剔除、减少、增加、创造四个步骤实现顾客价值的创新增值（见图7-9）。剔除就是要剔除在行业长期竞争中攀比的因素，这些因素已不再具有价值，甚至降低了价值。减少就是要考虑产品或服务是否过度设计，是否超过了实际所需要。增加就是要对顾客具有重要价值而被忽视的内容进一步强化。创造就是要发现顾客价值的新来源，以创造新的满足。

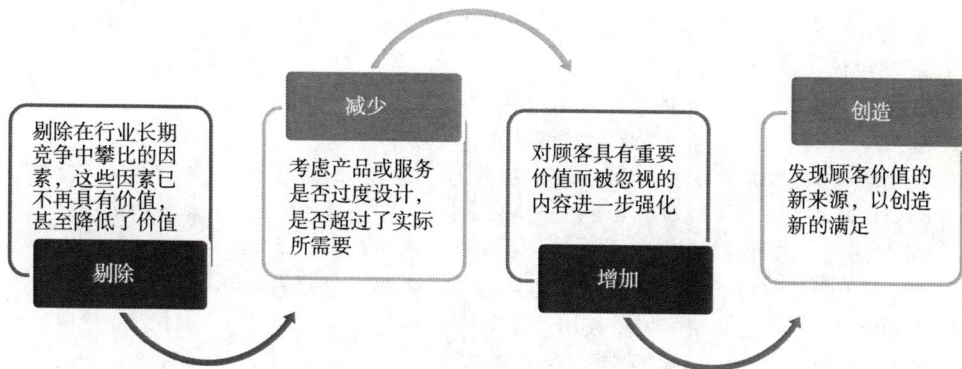

图7-9 价值创新步骤

7.2.5 营销管理理论的演进

自20世纪初市场营销的思想产生以来，有关营销的概念、理论、工具、方法层出不穷。从第二次世界大战以后，每个年代对于营销的概念和理论都有新的发展，这些营销理论的产生和发展都具有历史发展的时代特征。大体上讲，各时代的营销理论发展及各阶段的主要营销概念、观念、理论、方法如下（见表7-5、表7-6）。

表7-5　营销概念及理论的发展

年代	概念及理论
第二次世界大战后的20世纪50年代	营销组合、产品生命周期、品牌形象、市场细分、营销观念、营销审核
腾飞的20世纪60年代	4P理念、营销近视症、生活方式、营销概念的拓宽
动荡的20世纪70年代	社会营销、定位、战略营销、社会性营销、宏观营销、服务营销
迷茫的20世纪80年代	营销战、内部营销、全球营销、本地营销、直接营销、关系营销、大市场营销
一对一的20世纪90年代	顾客关系营销、体验营销、赞助营销、营销道德
利润导向的21世纪初	互联网络营销、ROI营销、品牌营销、顾客资产营销、社会责任营销、绩效营销

表7-6　营销相关的具体模式与方法的发展

数据分析	数据收集	营销案例和模拟	营销模型
● 因果模型 ● 加权信赖模型和因果属性 ● 贝叶斯分析 ● 信度和效度检验 ● 响应函数 ● 边际分析和线性规划 ● 多维标度和态度测量 ● 预测 ● 经济计量 ● 时间序列分析 ● 权衡分析和联合分析 ● 方差分析 ● 多元因变量法 ● 多元自变量法	● 市场调研 ● 焦点访谈、深度访谈 ● 试验和面板设计 ● 动机研究和投射技术 ● 假设形成理论和显著性检验 ● 心理统计特征及活动、兴趣、选择学习 ● 不受察觉变量、反应潜伏期、不受察觉行为 ● 生理学技术 ● 概率抽样 ● 互联网调查	● 模拟和市场对策 ● 电脑辅助营销案例研究	● 广告 ● 销售管理模型 ● 新产品模型 ● 产品计划、感知器、存储器 ● 拍卖定价模型 ● 随机品牌选择 ● 市场份额模型 ● 品牌评估模型

7.2.6 整合营销管理理论

自1960年杰罗姆·麦卡锡首次将企业的营销要素归结为四个基本策略的组合以来，营销组合理论在不断发展，经历了从4P到4C，再到4R和4V的过程（见表7-7），目前已经发展到了P+R+S+V组合。

表7-7　营销组合理论发展

	4P组合	4C组合	4R组合	4V组合
营销理念	生产者导向	消费者导向	竞争者导向	持续竞争导向
营销模式	推动型	拉动型	供应型	伙伴型
满足需求	相同或相近需求	个性化需求	感觉需求	效用需求
营销方式	规模营销	差异化营销	整合营销	体验营销
营销目标	满足现实的、具有相同或相近的顾客需求，并获得目标利润最大化	满足现实和潜在个性化需求，培养顾客忠诚度	适应需求变化，并创造需求，追求各方互惠关系最大化	满足顾客追求个人体验和价值最大化
营销工具	4P	4C	4R	4V
顾客沟通	"一对多"单向沟通	"一对一"双向沟通	"一对一"单向沟通或合作	"一对一"外部合作
投资成本和时间	短期低，长期高	短期较低，长期较高	短期高，长期低	短期高，长期极低

1. Ps营销组合

4P　杰罗姆·麦卡锡于1960年在其《基础营销》一书中第一次将企业的营销要素归结为四个基本策略的组合，即著名的4Ps理论：产品（Product）、价格（Price）、渠道（Place）、促销（Promotion），由于这四个词的英文字头都是P，再加上策略（Strategy），所以简称为4Ps。

6P　进入20世纪80年代，市场营销学在理论研究的深度和学科体系的完善上得到了极大的发展，市场营销学的概念有了新的突破。1986年，菲利普·科特勒在《哈佛商业评论》发表了《论大市场营销》，他提出了"大市场营销"概念，即在原来的4P组合的基础上，增加两个P："政治力量"（Political Power）、

"公共关系"（Public Relations）。

10P 后来，菲利普·科特勒又在6Ps基础上，增加了4P："探查"（Probing）、"细分"（Partitioning）、"优先"（Prioritizing）、"定位"（Positioning）。

13P 在10P基础上增加了"人员"（Participant）、"有形展示"（Physical Evidence）和"过程管理"（Process Management）。

2. 组合营销4C

1990年，美国学者罗伯特·劳朋特教授提出了与传统营销的4Ps相对应的4Cs营销理论。4Ps营销组合向4Cs营销组合的转变，具体表现为"产品"（Product）向"顾客"（Consumer）转变，"价格"（Price）向"成本"（Cost）转变，"分销渠道"（Place）向"方便"（Convenience）转变，"促销"（Promotion）向"沟通"（Communication）转变。4C理论将顾客需求理论应用到了营销学实践中，实现了营销由关注企业自身到关注顾客需求的转变。但是在应用4Cs理论时应注意其适用性。

（1）4Cs营销理论是顾客导向，而市场经济要求的是竞争导向，中国的企业营销也已经转向了市场竞争导向阶段，因此在竞争激烈的市场4Cs理论可能不太适应。

（2）4Cs营销理论虽然已融入营销策略和行为中，但企业营销又会在新的层次上同一化。不同企业至多是程度的差距问题，并不能形成营销个性或营销特色，不能形成营销优势，不能保证企业顾客份额的稳定性、积累性和发展性。

（3）4Cs营销理论以顾客需求为导向，但顾客需求有个合理性问题。顾客总是希望质量好、价格低，特别是在价格上要求是无界限的。只看到满足顾客需求的一面，企业必然付出更大的成本，久而久之，会影响企业的发展。所以从长远看，企业经营要遵循双赢的原则，这是4Cs需要进一步解决的问题。

（4）4Cs营销理论仍然没有体现既赢得客户，又长期地拥有客户的关系营销思想。没有解决满足顾客需求的操作性问题，如提供集成解决方案、快速反应等。

（5）4Cs营销理论总体上虽是4Ps的转化和发展，但被动适应顾客需求的色彩较浓。根据市场的发展，需要从更高层次以更有效的方式在企业与顾客之间建立起有别于传统的新型的主动性关系，如互动关系、双赢关系、关联关系等。

3. 组合营销4R

4R营销理论是由美国学者唐·舒尔茨在4Cs营销理论的基础上提出的新营销理论。4R分别指代"关联"（Relevance）、"反应"（Reaction）、"关系"（Relationship）和"回报"（Reward）。

4R营销以竞争为导向，在新的层次上提出了营销新思路。根据市场日趋激烈的竞争形势，4R营销着眼于企业与顾客建立互动与双赢的关系，不仅积极地满足顾客的需求，而且主动地创造需求，通过关联、关系、反应等形式建立独特的关系，把企业与顾客联系在一起，形成了独特竞争优势。

4. 组合营销4S

4S市场营销策略主要强调从消费者需求出发，建立起一种"消费者占有"的导向。它要求企业针对消费者的满意程度对产品、服务、品牌不断进行改进，从而达到企业服务品质最优化，使消费者满意度最大化，进而使消费者对企业产品产生一种忠诚。4S是指"满意"（Satisfaction）、"服务"（Service）、"速度"（Speed）和"诚意"（Sincerity）。

5. 组合营销4V

进入20世纪80年代之后，随着高科技产业的迅速崛起，高科技企业、高技术产品与服务不断涌现，营销观念、方式也不断丰富与发展，并形成独具风格的新型营销理念。在此基础上，国内的学者（吴金明等）综合性地提出了4V的营销哲学观。所谓4V是指"差异化"（Variation）、"功能化"（Versatility）、"附加价值"（Value）和"共鸣"（Vibration）的营销组合理论。

6. 组合营销P+R+S+V

由于以上营销模式各有优缺点，并且其适应范围不同，因此有学者进一步提出了P+R+S+V的组合营销模式。该模型认为在营销管理中要综合应用4P、4C、4R、4V、4S模式进行营销设计和管理（见图7-10）。

以满足市场需求为目标

产品（Product）　价格（Price）
渠道（Place）　促销（Promotion）

以满足顾客需求为目标

顾客（Consumer）　成本（Cost）
方便（Convenience）
沟通（Communication）

满意（Satisfaction）　服务（Service）
速度（Speed）　诚意（Sincerity）

以建立顾客忠诚为目标

关联（Relevance）　反应（Reaction）
关系（Relationship）　回报（Reward）

以提高企业核心竞争力为目标

差异化（Variation）　功能化（Versatility）
附加价值（Value）　共鸣（Vibration）

图7-10　P+R+S+V的组合营销模式

7.2.7 战略营销

所谓战略营销，是指以营销战略为主线和核心的营销活动。战略营销观念认为，营销必须提升到战略高度来认识，要用全局的、长远的观点来策划企业的营销活动。战略营销是20世纪90年代以来市场营销学科中的一个重要研究领域，它与企业经营资源之间有着密切关系。战略是企业对未来的选择，也是战略营销的出发点。战略营销的本质是站在竞争战略高度进行营销方案的策划和营销战略的制定，是涉及企业总体发展的全方位营销。战略营销管理是一种新的营销管理模式，是一种新的营销理论框架。战略营销管理是着眼于企业的长久生存，以竞争为企业发展的动力，以获取最终的消费者价值为目标，通过对战略环境的分析，不断培育企业的营销资源、营销能力与营销执行力，在战略营销竞争情报的支持下作出最适合于企业发展的战略决策。而以战略思维来看待，消费者与竞争对手正是决定企业获得长久竞争优势的关键所在。

1.战略营销的特征

（1）以市场为动力。传统营销的活动领域是企业现有产品与市场的组合，而营销战略则是将受顾客影响的经营战略与综合的市场为核心的各类活动结合起来，以此建立竞争优势。战略营销强调企业新产品和潜在的新市场。战略营销认为竞争优势源于顾客，既基于厂商所取得的顾客满意的程度，又基于厂商超越竞争对手的顾客满意水平的程度。战略营销包括旨在提供顾客满意的各种经营行动。

（2）注重环境的复杂多变性。经营环境的日益复杂和变化多端导致了具有监测市场和竞争对手的战略营销兴盛。由于外部因素改变了市场和竞争结构的组成方式和吸引力，而营销处于组织与其顾客、渠道成员及竞争的边缘，因此营销战略是战略规划过程的核心。战略营销提供的专门知识有利于监测环境、确定产品规格、确定竞争对手。

（3）以顾客满意作为战略使命的传统营销的对象是消费者，而战略营销的对象除此外还包括企业内外所有可能涉及的人员，如供应商、竞争者、公职职员、顾客等。战略营销思想认为取得顾客满意的关键在于将顾客的需要与组织的服务计划过程联系起来。

（4）围绕竞争优势的建立与发挥而进行传统营销的主导作用主要是创造、发展需求，而战略营销还要求调节不规则需求，甚至消灭某些不良需求，注重利用企业内外环境的资源和能力获得持续竞争优势。

（5）面向未来，注重长期目标，如市场份额、顾客满意或顾客忠诚。战略营销首先是通过战略规划来实现的，战略营销要求企业所有的营销决策与管理都必须带有战略性。企业必须根据自己在行业中的市场地位及市场目标、市场机会和可利用资源，制定本企业的营销战略。营销战略和营销计划是整个公司总体战略制定和规划的核心所在。

2.营销战略管理的内容

（1）营销组织模式。一般而言，营销组织模式包括按职能、产品、市场、顾客、地区等几种模式。

职能型营销组织是最常见的市场营销机构的组织形式，是在营销副总经理领导下由各种营销职能专家构成的职能型组织（见图7-11）。职能型组织的主要优点是管理简单，但是，随着产品的增多和市场扩大，这种组织形式会暴露出很大的缺点。由于没有一个人对一项产品或一个市场负全部责任，因而每项产品或每个市场制订的计划欠缺完整，使有些产品或市场就很容易被忽略。另外，各个职能部门为了各自利益也容易发生矛盾与纠纷。

图 7-11　职能型营销组织

地区型营销组织是企业按地理区域组织其营销人员。例如，许多公司把中国分成华东、华南、华北、西南四大区域，每个区域设一区域经理，区域经理根据所管辖省市的销售情况再设若干地区销售经理，地区销售经理下再设若干地方销售经理，每个地方经理再领导几位销售代表。这种模式明显增加了管理幅度，但在推销任务复杂、推销人员对利润影响很大的情况下，这种分层是很重要的。

市场型营销组织是企业把一条产品线的各种产品向不同的市场进行营销时采取的组织模式。如生产电脑的企业可以把目标客户按不同的购买行为和产品偏好分成不同的用户类别，设立相应的市场型组织结构（见图 7-12）。产品或品牌管理型组织并没有取代职能型管理组织，只不过是增加了一个管理层次而已。其基本做法是，由一名产品主管经理领导，下设若干个产品大类（产品线）经理，产品大类（产品线）经理下再设几个具体产品经理。

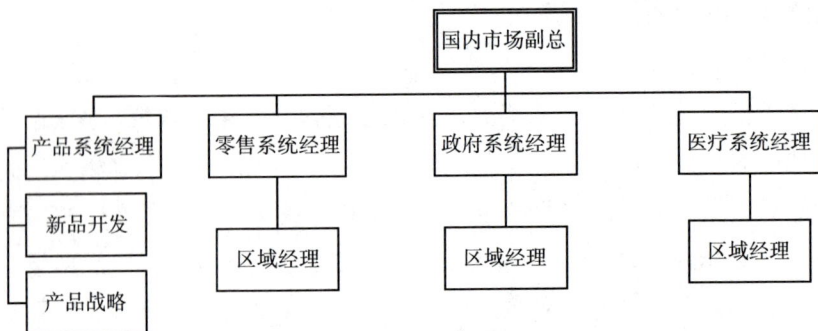

图 7-12　市场型营销组织

产品管理是由美国宝洁公司于 1927 年率先采用的。该组织优点是按照满足各类不同顾客的需求来组织和安排，能及时反映产品在市场上出现的问题，即使不太重要的产品也不会被忽视掉，有利于企业加强销售和市场开拓。缺点是需要同其他营销部门合作，存在权责不清和多头领导的矛盾，容易造成部门冲突，管理成本往往比预计的高，经理的流动导致该产品营销规划缺乏连续性，影响产品的长期竞争力。

产品—市场管理组织型是生产多种产品并向多个市场销售的企业，可以采用产品管理型，也可以采用市场管理型，还可以建立一种既有产品经理，又有市场经理的两维矩阵组织。该组织结构管理费用太高，而且容易产生内部冲突。

（2）产品。主要包括经营产品的类型、品种的选择，以及其功能与包装的开发与设计。营销部门少数情况下可能不是产品开发与设计的主导部门，但营销部门一定是极其重要的参与部门。营销部门的工作主要有进行环境分析、产品定位、市场细分、顾客需求及价值的分析与设计、制订产品战略营销计划等。在产品开发阶段，一定要紧紧围绕顾客需求和顾客价值，充分利用价值创新模式，开发新的产品，同时还应考虑未来竞争中的持续优势所在。在产品导入阶段营销的战略考虑主要是引导消费者认知和试用，增加顾客接触点。在产品成长阶段主要是不断改进产品，扩大产品长度和宽度，增加产品附加值。成熟期主要是设法延长产品生命，增加互补品，给产品增加精神文化内涵，改进营销组合，产品重新定位。衰退期主要是替代品的市场渗透及产品转让。

（3）市场。主要包括市场的识别、市场进入、市场转移和市场撤退的内容。市场识别主要是分析市场的机会和大小，市场风险，市场的细分。市场进入要考虑市场进入的时机，过早或过晚进入市场都不是最佳时机；同时要考虑市场进入的方法和手段，尤其是进入国际市场要考虑直接出口、间接出口、许可合同、合资、直接投资等。市场转移和撤退要考虑撤退哪些市场，向哪些市场转移。

（4）定价。价格在一定程度上决定顾客价值和顾客需求，因此价格是营销管理的重要内容之一。根据经济学理论，在完全竞争的市场中，企业对价格没有决定权，价格完全由市场供给和需求量来决定。因此在完全自由竞争的市场中，企业是价格的接受者。而对于具有垄断势力的市场，企业具有一定程度影响物品价格的能力，也就是说企业具有一定程度的价格决定权。在这种情况下企业的定价方法有三种：产量控制定价法、消费者剩余价值攫取法和自主价格。产量控制定价法是获得的价格是通过产品的边际成本和需求价格弹性，为获得利润最大化的极限价格，是企业制定价格的基础。消费者剩余价值攫取法是在产量控制定价法基础上，根据消费者对产品的偏好不同，不同的消费者对于同一商品的估计价值不同，对愿意购买同一商品的消费者收取不同的价格，归纳起来主要包括价格歧视、两部收费和捆绑销售❶。自主价格是产品不存在竞争时，企业根据产品的附加值决定价格的策略，主要有以下几类：低值低价策略、高值低价策略、高值高价策略和低值高价策略。

前面我们提到的定价方法是在只考虑消费者的情况下在静态情形下的价格理论，事实上，在现实世界中，由于竞争者的持续存在和不断的变化，如果竞争者的行为能影响到自己价格时，价格是会随时间的变化而不断变化的动态价格竞争，而对于垄断竞争的市场，企业具有一定的选择价格的权利，但是这种选择权利必须要考虑竞争对手的反应。事实上在考虑竞争者时，有三种竞争价格战略，分别为"价格领导""价格合作"和"价格反叛"❷。

（5）渠道。营销渠道包括信息传播渠道、分销渠道、服务渠道。营销渠道是商品和服务从生产者向消费者转移过程的具体通道或路径。营销渠道要考虑渠道的类型和结构。渠道类型包括直销、自建渠道、网销、代理销售等。营销渠道结构要考虑渠道中的层次数、各层次的密度和各层次的中间商种类。

（6）促销时机。促销要基于顾客购买消费习惯、社会文化、公司内外部环境变化选择时机，如市场供需、竞争对手行为。在有竞争对手参与的市场，一定要考虑促销可能遭致的竞争对手的反击。盲目开展促销，有可能遭致致命的打击，因此促销有些情况下应归入营销战略的范畴。

（7）战略营销资源和能力。企业战略营销资源和能力是能为公司带来持续的竞争优势，是那些有价值的、稀缺的、不能完全模仿的和难以替代的营销资源和能力。公司可能的战略营销资源有顾客、渠道、关系、平台、数据。公司可能的战略营销能力有顾客获得、市场开发、渠道建设、快速反应等能力。

（8）关键营销目标、指标、信息和数据。关键营销目标主要描述目标市场的规模、结构和行为、所计划产品的销量目标、市场份额目标、预期利润目

---

❶ 价格歧视指商品或服务的提供者在向不同的接受者提供相同等级、相同质量的商品或服务时，在接受者之间实行不同的销售价格或收费标准。两部收费指先向消费者收取一定数量的固定费用，然后再按消费数量向消费者收取使用费。捆绑销售也称为搭售，是共生营销的一种形式，是指两个或两个以上的品牌或公司在促销过程中进行合作，从而扩大它们的影响力。

❷ 价格反叛：一种与同行业其他经营者背道而驰的定价方法，是一种价格不合作策略。

标。关键战略营销指标主要包括市场占有率、美誉度、客户满意度、销售增长率等。关键营销信息和数据主要包括市场、顾客、竞争对手、宏观环境变化等。

（9）营销战略规划。营销战略规划的制定要在公司文化和战略指导下进行，营销战略主要是针对以上营销八个方面的通盘规划。有时营销战略与公司战略可能有交叉和重叠，有的公司营销战略就是公司战略，有的公司战略和营销战略有所区别。根据企业或产品生命周期的不同阶段，营销战略中关于产品的战略有三种思维模式，第一种是基于差异的蓝海战略思维，第二种是基于竞争的红海战略思维，第三种是基于生态建立的合作战略思维。

7.2.8 营销日常活动管理

（1）营销计划。这里所指的营销计划是在进行营销预测的基础上，设定销售目标额，进而为能具体地实现该目标而实施销售任务的分配作业计划。销售计划是各项计划的基础。销售计划中必须包括整个详尽的商品销售量及销售金额才算完整。除了公司的经营方针和经营目标需要详细的商品销售计划外，其他如未来发展计划、利益计划、损益计划、资产负债计划等的计划与实行，无一不以销售计划为基础。销售计划可以有年计划、季度计划、月度计划、周计划和日计划等。

（2）营销组织。这里所指的营销组织是在公司营销组织结构模式指导下，营销活动的具体组织安排，包括人员的组织以分工、职责和任务分配、资源分配与调度、进行营销控制和协调、人员薪酬及激励等工作。

（3）客户开发。客户开发工作是销售工作的第一步，通常来讲是业务人员通过市场扫街调查初步了解市场和客户情况，对有实力和有意向的客户重点沟通，最终完成目标区域的客户开发计划。客户开发尤其是要抓住大客户和关键客户。大客户是那些购买量大的客户。关键客户是那些能具有影响力的客户，包括公众人物、媒体人士、成功人士、消费领袖等。

（4）推销、促销。推销是想办法说服顾客购买产品的活动，推销有时与客户开发相联系，推销一般包括寻找顾客、推销接近、推销洽谈、处理推销障碍等。促销是指企业利用各种有效的方法和手段，使消费者了解和注意企业的产品、激发消费者的购买欲望，并促使其实现最终的购买行为。公司进行推销及促销时，一定要与品牌和产品定位结合起来，否则容易导致公司品牌的损害。

促销的方法有反时令促销法、独次促销法、翻耕促销法、轮翻降价促销法、每日低价促销法、最高价促销法、对比吸引促销法、拍卖式促销法。促销的方式有降价式促销、有奖式促销、打折式优惠、竞赛式促销、免费品尝和试用式促销、焦点赠送式促销、赠送式促销、展览和联合展销式促销、价格歧视促销法。

（5）产品交易、传递、使用及售后。具体内容可能包括合同的签订，货物运输，单据和文书的办理，验货执行，货物的安装、使用培训，售后服务及技术支持。

（6）顾客关系维系。顾客维系，是指供应商维持已建立的客户关系，使顾客不断重复购买产品或服务的过程。顾客维系是顾客关系管理的核心思想，也是顾客关系管理的本质所在。顾客关系管理旨在通过管理企业与顾客之间的关系，减少销售环节，降低销售成本，挖掘新市场和新渠道，提高客户价值、顾客满意度、顾客贡献度、顾客忠诚度等措施，实现企业与顾客的双赢。对于商务采购顾客关系而言要维护发起者、使用者、影响者、决定者、批准者、购买者和控制者的关系。当交易不能轻松促成的时候，客户关系的重要性开始突显，网络营销带来了客户关系营销的巨大市场，这个市场的竞争已经风生水起。直到今天，云计算的全球化使传统 CRM 软件已逐渐被 Web CRM（又称为"在线 CRM""托管型 CRM"和"按需 CRM"）超越。

（7）信息与数据的收集、整理、分析、上报。每个公司必须为它的营销经理组织信息流，以满足营销对信息的需求。有些公司甚至建立了系统的营销信息系统。营销系统由人、设备和程序组成，它为营销决策者收集、挑选、分析、评估和分配需要的、及时的和准确的信息。营销信息系统所需要信息的收集通过公司内部报告、营销情报收集、营销调研和营销决策支持分析工作进行。营销经理依靠内部报告系统提供订单、销售额、价格、存货水平、应收账款、应付账款等信息。除了内部报告外，公司应鼓励内务部人员将情报传送给公司，参加商业活动和会议，购买竞争者产品，雇用竞争公司雇员，监测收集竞争对手信息，购买商业数据建立公司的营销情报系统。公司应该定期开展营销调研，收集特定信息和数据。在信息收集基础上，越来越多的公司开发和应用了营销决策支持系统，通过硬件与软件支持，协调数据收集、系统、工具和技术，解释企业内部和外部环境的有关信息，并把它转化为营销活动的基础。

第八章　企业管理审计

8.1 内部审计的发展

审计的本质是一种控制。内部审计不是完整的管理控制，而是存在于其系统内的一部分，是"部分"的管理控制活动。依据管理当局的要求，内审监督、确认相应的经营管理活动，并向管理人员提供咨询服务，帮助其进一步修改和完善这些方面的内容。内部审计不仅可以为董事会进行决策和为监事会进行监督提供相关的信息基础工作，而且通过内部审计，高管可以用来监督较低层次的管理者和员工的职责履行情况，并借助内部审计来发现和解决问题，提高经营活动的经济性、效率性和效果性。

1947年国际内部审计师协会（IIA）首次对内部审计进行了界定，认为内部审计是建立在审查财务、会计和经营活动基础上的独立评价活动，内审为管理提供建设性和保护性服务，处理财会问题，同时也涉及经营管理等方面。定义表明内审的基本职能是监督和评价。1957年，IIA再次定义内部审计，并在原来的基础上添加了控制职能。1971年，IIA将内部审计服务内容扩展到了经营活动领域，工作范围扩展到发生在组织内部的、应由内审部门评价的所有经营活动。1978年，IIA又将内审的工作内容扩展到组织的所有活动，服务对象由为管理服务发展到为组织服务。1990年，IIA明确了内部审计为组织服务方式为分析、评价、建议和提供咨询。1993年，IIA将内部审计功能明确为：为组织的管理成员有效地履行职责服务。1999年6月，IIA理事会通过了新的内部审计定义和专业实务框架（PPF），并基于风险管理将内部审计定义为："内部审计是一种确认和咨询活动，具有独立性和客观性的特征。目的在于组织价值的增加和运营的改善。通过使用系统、规范的方法，评价改善风险管理、控制和治理过程的效果，从而使组织实现其目标。"（见图8-1）

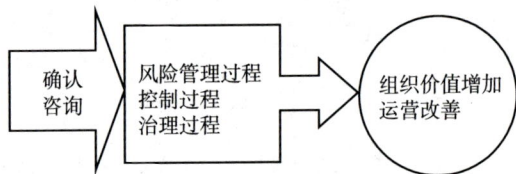

图 8-1　管理审计概念

阿尔文·A.阿伦斯等人（2003）认为内部审计的职责因雇主要求不同而有所不同。一些小的内审部门通常履行日常的合规性审计。而在一些大的内审部门，他们不仅进行财会方面的审计，还从事经营审计，甚至有些内部审计师开始关注企业的风险。

我国企业的内部审计工作产生于 20 世纪 80 年代初，是为加强经济监督体系，建立健全企业自我约束机制，用行政手段建立了内部审计工作。作为政府审计监督职能的补充和延伸，内部审计在查错纠弊、堵漏挖潜、保护国有资产安全方面发挥了巨大作用。为了全面开展审计工作，我国于 1984 年在部门、单位内部成立了审计机构，实行内部审计监督。1989 年 10 月审计署发布了《审计署关于内部审计工作的规定》，内部审计工作走上了规范化、法制化的轨道。

2003 年 3 月国家审计署在《审计署关于内部审计工作的规定》的第二条中指明内部审计是一种独立的、为促进和加强经济管理和实现经济目标的行为，负责监督和评价本单位及所属单位财政财务收支、经济活动是否真实、合法和具有效益。第九条中又指明按照本单位主要负责人或相关机构的要求，内审机构应履行下列审计项目：财政财务收支及有关的经济活动；单位有关领导人的任期经济责任；预算内外资金的管理运用情况；固定资产投资项目；经济管理和效益情况；内控制度的健全有效性和风险管理；其他事项。这一新规定确定了我国现阶段内审的两大主要职能为监督和评价。2004 年，内部审计协会又发布了《内部审计具体准则第 16 号——风险管理审计》的征求意见稿，其中主要探讨了内审在风险管理中的应用。2005 年，第三批内审具体准则发布，并正式将风险管理审计纳入内审准则体系中。

8.2　管理审计

管理审计由企业内部审计发展而来。内部审计是由各部门、各单位内部设置的审计部门进行的审计，是内部监督的重要形式。主要审计公司的财务收支及与其有关的经营管理活动，以及作为提供这些经济活动的会计资料和其他有关部门资料。公司管理是公司为实现一定目的而合理地组织人力、物力、财力等各种因素，有计划地指挥、调节、监督经济活动的各种职能的总称。内部审计与公司管理的关系是由内部审计在公司管理中的职能和作用决定的。内部审计服务于公司管理，同时受公司管理的制约。管理审计就是在财务审计的基础上结合管理需求发展起来的新型审计，其中心任务是审查管理信息，以提高企业的经营管理水平和经济效益为主要目标。从我国企业目前来看，内部审计工作由财务审计、效益审计向管理审计发展的时机已经成熟。

管理审计是现代企业内部审计的一种新的审计类别，它是经济发展的必然结果，也是审计事业发展的必然结果，是审计人员对被审计单位管理行为进行监督、检查及评价并深入剖析的一种活动。管理审计是以改善企业的管理素质和提高管理水平为目的，审查被审计事项在计划、组织、领导控制、决策等管理职能上的表现，促使被审计单位提高管理水平以提高经营活动的经济性、效率性和效果性的一项管理活动。管理审计的目的是使被审计单位的管理更加具有效益和效率，是经济审计职能向企业全方位管理职能的范围延伸。

就目前我国企业管理现状而言，绝大多数企业尚无对管理审计形成真正正确的认识。大中型国有企业虽然设置了审计部门，但其内部审计机构是政府用行政命令建立起来的，其首要职能是监督，所以，我国内审工作的定位，长期以来是"查错堵漏"的"经济警察"，在工作过程中，企业是被动的。与国际上经济发达国家相比较，他们的内审是企业为了生存、竞争和发展需要而自发建立起来的，只对本企业所有者代表负责。其虽然也经历了财会审计、经营审计的发展阶段，但其工作目标是要求内审人员不仅要发现问题，更要解决问题。强调了内部审计应成为实现企业目标的有机组成部分。也就是说，强调内部审计必须渗透到企业经营管理的各个环节。

许多中小企业虽然具有潜在的管理审计需求，但还缺乏意识及理论的指导和系统化的建设。许多中小企业开展一种叫作"合理化建议"的活动，这其实在某种意义上也是一种管理审计行为活动。在管理职能方面，除了财务审计之外，人力资源管理审计可能是目前管理审计的先行者。例如，1964年日内瓦就提出了人事审计的定义，认为人事审计是对人事政策、程序和实践的分析和评价，其目的是评价企业人事管理的效果，审计程序包括收集和整理信息、分析和解释数据、评价数据和根据分析结果采取行动。到目前为止，关于人力资源审计方面主要有制度审计、合法性审计、价值导向审计和绩效审计。此外，1995年斯蒂芬（Stephen）和伯恩尼（Bonnie）提出企业应该进行文化审计，主要包括企业奖惩制度、企业客户的态度、企业员工对企业的态度、企业内部的权利结构。

8.3 管理审计的理论依据

支持现代内部审计发展的主要理论是持续改善、委托代理理论和风险管理理论，这三个理论决定了内部审计应具有经济监督、评价、控制、服务四种职能。

事物是不断运动和发展的，企业中的管理问题亦如此。企业中新的管理问题会不断出现，因此企业需要及时发现这些新的问题，并及时解决。除了新的问题之外，企业中有可能对旧的问题解决得不好，或者原有的解决方法不再能解决这些问题的时候，也需要企业能够及时发现并加以解决，以增强满足要求的能力的循环活动。企业制定改进目标和寻求改进机会的过程是一个持续过程，该过程使用审核发现和审核结论、数据分析、管理评审或其他方法，其结果通常导致纠正措施或预防措施。

在现代企业中，存在多重的委代关系，然而，委代关系中存在着委托人与受托人之间利益的非完全一致性、风险的非完全共同性、信息的非均衡性和环境的非确定性，使委托人的既定目标不能实现。为减少这些非均衡性给委托人带来的代理成本，客观上必须要求有一协调监控委托代理关系的管理机制来促进其代理成本降低，增进委托人的利益。管理审计则正是解决委托代理关系存在非均衡性问题的重要手段之一。

风险管理的思想产生于20世纪50年代早期和中期的美国，在20世纪70年代，风险管理的概念、原理和实践传播到北美洲、亚洲、欧洲和拉丁美洲的一些国家。风险管理活动过程主要包括风险识别、风险评估、风险反应、风险控制、信息与沟通、风险监控。风险管理过程为内部审计进行风险管理提供了思路，内部审计对企业风险管理的确认和咨询将根据企业的风险管理过程进行。

8.4 管理审计的内容

管理审计部门与其他管理部门的职能不同，管理审计部门更侧重于监督、评价、控制职能，有着服务的内向性、审计内容的丰富性、相对独立性的特点，同时在整个企业管理系统中发挥监督反馈、风险警示、评价鉴定、参谋沟通和咨询诊断的作用。管理审计的内容主要常常包括管理过程审计、管理部门审计、内部控制审计、价格审计、经济合同审计。但这些只是管理审计的一些典型内容，事实上管理审计的内容应该远比这些内容更为广泛，而管理审计的意识远远比其内容和组织形式更为重要。

管理过程审计是指以计划、组织、决策和控制等管理职能为对象的一种经济效益审计。它通过对各种管理职能的健全性和有效性的评估，以考查管理水平的高低，管理素质的优劣及管理活动的经济性、效率性，并针对管理中所存在的问题，提出改进的建议和意见。管理过程审计可以通过对企业生产组织、工艺流程、技术改造、投资决策、业务经营、劳动人事等各个环节管理的经济性、效率性、效益性进行评价来实现对企业生产经营全过程的管理。如对决策职能的审查，主要应查明是否制定科学的决策和程序，是否遵守合理的决策原则；决策的方法是否科学、恰当，决策的结果是否正确等。对控制职能的审查，主要应查明有无健全和科学的内部控制制度，各项控制制度是否严格执行，其实际效果如何等。审计机构要根据加强企业内部管理的需要，在企业管理的各个环节灵活地开展监督和服务。

管理部门审计，是以企业的各管理部门为基本对象，通过对企业各管理部门应承担的经济责任及其履行状况及管理人员素质的审计，促进企业提高经济效益的一种审计活动。如对设备物资管理部门的审计，应查明是否履行了对物资消耗和存储定额的制定、采购、保管、收发和维护等职责。对财务部门的审查，应查明会计工作是否遵循了会计法规，有无严格的成本控制制度；是否采取了有效措施进行资金的筹措，减少资金占用，提高资金使用效率等。企业内部审计部门开展管理审计后，从过去的纠错防弊、扮演"警察"角色为主向高层次的"参谋、耳目、助手"方向发展；从真实性、合规性审计为主向注重效益审计方向发展；从以财务报表为中心的财务收支审计向以内部控制为中心的财务基础审计的方向发展；从事后审计向事前、事中审计方向发展。

内部控制审计主要是检查其健全性、合理性和有效性，查找"盲点"。通过符合性测试和实质性测试，对组织机构的职责分工、授权审批、会计控制、主要经营管理环节、实物控制程序及经营实体管理等环节进行检查，评价经营管理秩序是否规范，是否严密和有效，各控制点是否由不同部门和个人去完成，有无"独揽"情况，经营管理职权是否民主科学和相互制约，寻找失控点和漏洞，提出弊端及症结所在，从而强化企业管理，提高经济效益。

价格审计是对本部门、本单位在购销过程中发生的价格行为进行咨询、审核、监察，确认其真实性、合法性和效益性，提出审计意见和建议，为公开、公平、公正地进行价格决策服务。这包括购价审计、销价审计、成本价审计、造价审计和投资价格审计。

经济合同审计是对企业在联营投资、技术引进、资源开发、设备订购、生产协作、工程施工等方面存在大量的经济合同，通过对经济合同的签定、履行、结果各个阶段的审计，及时发现影响企业权益的种种问题，如在合同签订前，即审查其是否可行、合理，可以制止无效经济合同的签订，避免给企业带来经济损失。

8.5 管理审计在企业成长管理中的意义

在中观层面上企业具有运动工具属性，在更快、更好实现企业目标的过程中，需要文化与战略、组织与运营、人力资源与学习成长、品牌与营销四个方面的良好配合。这四个方面如同汽车的导航与方向控制系统、车架与传动系统、动力与燃料系统、车轮与轮胎系统，共同形成企业成长管理的中观层面内容。然而，任何一个使用过汽车的人都知道，这四个系统长期的良好配合需要定期对汽车进行维护保养。

维护保养与维修不同，它是一种主动的风险预防措施。维修是一种被动行为，是指设备技术状态劣化或发生故障后，为恢复其功能而进行的技术活动。维护是一种主动行为，为防止设备性能劣化或降低设备失效的概率，按事先规定的计划或相应技术条件的规定进行的技术管理措施。企业管理审计正如汽车的维护与保养一样，只有定期进行，形成体系，才能使企业管理长期维持良好运转。

　　管理审计与绩效考核不同，尽管二者都具有评价的职能。管理审计的目的主要是预防性的评价，尽管有时也具有事后补救意义，管理审计特别关注过程，注重过程分析。绩效考核主要目的是结果评价，尽管也具有结果引导的意义，绩效考核只问结果，不关注过程。绩效考核一般只看到的是结果，而对风险视而不见；管理审计在看到结果的同时，更加注重风险的认识。从范围上讲，管理审计比绩效考核所包含的内容更加广泛，更加具有宏观意义。

第三篇
管 理 探 秘

　　对于企业管理而言，最难的管理是对人的管理，因为人的心理是复杂的。在弗洛伊德的人格理论中，他认为人的心理分为超我、自我、本我三部分，超我往往是由道德判断、价值观等组成，本我是人的各种欲望，自我介于超我和本我之间。正是由于人心理因素的作用，企业管理成败既不是决定于技术，也不是决定于知识，而几乎100%决定于组织的政治、人的心理和意识。

　　本篇主要对一些企业自身成长与外部社会普遍性问题方面进行了探讨，如企业盈利与社会责任、商业伦理、企业政治、企业变革等问题。通过对这些问题的探讨，思考企业管理内容表象下面所隐藏的心智、人格、角色和动机等普遍性的实质问题。外部普适性的东西虽然可能难以为企业成长提供具体的操作方法，但它们却有助于把握实质，根除企业成长中的某些问题。

　　尽管本篇放在了本书的最后，但其重要性其实是第一位的。本篇不仅是本书的基础，同时也是所有管理行为的基础。因为任何事物之间都有着或多或少的联系，从本质的角度看，事物之间都可以找到共性。企业管理也一样，无论企业经营的范围有多大的不同，企业的管理问题有多大的差别，其实都可以归结为一些近似本质的要素来解释。而只有把握了这些管理问题的实质，才能彻底根除问题，而不是就事论事地解决企业中的管理问题。

第九章　企业盈利与社会责任

9.1 企业利润最大化受到质疑

西方经济学的观点认为，企业的追求就是实现企业利润最大化，现在美国MBA式的教育更是把这种观点灌输入整个世界，但果真应该如此吗？持有这种追求的企业会长寿吗？在现实中，企业不顾一切追求企业利润最大化，结果造成企业危机倒闭的情形，屡屡闯入我们的视线，如美国安然公司、中国三鹿奶粉等。无视企业的其他任务，可能正是导致绝大多数企业短命的重要原因。企业存在的目的当然是为了利润，不过这并不是企业目的的全部。当人们在反思这些问题的时候，关于企业利润最大化的观点也越来越受到人们的质疑，甚至包括以此为研究对象的经济学家们。

当代一些经济学家已经认识到这一点，并试图挽救这个理论。其中之一，当代企业经济学家乔·边安这样解释："经济学理论中的一个基本假设是，使利润最大化是每一家企业的基本目标。但是，近年来，利润最大化已由理论家作了重大的修正，用来指长期的利润：指经营管理的收入，而不是指企业所有主的收入；还包括一些非财务上的收益，如高度紧张的经理人员日益增加的闲暇，亦即企业内各经理人员阶层之间的和睦关系；同时还应包括一些特殊的考虑，如限制竞争、维持管理控制、解决工资要求、阻止反托拉斯起诉。"

9.2 对企业利润的正确认识

吉姆·柯林斯在所著的《基业常青》一书中描述称，高瞻远瞩类企业都有这样一个共性，那就是"务实的理想主义"。也就是说，企业需要一个为社会、为人类的梦想，不仅仅是利润。单纯地追求利润很多时候容易陷入困境，若在追求利润的基础上，努力为实现梦想而存在，这样的企业就很可能会基业常青。追求利润，目的是使企业能生存和发展下去，使企业的每一个成员都有生存和发展的保障；满足顾客的需求，才实现企业的梦想。

德鲁克强调工商管理者必须始终把经济上的成就放在首位，在每一项行动和决策中都是这样。它们只有通过经济上的成果才能证明自己存在的必要及自己的权威（《管理：任务、责任和实践》），但是，经济成果并不等于利润或利润最大化。在追求经济成就之时，企业的首要任务是求生存，而利润则是不确定风险的报酬。换句话说，企业经济学的指导原则不是追求最大利润，而是避免亏损。企业必须设法赚取额外的资金，才足以承担企业运营中不可避免的风险，而这种风险预备金唯一的来源就是利润。的确，企业不只需要为自己的风险预作准备，还必须面对亏损。因为在经济的新陈代谢中，总是会有些企业亏损累累，销声匿迹，这些都关系到社会的利益，而利润则是自由、弹性和开放的经济体系主要的安全防护网。企业必须负担社会成本，对于学校、军备等有所贡献，也就是说，企业必须赚钱缴税。最后，企业还必须创造资本，以满足未来成长、扩张所需。但最重要的是，企业必须有足够的利润来抵抗风险。

总而言之，追求最大利润是否为企业经营的动机仍值得商榷，但企业绝对需要赚取足够的利润，以承担未来的风险，至少需要获取必要的利润，以保存生财资源，继续在现有行业中求生存。企业通过对"必要的最低利润"设定严谨的限制，并检验其有效性，来影响企业的行为和决策。为了经营，管理者必须设定相当于"必要的最低利润"的经营目标，建立明确的标准，来评估利润表现是否达到目标。

9.3 企业的三种责任

关于企业的责任问题，德鲁克的观点最为经典和值得我们学习。德鲁克认为企业有三项任务：本机构特殊的目的和使命；使工作富有活力并使职工有成就；处理本机构对社会的影响和对社会的责任。

企业作为机构是为了某种特殊目的和使命、某种特殊的社会职能而存在，在工商企业中，这就意味着经济上的成就。经济上的成就是工商企业存在的理由和目的。因此，工商企业的管理者必须始终把经济上的成就放在首位，在每一项决策和行动中都这样。它只有通过自己在经济上的成果才能证明自己有存在的必要和自己的权威。如果一个企业在提供经济成果方面失败了，它就失败了。如果一个企业未能以消费者愿意支付的价格向消费者提供他们需要的商品和服务，它就失败了。如果一个企业未能提高和至少维持支付给它的那些经济资源的物质生产能力，它就失败了。这意味着企业有责任获得利润，而不论一个社会的经济结构或政治结构或思想意识形态如何。

管理的第二项任务是使工作富有活力并使职工有成就。人是企业的真正资源，人是物质财富和精神财富的创造者，企业的经济任务最终是由人来完成。因此，使工作富有活力是企业的另一项重要职能。不过使工作富有活力仅是利用人力资源的第一步，因为人不同于一般资源，有着特殊的生理和心理特点，企业需要满足其特殊的心理需求以实现企业的经济责任。

管理的第三项任务是处理企业对社会的影响和对社会的责任。每个企业都是社会的器官，是为社会而存在，因此企业的好坏不能由其本身来评定好坏，只能由它对社会的影响来评定其好坏。所以，企业需要减少对社会不良的影响和承担必要的社会责任。

默克二世1950年解释："我希望……表明本公司同仁所必需遵守的原则……简要地说，就是我们要牢记药品旨在救人，不在求利，但是利润会随之而来。如果我们记住这一点，就绝对不会没有利润；我们记得越清楚，利润就越大。"

福特1916年描述："我认为我们的汽车不应该赚这么惊人的利润，合理的利润完全正确，但是不能太高。我主张最好用合理的小额利润，销售大量的汽车……因为这样可以让更多的人买得起，享受使用汽车的乐趣；还因为这样可以让更多的人就业，得到不错的工资，这是我一生的两个目标。"

索尼公司井深大制定的公司目标：构建一个工作场所，让工程师能够感受到科技创新的欢乐，了解他们对社会的使命，并心满意足地工作；动力十足地追求科技活动以及用生产来复兴日本和提升国家文化的行动；把先进科技应用在公众的生活中。

1960年3月8日，惠普公司创始人之一戴维·帕尔德说："我首先想探讨一家公司存在的原因，换句话说，我们为什么会在一起？我想，很多人误以为公司存在的目的只是赚钱。这一点其实只是一家公司存在的一种重要结果，我们必须进一步深入地去发现我们存在的真正原因。在探讨时，我们不可避免地会得到一个结论：一群人结合在一起，以我们称之为公司的机构存在，是为了能够合理完成一己之力无法做到的事情——对社会作出贡献。这个名词听起来平凡，却是根本因素……你随处都可以看到有人只对金钱有兴趣，对其他一切事情却没有兴趣。但是，根本动力大部分来自能在其他方面作出成就的一员，例如，制造一种产品，提供一种服务，大致上就是做一些有价值的事情。所以，我们把这一点记在心里，来探讨惠普公司存在的原因……我们存在的真正原因，是我们要提供一些独一无二的东西。"

万豪酒店创始人老威拉德·马里奥特说："我心里只有三个一贯的构想，三者同等重要：第一是对我们的客人提供友善的服务；第二是以合理的价格提供高品质的食物；第三是尽我所能日夜努力工作，赚取利润……我希望收获成长带来的报酬，包括给更多的员工工作机会，有钱照顾我的家庭，并且对好的宗旨有所贡献……服务业是有很高回报的行业，对社会有很大的贡献。为离家在外的人提供一顿好吃的饭、一张舒适的床、友善的待遇……让离家在外的人觉得置身朋友当中，而且真正受到欢迎，是很重要的事。"

9.4 企业必须要处理对社会的影响

无论是有意还是无意的，人们必须对他们对社会所造成的影响负责。由于人们要对自己所造成的影响负责，他们就应该使这些对社会的影响尽可能缩小。一个机构在自己特殊目的和特殊使命以外对社会造成的影响越小，则其行为就越好，就越能成为一个受欢迎的企业。不是必不可少的影响，不是自己所实现特殊目的和使命的一部分的影响，应保持在最低限度。即使这些影响看起来是有益的，但它们已经超出了本机构正常职能的范围，则迟早会引起怨恨、抵制，并被认为是强加于人的。

企业做事的首要责任就是应该冷静而实际地确定和预测其对社会有何影响。企业所提出的问题不应是"我们所做的事对不对"，而应是"我们所做的事是不是社会和顾客要我们做的事"。如果有某项活动不属于本机构的目标和使命之内的事，那就应该考虑是一种对社会的影响或冲击，并且不可取。比如，单纯慈善捐款，就是一种影响；而如果企业捐款是为了改善政府关系或提高自己的品牌或知名度就不再是影响了。你施舍马路上一个穿衣破烂的人，结果挨骂了，因为他认为你瞧不起他。

《吕氏春秋》记载了"子贡赎人"和"子路受牛"两个故事。孔子的弟子子贡出国游历，见到一个鲁国籍的奴隶，便自己出钱将他赎了回来。按照当时鲁国的规定，鲁国人在国外沦为奴隶，凡有人能花钱把他们赎回的，可以到国家报销赎金。但子贡赎了人却不愿接受国家报销的赎金，一时在鲁国被传为佳话。子贡赎人而不肯要按照法律应得的奖金，孔子得知此事后很不高兴，说："从此不会再有人替鲁国人赎身了。"而孔子的另一弟子子路救起一名落水者，那人为了表示感谢，送了子路一头牛，子路收下了感谢金。子路救人后欣然接受了别人送给他的牛，孔子知道后很高兴，说："从此这样的救人的事情会更多。"

从表面上看，两人都做了好事，以平常的观念来说，子贡不领赏金是德行高尚，似乎更加接近我们传统教育中的无私奉献精神；相比而下，子路就逊色得多，子路接受赠牛是施恩图报，离我们所颂扬的高尚道德品质自然相去甚远。然而，孔子对他们的行为的评价则恰恰相反。孔子知道了子贡赎人的事情后非常生气，数落子贡，说子贡开了一个坏的先例，从今以后，鲁国人就再也不肯替沦为奴隶的本国同胞赎身了。你如果收了国家给予的补偿金，并不会损害你行为的价值；而你不肯拿回你付出的钱，别人也就不肯再去赎人了。因为在孔子看来，你不要赎金，那别人也不好意思要，这样就再也没有人愿意白花钱去救自己的同胞了。相反，孔子却表扬了子路，说这样鲁国人一定会勇于救落水者了。因为在孔子看来，一个肯救，一个肯谢，则酿成风气。救的人拿得心安理得，谢的人也给得真心实意。在孔子看来，子路受人以劝德，子贡谦让而止善。

对于企业对社会产生的各种影响，企业要想办法使其转换，始终应该力争把对社会的不良影响转化为对企业有利的机会，实在不行也要使其尽量最小化。因为多数情况下，消除影响是有成本的，因此必要时需要政府部门制定规章来引导和限制。

9.5　企业社会责任的限度

（1）首要责任限度。机构存在的首要目的就是要实现其特殊的目的和使命，如果它不能完成这项职责，它就不能完成其他职能。一家破产的企业不会是一个令人满意的雇主，也不大可能成为社区中的一个好邻居。它也不能为未来的工人创造出未来的就业职位和机会所需要的资本。因此，管理人员必须能仔细考虑由他们所负责企业的成就能力的职责所决定的社会责任的限度。任何时候，只要一个企业忽略了在经济上取得的成就的限度并承担了它在经济上无力支持的社会责任，它就很快会陷入困境。

（2）能力限度。承担一个人在该方面缺乏能力的工作是不负责任的行为，是一种残酷的行为，它使人抱有希望，以后却又陷于失望。一个企业必须获得承担它自己造成的影响所需的任何能力。但是，在那些不是自己造成影响的社会责任领域，其行动的权利和义务要受到其能力的限制。特别不要从事与自己价值系统不适应的工作。能力限度部分取决于环境，如一个登山队员在喜马拉雅山腿骨折了，一个美容医生为他做了手术未尝不可；然而如果一个人在一个大城市里骨折了，一个美容医生为他做了手术就是承担了不该承担的责任。

（3）职权限度。企业是否有这种义务去承担这项社会责任。如果企业没有这个权限承担这个社会责任，那么，就不应该去承担。比如，一个人犯了法，应该由法院审判和执行，而如果企业去承担这样的责任，就是私设公堂和动用私刑，就是一种犯罪。德鲁克特别强调，在一个多元化社会中始终存在的威胁是公众利益和贪求权力极易混淆。尤其是，一些企业越权承担社会责任的目的在于运用经济权力将它的价值观强加给社会和公众。

9.6 企业何时应拒绝承担社会责任

要求企业承担社会责任事实上是要企业篡夺权位时，对这种要求应予拒绝。这种拒绝，正是以真正的社会责任为依据的。因为那事实上是一些不负责任的要求。不论这种要求是真诚地和带有真正的痛苦提出的，还是在花言巧语的外衣之下追求权力，都是不负责任的要求。任何时候，当企业或其他机构被要求承担它自己成就领域和自己造成影响以外的责任时，它最好问一问自己："我在这个领域中有这种职权吗？我应该有这种职权吗？"要求非法的职权时，必须予以拒绝。

9.7 明知有害而不为

早在约2500年前希腊医师希泼克拉底的誓言中就明确指出"明知有害而不为"。经理人不能保证自己所有的所作所为都是无害的，但他可以做到明知有害而不为。下列是经理人常犯的"明知有害而为之"的事。

（1）经理人的报酬。经理人与普通职工之间日益扩大的收入差距，是明显有害而为之的典型。经理人也清楚这样做是有害的，但他们常常找各种理由给自己获得利益，并认为自己的贡献远远大于自己的获得。而实际的情况是由于管理人员是企业的统治阶级，他们应用手中掌握的政权和影响力维护自己的阶级利益。

（2）用福利计划给公司雇用的人员戴上"金镣铐"。也许对于终生雇佣制的企业可能具有一定的合理性。但是对于人力资源流动性强的公司这种做法就是不合适的。那些知道自己在目前的工作中不能取得成就的人，即那些被虐待或安排不合适的人，不得不长期忍受这种折磨。他们知道自己被收买了，而由于自己过于软弱，以致无法拒绝，他们在以后的工作中会抑郁不快、悔恨和痛苦。

（3）夸大利润。经理人以利润最大化为目标，无限制地追求利润，而没有说明利润所起的作用，没有考虑职工的付出与回报，没有注意利润只是企业的最低需求。

企业管理层有责任引导企业不违反社会信念或社会的凝聚力。这意味着企业有一种消极的责任——不可以对公民不当施压，要求员工对企业绝对的忠诚。如果企业忘掉了这个原则，社会将会强力反弹，通过政府扩权，来约束企业。今天的许多企业，特别是大企业，都有这种倾向，总喜欢摆出一副天皇老子的架势，要求职工对企业特别忠诚。其实这种要求，从社会的角度来看，是极其不负责任的，是滥用权力的表现。公司不能自称（绝对不可自称）是员工的家、归宿、信仰、生命或命运。公司也不可以干预员工个人的私生活或者员工的公民权。将员工与公司连在一起的，只是一份自愿的、随时可以被取消的聘用合同，并不是一条神秘的、不可撤销的纽带。

对于社会的领导团体而言，仅仅大公无私还不够，甚至把公众福祉置于自我利益之上，也都还不够。企业必须能成功地调和公共利益和私人利益，让公共利益和私人利益协调一致。"通过我们公司的经营管理方式，凡是能增强国力、促进经济繁荣的事情，必然也同时能增强公司实力，促进公司繁荣。"这是美国一家很成功的公司西尔斯的经营管理原则。就经济上的事实而言，"凡是对企业有利的，也必须对国家有利"没有多大的不同，然而在精神上、本质上和对责任的主张上，却截然不同。

9.8 两难选择

企业的首要社会责任是在一定程度上合理完成其组织的利益。一个负责某一组织的经理在多大程度上要遵守个人德行，而在多大程度上又可以由于他对组织所承担的责任而容许他，甚至迫使他为了他那组织的利益而暗地采取不道德的行为？按一句古老的政治家的哲言说是："如果我们把担任公职时为了国家而做的事在私人生活中也那样去做，我们会成为怎样的坏蛋啊？"

无论企业的社会责任是以上三个方面中的哪一个，作出兼顾企业与社会责任之间的决策不是一件轻松的事。约瑟夫·巴达拉克早在1988年就在《界定时刻：两难境地的选择》中对此进行了论述。企业战略决策伦理准则选择上的"脏手"问题的存在，意味着企业战略决策者所面对的常常是对与错、大善伴小恶、长短期对错冲突的选择。这也许正是许多企业高层决策者在战略选择问题上产生分歧的最根本原因之一。考虑到人的伦理价值观对于企业战略决策的影响，可见，由伦理准则的多元性所决定，做一个决策甚至做任何一件事，希望同时符合所有的伦理准则是不可能也是不现实的。因而，在管理上有"想使人人满意，结果将是人人不满意"的说法。但问题在于，现实环境中，如果一种行为忽视了某些伦理准则，通常就会被那些赞成这些准则的人认为"不道德"；实际上，关键不在于这种所谓的"不道德"行为该不该做，而常常是必须做。

第十章 企业商业伦理

10.1 企业伦理概述

企业伦理是指人际之间符合某种道德标准的行为准则，是伦理在企业中的特定表现，是企业处理企业内部员工之间、企业与社会、企业与顾客之间关系的行为规范的总和。它是企业文化的核心组成部分，是一种特殊的行为规范，通过社会舆论、内心信念和传统习惯等非强制性手段作用于企业和员工。企业伦理不具有法律、法规和制度的强制约束力，但它具有积极示范效应和强烈的感染力。

有学者将企业伦理划分为两种类型：企业经营伦理和管理道德，这两种企业伦理也可被称为外部企业伦理和内部企业伦理。外部企业伦理系指规范企业与社会责任间的伦理原则，如注重环保和防治污染。内部企业伦理系指规范企业业主与员工之间的伦理原则，使劳资关系合谐，利于经营发展。

企业伦理研究始于美国20世纪50—60年代。当时欧美诸国在经济迅速发展，取得巨大成就的同时，也带来了许多社会问题，企业在其经营管理行为中单纯谋利而损害了社会利益，引起了社会公众的强烈不满，这些社会问题的出现，使欧美许多大学的工商管理学院提出了企业组织的社会责任问题。1974年11月在美国堪萨斯大学召开的第一届管理伦理学讨论会，标志着企业伦理学的诞生。此次会议为管理伦理学的诞生出台了一份相当重要的文献，即《伦理学、自由、经营和公共政策：企业中的道德问题论文集》。20世纪80年代后期，管理伦理学从美国到世界各地逐渐扩展，受到许多发达国家的高度重视，学界甚至兴起了一股管理伦理研究热潮。我国对企业伦理的认识与研究尚处于起步阶段。

目前，认为企业追求利润为唯一目标的思维方式已是落后于新时代的陈旧观点。有人甚至认为，良好的商业行为及伦理标准可以成为企业的长期竞争优势。卡米歇尔和朱曼德提出了"道德边际"的概念，认为企业为了获得竞争优势，有必要保证自己的道德标准高于竞争对手，产生道德边际利益。他们认为企业之间基于资源的竞争不仅仅是产品、资产等有形内容，同样包含了商誉、企业文化等软性内容。在"无形"资源中包含着伦理的成分。比如商誉，它是企业的形象和信誉，公众对企业商誉的认可程度是以企业所承担社会责任、社会公德为标准的。因此，优秀的企业伦理可以为企业创造出更高的商誉，进而能够为企业的竞争优势提供支持。在当今时代，如果企业只追求利润而不考虑企业伦理，则企业的经营活动已越来越为社会所不容，必定会被时代所淘汰。

10.2 企业伦理涉及的内容

企业伦理的内容依据主题可以分为对内和对外两部分。内部伦理主要用来协调和处理企业与内部员工之间的管理关系，外部伦理主要用来协调和处理企业与企业外部利益相关者之间的关系。内部理论可能涉及公平用工、合理和诚信的薪酬、恰当的劳动保护、良好的职工发展、劳动条件和环境的改善、适当的人文关怀。外部理论主要涉及生产经营活动中的诚信和道德问题，如生产不健康不安全产品、对人们的生活与健康造成危害、使用各种不正当手段进行商业竞争、恶性竞争、窃取商业机密、编制虚假经营绩效信息、虚假宣传广告、财务欺诈、偷税漏税、商业贿赂、饥饿营销、过度刺激消费者的欲望和需求、利用各种手段强行推销消费者在生活中根本不需要的产品甚至是对消费者身心健康不利的商品等。

10.3 效率与公平的兼顾

19世约翰·穆勒认为，所谓善就是最大多数人的最大幸福，所谓"善"就是"效率"。1971年由美国哈佛大学的罗尔斯教授提出了公平公正论，强调保障社会最底层弱势群体的基本利益。这些理论都是适应市场经济条件下企业经营活动的道德评价标准，已成为西方企业伦理的主要思想基础。兼顾公平和效率就是对企业伦理和伦理超越问题的权衡。福利经济学第二定理阐明：任何一种被认为是公平的均衡都可以通过资源在个人之间的适当配置来实现，而这样一种配置本身并不必然会产生低效率。但遗憾的是，我们社会中所有再分配收入的计划都是有代价的。有效率的配置并不必然意味着是公平的，同样，公平的配置并不必然意味着是有效率的。同时对于公平的含义而言本身有四种观点：①平均主义（Egalitarian）：社会的所有成员得到同等数量的商品；②罗尔斯主义（Rawlsian）：使境况最糟的人的效用最大化；③功利主义（Utilitarian）：使社会所有成员的总效用最大化；④市场主导（Market-oriented）：市场结果是最公平的。

企业采取哪一种公平观，取决于企业的价值观。在企业追求效率的时候，必然会损害到一些人的利益，对于被损害利益的人而言，企业追求效率的行为是一种违反伦理的行为，而对于获得利益的人而言，这种行为又是一种伦理的行为。公平和效率是企业追求社会伦理目标的两难选择，权衡公平和效率，要把握两个原则：一是坚持效率优先、兼顾公平；二是机会平等优先、兼顾收入平等。

一般认为，经济效率与社会公平之间存在着替代的选择。企业或者以牺牲效率为代价，获得较高程度的社会公平；或者以牺牲公平为代价，得到企业较高的经济效率。这就是所谓的公平与效率替换。在现实生活中，如果一个企业过于注重社会公平目标的实现，对个人收入的调节力度过大，选择平等程度较高的企业福利制度，由于扼杀了要素所有者的积极性，它就不得不以牺牲效率进而以牺牲企业经济增长为代价。相反，一个企业如果片面注重效率，放任市场机制对经济进行自发调节而不惜牺牲社会公平，其结果必然会影响企业的稳定，反过来也会在一定程度上影响企业经济效率。坚持效率优先、兼顾公平，不仅是我国现阶段收入分配的总原则，也是企业分配的总原则。企业首先应该遵循市场化机制，增加绩效激励机制内容和效果，然后在此基础上适当考虑公平性问题，防止两极分化，维持企业稳定。

社会公平包括收入平等和机会平等。收入平等是指社会成员在收入分配上不存在任何差距或不存在过大差距。机会平等是指每一个社会成员都应当拥有平等获得收入的机会。与收入平等相比较而言，机会平等是更深层次的平等，它在很大程度上决定了收入分配的平等或不平等。机会平等是收入平等的基础和前提。企业考虑社会公平问题时，首先应考虑机会平等，其次应考虑企业内部分配的收入平等问题。在社会主义初级阶段，坚持以按劳分配为主体、多种分配方式并存的分配制度，把按劳分配与按生产要素分配结合起来，坚持效率优先、兼顾公平，有利于优化资源配置，促进经济增长和保持社会稳定。

10.4 企业可持续发展

可持续发展是20世纪80年代随着人们对全球环境与发展问题的广泛讨论而提出的一个全新概念，是人们对传统发展模式进行长期深刻反思的结晶。企业可持续发展既要考虑当前发展的需要，又要考虑未来发展的需要；不能以牺牲后期的利益为代价来换取发展和满足利益。同时可持续发展也包括面对不可预期的环境震荡，而持续保持发展趋势的一种发展观。1992年在里约热内卢召开的联合国环境和发展大会（UNCED）把可持续发展作为人类迈向21世纪的共同发展战略，在人类历史上第一次将可持续发展战略由概念落实为全球的行动。

企业可持续发展是指企业在发展过程中，坚持不断地创新以保持自身的活力和竞争优势，在确保市场份额扩大和利润增长的同时，在优化内部资源配置的基础上，与外界变化相适应，合理地利用资源，持续地增加盈利和扩大企业规模，实现企业永续发展的战略目标。企业可持续发展的超伦理问题主要涉及资源的合理开发和利用，包括社会资源和企业资源。实现企业可持续发展，企业需要对社会资源合理和高效利用的同时，积极进行资源的保护和再生开发。除了社会资源外，企业也要对企业资源在合理和高效利用的同时，积极进行企业资源的保护和再生开发，防止由于急功近利导致杀鸡取卵和寅吃卯粮。

企业内部可持续发展主要是要处理好成长速度和成长质量的平衡、收入成长与利润成长的平衡，探寻合适的成长速度。企业成长存在着质和量两方面的成长。质的成长主要表现为企业在成长过程中能力、素质及发展潜力的成长，包括经营资源的性质变化、能力的增强、组织结构、经营制度和管理方法的创新、优秀企业文化的塑造。量的成长表现为企业规模的扩大、资产的增值、销售额的增加、盈利的提高、人员的增加等。在企业快速成长的过程中，一定要注重成长速度和成长质量的平衡发展。企业高速成长为企业带来显著的短期经济效益的同时，也容易使企业陷入各种各样的陷阱。因此，企业在追求短期经济效益的同时，要转向追求长期经济效益，实现收入成长与利润成长的平衡。

企业成长速度受很多因素的约束，有些因素在起促进作用，有些因素起抑制作用。企业成长能力学派认为，企业成长速度主要受企业管理能力决定，而管理能力增长是由于从市场上雇用管理服务的增长速度和企业现有管理能力的自我提高。企业管理能力增长得越快，企业成长速度也就越快。除了受管理能力的影响外，企业成长速度还受企业规模的影响，企业规模越大，企业成长速度越小。

10.5 企业发展资本黄金律问题初探

生存和发展是企业的目的，因此企业发展速度似乎越快越好。当然，企业发展速度越快，企业的风险也就越大。然而，即使我们抛去风险的问题，这也会带来些问题。企业投资必然会带给企业持续的增长，然而过度投资，会使股东现期的回报减少，尽管长期看回报率可能更高。对于企业员工来讲，企业有可能为了积累扩张投资资金而减少了员工的当期收入分配，尽管未来他们可能获得更高的收入。尽管经济学家弗朗科·莫迪利阿尼提出了"生命周期假说"[1]和米尔顿·弗里德曼的"持久收入假说"[2]认为这种跨期收入不会影响投资者和员工的福利，但阿尔文·费雪认为"消费者可能会面对借贷制约"和大卫·布莱森的"即时愉快的吸引力"[3]说明：这种跨期收入可能影响到投资者和员工的福利。

符合伦理利益分配的是那些成功维持短期财务稳定的同时，实现企业长期的生存和发展的企业。只注重眼前既得利益者和只注重长远的未来者都会带来企业股东和员工利益的损失。

那么，企业采取什么样的策略才能兼顾企业发展、股东和员工利益呢？我们不妨借鉴宏观经济学的理论。在经济学上有一个概念叫资本的黄金律水平。该理论是由获得2006年诺贝尔经济学奖的美国哥伦比亚大学经济学家埃德蒙·菲尔普斯教授于1961年提出的。该理论是宏观经济政策的跨期权衡（Intertemporal Trade-off）方面的重要理论，从而正式确立了现代经济增长理论研究的一般框

---

[1] 西方经济学中的生命周期假说理论是研究养老金问题的理论依据之一，该理论认为理性消费者追求整个生命周期内的效用最大化。

[2] 持久收入理论是由美国著名经济学家弗里德曼提出来的，他认为居民消费不取决于现期收入的绝对水平，也不取决于现期收入和以前最高收入的关系，而是取决于居民的持久收入。

[3] 即时愉快的吸引力：一种消费心理，大多数人愿意对今天的获得更感兴趣。

架。菲尔普斯在论文《资本积累黄金律：一个增长的童话》中，沿用索洛模型框架，证明了在不同稳定状态中，MPK=δ+n+g（资本边际产量恰好等于折旧率、人口增长率及技术进步率之和）的稳定状态对应着"使消费实现最大化"的储蓄率。这一储蓄率能同时确保《圣经》中的黄金律——代际之间公平的实现。因而这一判定最优稳态的规则，又被称作"资本积累的黄金律"。高于黄金律稳态水平的储蓄率意味着现代人将为下一代作出牺牲；低于黄金律稳态水平的储蓄率意味着将减少下一代的福利。它是依据经济福利和西方普遍接受的道德规范，对各种稳定状态进行的最优选择。居民储蓄会影响到经济资本的积累，进而影响整个社会生产。从全社会的角度看，产出可用在消费和积累两个方面。产出一定时，消费多了，积累就少了，反之亦然。

因此，这里存在着一个如何处理储蓄与消费的比例关系问题。经济增长是一个长期的动态过程，因此，提高一个国家的福利水平是一个国家经济发展的根本目的。而与社会福利水平相关的是居民的消费水平。在这一认识下，菲尔普斯于1961年找到了与最大化居民福利相联系的人均资本量应该满足的关系式：社会的最优储蓄率应该等于资本在国民收入中的贡献率。这一关系式被称为资本积累的黄金法则。这一法则已经成为宏观经济学最基本的规律之一。如果经济的发展目标是使稳定人均消费最大化，稳定状态人均资本量的选择应使资本的边际产品等于劳动的增长率。在考虑技术进步的经济学黄金规则稳定状态中，资本的边际产出减去折旧就等于人口增长率与技术进步的和。那么对于企业个体而言，黄金规则稳定状态是资本的边际产出减去折旧就等于企业员工增长率与企业的技术进步的和，即 MPK$-$δ= n+g。

例如，假设一个企业资本

k= 2.5 y（资本存量是一年收入的2.5倍）

δk= 0.1 y（资本折旧约为年收入的10%）

MPK ×k= 0.3 y（资本收入约为年收入的30%）

企业实际收入增长率为 10%（n+g）

以资本黄金律观点评价该企业的投资水平。

解：

通过计算可以得知：δ=0.04，MPK=0.12

则：MPK$-$δ=0.08 ＜n+g

因此，该企业在高于黄金规则稳定状态资本存量下运行，如果他们减少投资率，则可以达到更高人均消费水平的新的稳定状态。

这个理论用更为直白的话来表达就是：将增加投资所获得的规模的增长率与获得的净利润率相比较，如果规模的增长率>获得的净利润增长率，则应该减少继续投资；相反，如果规模的增长率<获得的净利润增长率，则应该增加继续投资。

第十一章 企业政治

11.1 企业政治的起源

企业政治是那些不是由组织正式角色所要求的，但又影响或试图影响组织中利害分配的活动。多样性让世界充满了矛盾，矛盾促生了政治，政治始终是一个永恒的话题。国与国之间存在着国家政治，企业作为经济利益汇聚的综合体，内部同样存在着政治。伴随着经济利益的发生与分配，企业政治这张无形的手左右着企业老板及员工的行为，甚至在决定着公司未来发展的走向。企业政治经常是只可意会不可言传的，是模模糊糊不成文但已经约定俗成的日常事务处理法则。人们对企业政治一向讳莫如深，作为一个组织生活的参与者，要搞懂公司里的隐规则是要花费些时间的。而事实上，更多情况下身处组织中的许多人其实也不是十分清楚他们所遵循的法则。正如有人总结的那样："鱼儿总是最后一个发现水的存在。"

企业政治是一种谁也无法忽略的更为隐秘也更有决定性的力量，它影响甚至决定着企业的行为。不论是普通员工还是公司的领导者，都可以合理运用企业政治的力量，实现个人和企业的成功。就像精神分析学中难以名状的潜意识对人类行为的决定作用一样，企业政治也在不知不觉中改变着一个企业和一个人的命运和前程。企业政治平时隐形存在、关键时刻翻云覆雨，而且无处不在，令人无可遁逃。管理层人事动荡、企业战略摇摆不定、内部帮派钩心斗角……无数诸如此类的企业政治事件发生了或正在发生着。企业政治是组织生活的精髓，是一套真正有效用的控制系统。

由于企业政治的模糊性，不同人从不同角度对同一行为有不同看法。同样一种行为，一个人可能会认为是"政治行为"，另一个人则可能认为是"有效管理"活动（见表11-1）。"政治行为"和"有效管理"从表面来看很难区分，二者的核心区别在于是否是"为了影响对个人或小团体利益的分配"。正是由于组织中广泛存在的模糊性，"事实"很难为自己说话，因此导致政治行为的昌盛。也正因此，组织中制度政策最不明确的部门，通常政治活动亦最为普遍（如董事会、高层经理层、营销部等）；而制度政策非常明确的部门，如生产和会计部门，政治行为则相对少些。

表 11-1　政治行为与有效管理

"政治行为"标签	"有效管理"标签
责备他人	富有责任感
套近乎	建立工作关系
溜须拍马	表现忠诚
推卸责任	授权
不露马脚	为决策寻找充分证据
制造冲突	鼓励变革和革新
拉帮结派	促进团队工作
泄露机密	提高效率
早有预谋	提早计划安排
出风头	有才干,有魄力
有野心	事业心强
投机	精明敏锐
奸诈狡猾	老练稳重
妄自尊大	十分自信
完美主义者	细心周到

11.2 引发企业政治行为的因素

企业政治产生的背景可以来源于国家政治的普及和熏陶，也可以来源于公司多年沉淀的企业文化，当然也可以纯粹为人本身的自私心理或者行为激发使然。企业政治虽然具有隐形的特征，但是人们仍然在现实中体验到它的存在或者说感觉到它的影响力。研究表明，一些因素会鼓励政治行为，其中一些属于个人特点，来自组织所雇用的员工的独特品质；另一些是组织文化或组织内部环境的结果。

在个体水平上，高自我监控、权力需要较强、控制欲较强的员工更可能卷入政治行为。拥有核心技术或技能、手握关键客户资源、有权作出收益分配、具有声誉、内外部人脉网络强大的人容易诱发企业政治的出现与蔓延。

在组织层面特定的情境和文化促进了政治行为的产生。当组织的资源趋于紧缺时，当现有资源分配模式正在发生变化时，当其中存在晋升机会时，政治行为更可能会浮出水面。此外，如果组织文化带有如缺乏信任、角色模糊、绩效评估体系不明确、零和❶的报酬分配体系、缺乏民主化决策、在高度压力状态下完成工作及自私的高层管理者，那么这类组织往往会成为滋生政治活动的温床。

11.3 企业政治行为的后果及道德问题

无处不在、或明或暗的企业政治，究竟给企业带来什么影响呢？人们普遍认为，企业政治会导致人们丧失信任、貌合神离、结党营私、互相倾轧，最终损害组织的整体利益。

无论是哪一种因素诱发的政治活动，都可能会对组织产生负面作用。组织行为无疑对于那些成功卷入政治活动的个人而言是有利的，但是对于那些拥有较弱的政治技能或者不愿意参与这种政治游戏者，其影响和结果主要是消极的。他们会因此对工作满意度减低，增加工作压力和焦虑，降低绩效，甚至可能离职。

但事实上企业政治并不是对公司只有坏的结果，有些政治行为则具有双面性，有时也会出现正面的结果大于负面的结果的情况。按照罗宾斯的定义，公司政治"不是由组织正式角色所要求的，但又影响或试图影响组织中利害分配的活动"，那么，当正式制度和角色安排无法解决问题时，且这种影响利害分配不是为了个人或小团体利益时，处于"潜流"地带的非正式活动便能起到润滑剂的作用。这种"非正式组织"只是企业政治的微观表现形式之一。从更为宏观和深远的角度，可以认为，企业政治为企业锻造了一种准生态环境和人际调

---

❶ 零和是博弈论的一个概念，属非合作博弈，指参与博弈的各方，在严格竞争下，一方的收益必然意味着另一方的损失，博弈各方的收益和损失相加总和永远为零，双方不存在合作的可能。

节模式。

一般来讲，道德的政治行为能给公司带来正面效应大于负面效应的结果。道德的政治行为的三个主要指标是非功利性、权利和公正。在企业政治行为活动中，只要不符合这三个指标中的任何一个都被视为是不道德的。有关企业政治行为的道德判断方法及步骤可以按图11-1所示流程进行。

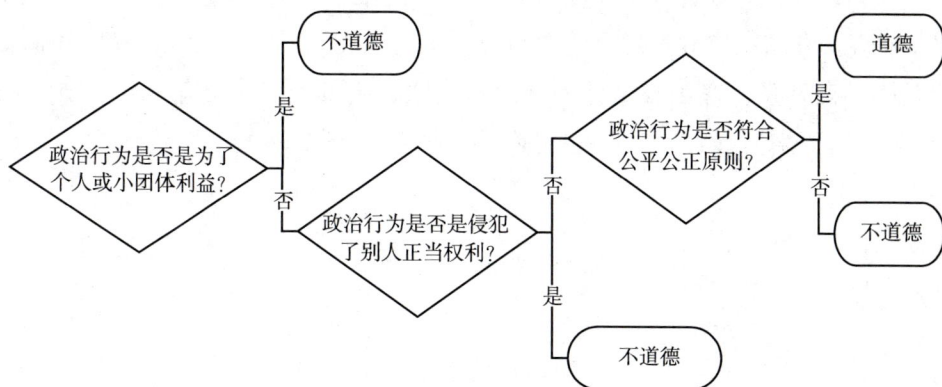

图11-1 政治行为道德判断

道德活动总是与组织的目标一致，即非功利的。散布谣言说公司推出产品的安全性值得怀疑，目的只是为了让这一产品的设计小组难堪，是不道德的。一个部门经理为了尽快签订一个关键合同，而与采购经理互惠互利，则没有什么不道德的。

侵犯别人正当权利的政治行为是不道德的。如果部门领导为了尽快签订一个关键合同，而采取了偷看采购经理私人信件了解情况，以便加速合同的签订，则是不道德的。

同样，不符合公平公正原则的政治行为是不道德的。部门领导夸大自己喜欢的员工的绩效评估结果，贬低不喜欢的员工的绩效成绩，然后根据这些绩效考核结果给前者大幅提薪，而后者什么也得不到，则是不道德的。

11.4 管好企业政治

哈佛商学院教授约翰·科特在《权力与影响力》一书中，劝诫企业管理者们放弃试图规避或者扼杀公司政治的企图，因为这是不切实际的空想。与此同时，他指出，企业规模越大、项目越多、所用技术越复杂、竞争越激烈，企业中的多样性和人员互相依赖的程度就越强，也就越有可能出现内部冲突和权力斗争。但这种冲突和斗争未必是破坏性的，如果能够进行富有成效和高度负责的领导，这种环境可以产生高明的决策和创造性的解决方案。

那么，企业管理者该如何从"实现组织目标"出发，有效管理企业政治呢？我们认为，有效管理企业政治应该结合企业文化建设来进行。事实上，有效的企业文化就是有效管理企业政治的文化。有效管理企业政治应该从企业文化基因的四种重要基因要素活动（组织构架、决策模式、信息传导、激励机制）入手系统管理设计，并形成制度化的惯例（见图11-2）。

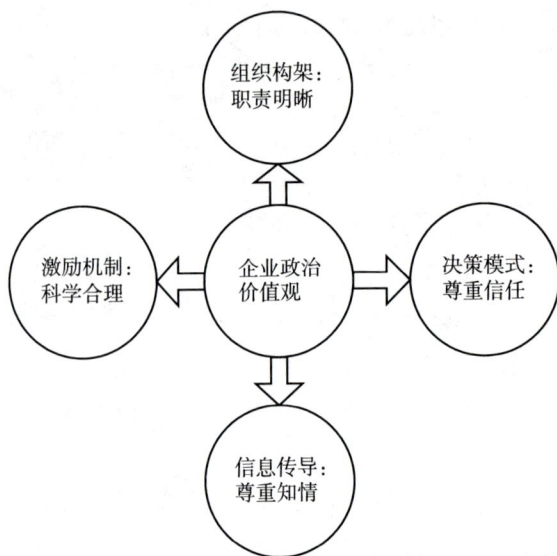

图 11-2　企业政治文化管理

有效管理企业政治首先要形成明确的企业政治价值观，提倡并乐见正能量的积累，反对蝇营狗苟与无事生非。在组织结构方面要明确职权，使组织结构明晰化、契约化，尽量减少职权模糊，防止因权责不明而引发的不良公司政治行为。在组织决策模式上要在尊重与信任基础上，不断学习，科学决策，形成有效决策思维。在信息传导方面要充分尊重利益相关者的知情权，及时进行信息传递与沟通。在激励机制方面，要科学分配资源，坚持效率优先兼顾公平，坚持机会平等优先兼顾收入平等，制定合理激励手段，防止竞争性损伤。除此外，所有管理者也要在自身锻造方面坚守政治道德底线，掌握平衡之道，避免小团体的泛滥和恶斗。

　　总之，企业政治因事而发，玩转企业政治，管理者必须在做人与做事之间寻求平衡，达到游刃有余的境界。但无论如何，在企业政治已是企业常态的前提之下，应对公司政治小靠智慧，大靠善德。

第十二章　企业成长陷阱

12.1 基于企业成长周期陷阱的认识

伊查克·爱迪思通过研究企业生命周期后，指出企业成长过程中主要会面临以下陷阱：孕育期的创业空想、企业婴儿期的夭折、学步期的创业者陷阱（家族陷阱）、青春期的创业者分手或未老先衰（见图12-1）。

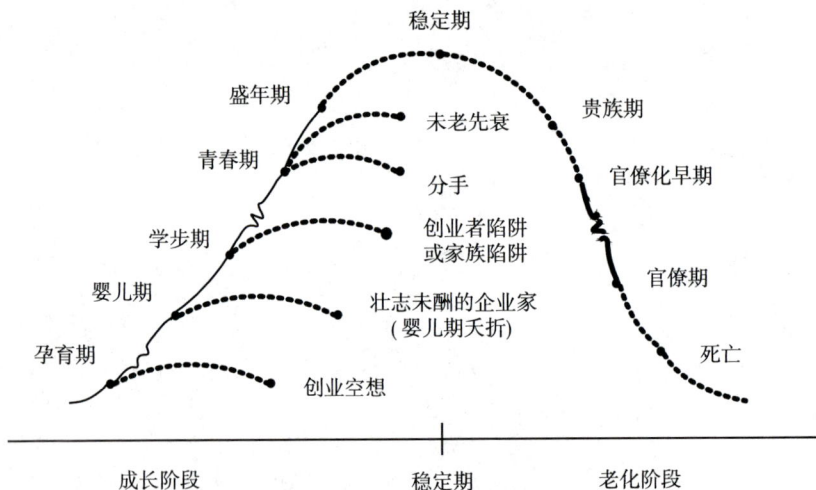

图 12-1　企业成长过程中的陷阱

企业婴儿期的夭折主要是企业面临的现金流断裂的问题。在婴儿期，企业由于刚刚成立，此时销售渠道还未建设完成，企业销售收入还远不足以支撑公司日常运营，如果企业没有足够的资金支撑到企业盈利的那一天，企业就面临夭折的命运。当然这个陷阱基本上是显而易见的，任何一个创业者都知道这个道理，因而企业婴儿期的夭折尽管是企业所必须面临的困难，但最起码是可以识别的，既然可以识别就不能称作陷阱，而更应该称为企业必须经历的一个槛。

事实上，企业婴儿期夭折的正真陷阱在于没有充分考虑到宏观环境和竞争环境的可能变化。有些企业只考虑到产品开发时的现实需求和竞争，而忽略了对未来环境和竞争情况的趋势判断，结果造成了风险。由于行业进入壁垒不高，本企业快速成长时，就会引来众多的模仿者或追随者，使竞争骤然加剧，这就造成了实际情况与公司原来的投资分析报告之间的严重差距，结果影响到现金回报时的盈利能力和整个投资计划的现金盈利能力，最终造成现金流断裂的问题。

创业者陷阱可能是许多看似成功企业失败的最主要问题。处于学步期的企业最容易出现这种问题。盲目追求高速成长，投资规模过大而忽视了对现金流量的控制，会导致企业出现资金断流，貌似强大的"躯体"因"失血"而走向衰败的企业很多。关于这种陷阱，除我们在前面关于企业伦理话题中讨论的"可持续发展"问题，吉姆·柯林斯在《再造卓越》一书中也进行了详细的分析和论述。

未老先衰或创业者分手是处于青春期的企业经常出现的陷阱。在青春期，有关授权、领导权和目标转换的三个方面出现问题是正常现象。如果冲突导致了企业对决策过程有直接和间接影响的人之间丧失了相互信任和尊重之类至关重要的要素时，那就是病态现象了。不少人离开时带走了许多好的构想与机会，他们觉得自己没有必要再忍受这种没有意义的工作。病态的结果是企业未老先衰，热衷于数字的人掌权之后，有了"数字化管理"却失去了前瞻眼光，有了组织纪律性后却失去了朝气活力，并最终会丧失盛年期的收获而直接进入贵族期。完成青春期转变的关键，是创业者或具有创业者气质的人与经理人之间的理解、信任与合作。所以，那些由所有者身份充当经理人的企业，如果这些所有者能够直接转变为职业经理人，成长的烦恼就会减少许多。

12.2 吉姆·柯林斯对成功企业走向失败的认识

在吉姆·柯林斯看来，每个企业都是有弱点的，不论它看起来多么卓越。不论你已经取得了多少成就，不论你在万里长征的路上已经走了多远，也不论你已经积蓄了多少能量，你依旧很难摆脱衰落的命运。世上并没有强者恒强的铁律。每个企业都有可能走向衰落。经过研究，吉姆·柯林斯在《再造卓越》一书中提出了卓越企业的衰落模型，并将企业衰落分为五个阶段。

1.企业衰落第一阶段：狂妄自大

优秀的企业可能会变得故步自封。尽管企业的领导作出了糟糕的决策或是丧失了自律性，但企业原先积累起来的力量在短期内仍会推动它继续前进。当我们变得傲慢自负，认为成功是理所当然，忽略了最初成功的真正动因时，衰落的第一阶段就悄然降临了。当成功者开始把自己的成功挂在嘴边（"我们之所以成功，是因为我们做了这些特别的事"），而不是深入发掘、洞悉成功的原因（"我们之所以能成功，是因为我们知道为什么做了特别的事，我们也知道在什么样的条件下，原来的做法并不管用"），那么衰落很有可能就会接踵而来。很多人获得成功是因为撞大运，如果这些人不能认识到运气在他们成功中所起的作用，过分夸大自己的优点和能力，最后他们也就难免不狂妄自大了。

2. 企业衰落第二阶段：盲目扩张

第一阶段滋生了目空一切的傲慢情绪（"我们这么厉害，我们可以做任何事"），会让企业进入衰落模型的第二阶段。如果企业有这种贪得无厌的心态，就会希望企业的规模越做越大，增速越来越快，听到的赞美越来越多，得到的所谓"成功光环"也越来越炫目。处于衰落第二阶段的企业已经丢弃了将它们带到第一阶段成功之前的持久创造力，在无法取得卓越成就的领域盲目扩张，或者过分强调增速而不能确保取得领先优势，或者同时犯下两种错误。如果一个企业不能考虑自身实力而盲目扩张，造成关键岗位上缺乏能力超群的干将，那么它就等于自掘坟墓。对任何成功的企业而言，骄傲自满和因循守旧都是成功路上的拦路虎，盲目扩张更能准确地解释它们失败的原因。

3. 企业衰落第三阶段：漠视危机

当公司进入衰落第三阶段之后，内部的预警信号开始频现，但是公司外部"固若金汤"的表现让公司领导者对不佳的业绩视而不见，或是认为困难只是"暂时的""周期性的""不至于那么糟糕""没有什么大不了的"。在衰落第三阶段，领导对负面的数据半信半疑，对于正面数据则夸大其词，把模棱两可的数据都解读成好消息。当公司遭遇挫折的时候，决策者会把责任归咎于外部因素，而不是去承担责任。高效能团队所特有的知无不言、言无不尽的风格也在逐渐消失，甚至完全消失了。如果企业的决策者过分冒险而又没有充分考虑冒险的后果时，那么他就会把公司推入虎口，公司马上就会陷入衰落的第四阶段。

4. 企业衰落第四阶段：寻找救命稻草

在衰落第三阶段累积的威胁或风险转变成了现实中的不利局面，企业兵败如山倒的颓势尽人皆知。关键的问题在于，公司的领导者会作何反应？是去抓救命稻草，还是回归最初的创造辉煌之道。处于衰落第四阶段的公司在寻找救命稻草的时候，会有一些常见的表现，包括起用踌躇满志的领导、采用激进却未经证实的策略、推行暴风雨式的变革、研发一鸣惊人的产品、尝试改变行业版图的收购或是寻找其他一蹴而就的良方。采取这些突击战略的效果最开始看起来还不错，但最后的效果就不一定理想了。

5. 企业衰落第五阶段：被人遗忘或濒临灭亡

一个公司在衰落第四阶段停留的时间越长，越是急迫地想要寻找脱困办法，公司的处境就越有可能急转直下。在衰落第五阶段，因为屡屡受挫及代价颇高的犯错，公司的财力大受影响，士气受挫，公司的领导者已经放弃了打造卓越未来的努力。有些时候，公司的领导者干脆把企业一卖了事；还有些时候，企业慢慢衰落直至被人遗忘；如果碰到一些极端的情况，企业马上就寿终正寝了。

尽管柯林斯的研究表明，公司在陷入衰落的时候，通常会依次走过这五个阶段，但跳过其中的某一阶段还是有可能的。有些公司会很快走过衰落的五个阶段，而有些公司则要在衰落中挣扎多年甚至是几十年。真力时公司历经这五个阶段耗时30年，乐百美公司从第二阶段一路下滑至第五阶段仅用了5年时间。有些公司在一个阶段停留的时间会比较长，在另一个阶段则只是停留片刻。例如，埃姆斯百货公司在第三阶段停留的时间不到2年，而在第四阶段则整整消耗了10多年才转入第五阶段。不同阶段之间也会相互交错，前几个阶段遗留的问题在之后的阶段也会继续影响公司经营。例如，狂妄自大很容易同盲目扩张同时出现，甚至和漠视危机同时出现。

12.3 企业可能存在的其他陷阱

除了前面提到的基于企业生命周期的成长陷阱外，企业中还普遍存在其他陷阱。具体表现如下。

（1）固守成规。企业是在发展中一步一步成长起来的，当成长进入鼎盛时期，不少企业经营者扬扬得意，丝毫没有危机感，一切都满足于现状，不想也不敢对业务进行变革。但是经营企业如逆水行舟，不进则退。企业生命周期曲线告诉我们，处在曲线最高点的稳定期，正是企业停止增长、开始衰退的转折点。为了实现企业持续成长，企业必须及时进行转型，大胆进行变革，给企业注入活力，找到新的增长点，从而使企业进入新一轮的成长。

（2）过度负债。在企业资本既定时，如果企业满足负债经营和企业盈利成长的前提条件，即息税前资产利润大于利息率与资产负债率的乘积，则负债的增加有助于企业盈利成长能力的提高。因此，许多企业为了追求较高的成长率而过度负债，从而陷入过度负债危机。

（3）资本依赖。企业成长必须有资金资源支持，否则企业成长就失去了动力。在资金资源中，最根本的是资本，包括投入资本和内部留存收益。从严格意义说，投入资本在一定时期内是既定的，除非大量增资配股或发行新股，而增资配股或发行新股并非完全可持续，那么，真正可持续的资本资源就来自企业盈利中的留存收益。同时，我们目前发行新股条件并不严格，因此许多企业产生发行新股的强烈冲动，将大量精力放在操纵利润指标、粉饰财务报表、突击报表重组上，以争取发行新股资格，而不是将主要精力放在内部成长的提升上，导致企业管理效率和创新力低下，陷入资本依赖陷阱。

（4）创新停滞。创新是企业盈利及持续成长提高的核心动力。企业创新包括产品创新、技术创新、管理创新和市场创新等诸多方面。创新是企业成长的灵魂。没有创新，就没有企业的持续成长，就没有成长力的提升。对企业而言，一次性创新容易，持续创新难；单项创新容易，系统创新难。许多企业往往满足于单个能人创新、一次创新、单项创新，因而陷入创新停滞陷阱。

（5）成长失调。许多企业在成长战略管理中，只注重生产成长和销售成长而忽视盈利成长，在企业做大的同时却没有把企业做强，而陷入成长失调的陷阱。由于经营杠杆、财务杠杆的存在，一个健康成长的企业，其生产成长率应等于销售成长率。但从我国的实际情况而言，很多企业的生产成长率大于销售成长率，大于盈利成长率，大于每股收益率。

（6）消极跟踪。在企业成长期，由于企业迅速发展，高速成长，竞争对手感到压力越来越大，因而"不择手段"地进行反击。此时企业经营者和管理者必须高度关注竞争对手的各种动向，收集多方面的有关信息，准确分析，判断对手一举一动的真正意图，以寻找和培育自己的竞争优势，以领先一步或主动迎击，确保企业在激烈竞争中的主动权和持续成长。如果不注意对手的新动作到底意味着什么，跟在竞争对手后面亦步亦趋，消极跟踪，往往容易被对手击败。

第十三章　把握变革

13.1 企业只有变革才能成长

组织变革（Organizational Change）是指运用行为科学和相关管理方法，对组织的权力结构、组织规模、沟通渠道、角色设定、组织与其他组织之间的关系，以及对组织成员的观念、态度和行为，成员之间的合作精神等进行有目的的、系统的调整和革新，以适应组织所处的内外环境、技术特征和组织任务等方面的变化，提高组织效能。企业的发展离不开组织变革，内外部环境的变化，企业资源的不断整合与变动，都给企业带来了机遇与挑战，这就要求企业关注组织变革。

变革是企业成长的永恒主题，也是企业成长的必由之路。尤其今天，企业变革的频率越来越高，企业变革的需求越来越迫切。推动企业组织变革的原因有很多，如科学技术日新月异、产品换代周期越来越短、全球化步伐日益发展、竞争越来越激烈，这一切都推动着组织不断地进行着新的变革。因此，无论今天企业组织结构设计得多么完美，在运行了一段时间以后，随着外部环境的变化都必须进行变革，这样才能更好地适应组织内外条件变化的要求，组织变革实际上是而且也应该是组织发展过程中的一项经常性的活动，是任何企业发展中都不可回避的问题，而能否抓住时机顺利推进组织变革则成为衡量管理工作是否有效的重要标志。

除了外部环境迫使企业变革之外，企业内部环境变化也促使企业进行变革。企业战略调整的要求，企业战略的调整本身就意味着变革，如产品结构调整、运营方式改变、企业转型等。技术条件的变化，如企业实行技术改造，引进新的设备要求技术服务部门的加强及技术、生产、营销等部门的调整。人员条件的变化，如人员结构和人员素质的提高等。管理条件的变化，如实行计算机辅助管理，实行优化组合等。

这是一个变革的时代，变革无时不在。然而，变革首先始于人的变革。马基雅维利在《君主论》中写道："没有什么比创造新的秩序更难把握，比它的成功更不确定，比它的实施更加危险，因为所有受到侵害的人都会成为你的敌人，而那些可能获得好处的人又不予以热心支持。"无论是现代企业频繁的购并和整合、业务流程再造、战略联盟的形成，还是进行企业缩编、多元化和国际化战略的实施，这些组织模式变革的出现都要求企业首先变革自己，变革企业的每一个人。为了让企业实现变革，每个人必须以一种不同以往的方式思考、感知和工作。这是变革的先决条件。

13.2 变革的阻力

任何变革都不是一帆风顺的，任何变革都会遇到阻力，都会受到人们的反对、阻挠，甚至对抗。变革阻力的存在，意味着组织变革不可能一帆风顺，甚至造成变革的失败和更大的破坏。变革之所以受到阻力主要有以下原因。

（1）利益冲突。组织变革尤其是战略调整必然涉及新的组织结构的调整，资源重新调整，企业关注重心的转移。因此，新的战略必然会触动一些人的利益，而这些人会成为你的敌人，他们会站在你的对立面发疯似的对新战略发动攻击。而那些既得利益者也不会站出来帮你说话，他们只会站在你的后面等待你来冲锋。在现实社会中，一些领导和员工考虑到自己的个人利益和短期利益，盲目地抵制变革使企业的变革难以有效实施。

（2）变革恐惧懒惰。组织具有惯性，组织不喜欢变革，人亦如此。由于"自大症"本能的存在及每个人认知水平和视角的差异，每个人都认为自己是最正确的。组织及其成员会习惯于自己的行事方式、文化、认知。组织及其成员害怕学习，尤其是自己熟悉的，害怕自己不能掌控。在彼得原理存在下，企业更是如此。我们的大脑对未来漫不经心，但却关注那些即将发生的威胁。前麻省理工学院教授迈克尔·哈默在《再造革命》一书中把人们拒绝改变的天性称为"重建中最复杂、最讨厌、最痛苦、最混乱的部分"。要想改变一种态度，就有必要对此态度所依赖的信息进行更改。

（3）不愿承认原先的错误。没有人愿意承认过去的错误决定。几乎所有中层管理者都本能地排斥变革，因为这会让他们对原来的决策感到难堪。

（4）员工不明变革的意义，对变革的发动者缺乏信心。在组织变革的过程中，一些员工对企业变革的紧迫性认识不足，认为变革没有必要，企业推动变革是多此之举。有些员工对变革发动者发动变革的动机和实施变革的能力产生怀疑，他们中有的认为变革是发动者为了私利的获得而进行的伎俩，有的认为发动者的知识和能力不足以实现既定的目标。还有一些员工不能准确地把握变革实施的后果，认为变革有可能达不到预期的效果，很可能会对组织、个人的利益产生损害。

13.3 如何保证变革的质量

企业实施变革的目的是通过变革能够变得更好，然而一项变革可能是引导企业走向成长的正确决策，也可能是导致企业倒退甚至是噩梦的开端。因此，变革需要有高质量的决策。爱迪思在《把握变革》一书中，认为变革质量取决于两个因素：决策质量与实施效率。提高决策质量需要一种民主（PAEI）的风格，而提高实施效率必须专断（CPAI）。具体见图13-1。

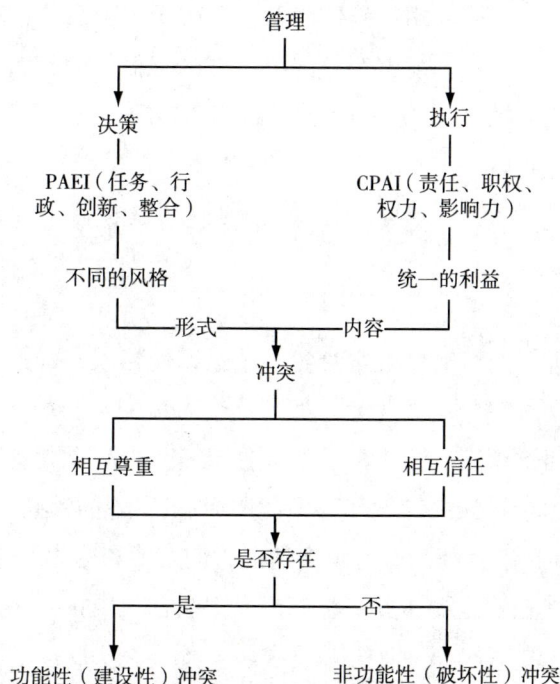

图13-1　高质量管理

任何一个人都不可能是全能的，因此高质量的决策有赖于团队的互补合作。但是由于利益的关系及风格的不同，事实上团队的合作不会自发形成。保持团队互补必然产生冲突，出现这种情况一方面是我们用不同的方式去思考、讲话与行动时很难沟通，另一方面大家的利益并不相同，因此这是冲突的根源。冲突的结果可能是破坏性的，也可能是建设性的。而高质量的变革决策需要的是建设性冲突，从而实现互补。通向破坏性冲突的是一条笔直的快车道，因为冲突本身具有破坏性，你根本不需要做什么。而建设性冲突则是艰难和曲折的。随着人们对团队合作决策的重视，也有人发展了一种叫作"团队引导技术"的方法❶，可以用来借鉴使用。

要达到建设性冲突，有效沟通、相互信任和尊重是必不可少的。只有不同的人之间就彼此差异进行学习，建设性的、协同性的冲突才是可能的。你可能曾经与人争吵过，几年之后你会不记得争吵内容的细节了，但你永远不会忘记当初是怎么争吵的，你会耿耿于怀的是你还能不能信任或尊重这个人。因此无论什么时候，当你不能同意某人的观点时，千万要注意发表不同意见的方式，而不是你所不同意的内容。

企业中建立有效沟通、相互信任与尊重取决于三个因素：正确的结构、训练有素的沟通与决策制定、能够获得并给予尊重与信任的成熟的人。爱迪思认为，"这是精髓，这就是你建立一个更好的企业的方法。或者说，无论你管理的是什么，包括你的婚姻、孩子、社区或你的生活，都可以用这种方法。"通过协同、相互学习形成尊重，形成同事关系；通过利益联结，彼此因"爱"而信任，形成朋友关系。

1. 正确的结构

人们在试图进行变革时，常常会犯一个关键性错误，即他们忽略了结构和程序，把注意力全都集中在人身上。如果这个人不配合变革，他们就排斥这个人，甚至可能解雇这个人，代之以他们以为具备了尊重和信任的人，但这不一定能起到作用。由于错误的结构和程序，即便是原本品行端正的人也开始以一种破坏性和不尊重的态度行事，环境会造成人们态度和行为的改变。

正确的结构首先就是要建立一种可以发表自己见解的民主会议机制。每个

---

❶ 团队引导技术(Facilitation)是行动学习中的关键技术,能帮助管理者在各类会议中激发团队智慧,明确共同目标,快速达成共识,有效保证组织战略的执行与行动学习项目的成功。

人可以有不同的想法、发表不同的意见的主权。正如伏尔泰说的那样"我不同意你所说的，但是我到死也维护你说它的权力"。相互尊重意味着我们彼此接受用不同的方式去思考并表达自己的权力。任何人都可以充分表达自己的真实见解，每个人都应该心平气和地听他人发言，一个人发言时任何人不得讲话或随意插话。避免讽刺、嘲笑和针对人的攻击和语气。发言和提问可以按照顺序进行，禁止谎言和妄想言语。无论谁违反了规矩都要受到惩罚。

正确的结构其次要建立一种正确的解释机制。然而，事实上一个决策质量的高低有时并不完全取决于其来源是民主决策还是专断决策，一个高质量的决策，必须经得起解释。如果一项决策让人觉得是含含糊糊的，它就不会是好的决策。一个良好的决策必须能逻辑清楚地解释"谁是顾客，我们为谁而存在（为谁做）""我们为什么而做，顾客的真正需求是什么（为何做、何时做）""我们做什么才能满足顾客需求（做什么）""我们如何满足需求（怎么做：规范、制度、最小成本）""是否可行，其他利益相关者想什么（谁来做）"。如果一个决策能解释清楚这几个问题，才是一个好的决策。

正确的结构还要建立一种正确的责权机制。责权机制包括责任、职权、权力和影响四个要素。责任是分内应做的事情，如履行职责、尽到责任、完成任务等。职权是组织正式赋予的合法权，与职位相关（可以说不行，但不一定可以说行）。权力是具有惩罚或奖励的能力。影响力，一般认为指的是用一种为别人所乐于接受的方式，改变他人所乐于接受的方式，改变他人的思想和行动的能力。

责任不等于职权，经常可能的是责任大于职权。因为职权是明确划定的，而责任是一个模糊的界限，有时有些责任没人承当，甚至是多人承担，或者是别人的领地。这就如同你与你邻居的关系，你们各自院子内的事是你们各自的职权，界限很清楚。你们之间有一面公共的墙或者间隙，那么这个墙或间隙就可能是多人承当或没人承担的责任。还有一种情况，你的邻居在自己的院子里种了一棵树，按道理讲这棵树是邻居的职权，可是这棵树影响了你的采光或者树冠伸到了你家院子里，难道你就该对这棵树视而不见吗？因此，管理中关于职权与责任来说正确的做法是管好自己职权范围内的事，不要侵犯别人的职权；共同管理公共的领地，做好协商和沟通；对别人职权范围但影响自己职权的事要管。除了以上三者之外，不要干涉、插手别人的事，不管别人干得好与不好。

有了职权并不意味有权，因为干与不干的行动掌握在下属手中，因此管理者必须要有处罚和奖励权。只有具有奖惩权力才有人听你的话，才会去执行任务。但是这还不够，管理者还必须有影响力。一方面，下属屈服于权力是因为他们想得到什么或怕失去什么，而一旦哪天这些东西对他来讲不重要时，那么这种权力就不再起任何作用。另一方面，监督是困难的，管理者不可能24小时盯着下属，既然不能，那么惩罚和奖励就是难以发挥作用的。因此，管理者还需要有影响力。变革实施效率的专断需要管理者将责任、职权、权力和影响力结合起来（见图13-2）。

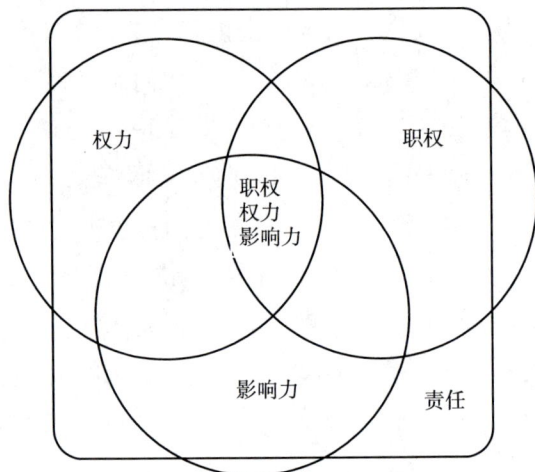

图13-2　职权、权力与影响力

2. 训练有素的沟通与决策制定

尊重与信任源于良好的沟通，打开沟通之路的关键就是推销主张。如果你没有沟通能力，也不能使人信服你，那你就不能管理。推销自己的主张首先要识别顾客需求。对于所有的顾客沟通需求而言，集中于两点：利益共享和尊重。

利益共享就是要建立一个大家都赢的环境。然而，建立一个大家都是赢家的环境确实十分困难。如果想要高效实施决策，你就必须确保实施决策所需的这些人具有共同利益。因为沟通时，利益只是你所承诺的或者描述的，此时对方还未得到利益，对方凭什么相信你而与你合作？因此，利益共享沟通的前提是相互信任。而信任则在于自己在日常接触中的口碑及留给对方的感受。因此，一个合格的管理者，一个合格的变革主导者一定是一个可以信赖的人。

除了利益共享之外，沟通中的尊重同样不可缺少。然而，对对方的尊重不是我们自认为的尊重，而是被沟通对象要感觉出来你在尊重他。由于不同的人有不同的风格，因此，沟通时对于某人的尊重，在用于另一种风格的人时，可能会被视为冒犯。爱迪思将管理风格划分为任务型、行政型、创新型和整合型四种。例如，任务型的人沉默可能意味着不赞成，而创新型的人沉默则意味着同意；任务型的人说不只是意味着也许，而创新型的人说不就是不。

与任务型的人沟通应尽量简短，做任何事需要经过授权，抢了风头或头功意味着不尊重。与行政型的人沟通提前预约时间、遵守时间、注意细节、注意程序意味着尊重。与创新型的人沟通像与行政型的人沟通那样注意细节会让他大为恼火，与创新型的人讨论或争论问题就是不敬，替他决策也是意味着一种不尊重。与整合型的人沟通需要提前征求过其他人的意见和想法才是尊重。

3. 能够获得并给予尊重与信任的成熟的人

是不是一个好的管理者，取决于他赢得并给予多少尊重，怎样信任和被人信任。一个优秀的管理者应该具有灵活且多方面的风格、知道自己是什么样的人、了解自己对他人的影响、对自己有一个客观的评价、接受自身的缺点、能够分辨他人的优点、接受与自己不同的人、能够利用冲突、能够创造一种学习的环境。具备这些特征的人是一个成熟的人。

对于一个成熟的企业的高层管理人员而言，能够获得并给予尊重与信任比其具有其他能力更为重要。高层管理者管理的内容和范围很广，也不可能参与到每一件具体事务之中，因此处于权力之巅的他们备感孤独，如果没有人向他们主动汇报工作，他们真不知道该做些什么。作为高层管理人员而言，事实上他们也不需要对每件事了解得太多，他们只需要发现和引入人才，尊重并信任下属，从顾客角度出发，研究和发现利益相关者的需求，使其能共同协作，创造一种"我为人人，人人为我""大家都赢"的气氛。

13.4 克服变革障碍的方法

变革不仅需要高质量的决策，而且必须有效实施。有效实施变革需要克服变革的阻力。对于变革障碍的克服，W.钱·金和勒妮·莫博涅在《蓝海战略》一书中认为，战略变革需要克服认知障碍、政治障碍、激励障碍和资源障碍。

虽然这些方法是针对战略变革提出的，但是对于企业其他类型的变革而言同样具有普遍指导意义。

1. 克服认知障碍

（1）培训。在变革方案制订和执行前而不是过程中进行培训，让所有人了解和理解变革的思想、本意、方法，让大家提前沟通，统一思想认识；让大家认识到变革的必然性和意义，以便获得支持；让大家认识到变革的风险和可能涉及的利害冲突，降低大家对变革的预期，提前做好承受压力和利益损失的准备。

（2）CEO全程参与。如果会议室里没有合适的人到场，优秀的战略方案成功的可能极小。即使CEO不能到场也一定要授权负责代表。对于项目负责人而言，必须要得到充分的授权，战略制定才可能一定程度上推进。总有人需要对新战略负责，制定全新战略需要企业领导人有很大的勇气。

（3）引入危机，了解战略变革的迫切性和重要性。让大家了解到公司目前的问题，以及这些问题对公司正在和将来造成的损害的严重性。必要时，通过事件、案例让大家切实感受到不马上变革，企业就会陷入严重的危机。

（4）控制执行速度。多数人都能适应旧的方式，也能适应新的方式，关键在于新旧的过渡。安索夫提出了四种管理变革的方法：强制变革管理、适应性变革管理、危机变革管理和"手风琴法"管理。管理者要善于根据公司情况，选择适当的变革方式，必要时可以逐渐变革和迂回方法达到变革的目的。

2. 跨越政治障碍

即使最聪明的人也常会被政治手段和阴谋诡计所吞噬。组织政治是企业和公众生活不可回避的现实。即使一个组织已经达到了执行变革的其他条件，仍有强大的既得利益者会抵制即将来临的变革。变革越有可能发生，这些来自组织内部和外部的反对者，为保护其地位，反对得就会越猛烈。而他们的抵制会严重损害甚至颠覆变革执行的进程。为制服这些政治势力，领导者需要将精力放在三个具有影响力的因素和方法上，即发挥天使的力量、使魔鬼沉默并为其管理团队找到一个谋士。天使是从变革中获得最大利益的人，魔鬼就是从中失去最多的人。内部谋士是政治老手并在内部受人尊敬，他事先知道所有的地雷，包括谁会跟你斗争，谁又会支持你；外部谋士可以是咨询公司或其他外部人员，假他人之手实施变革。

3. 跨越激励障碍

跨越激励障碍可以通过抓住主脑人物、实施鱼缸管理和进行任务分解来达到。变革的成功有赖于那些关键的主脑人物，因此要想办法对他们进行激励。将这些主脑人物置于聚光灯下，让人们都可以看到，我们称之为鱼缸管理。将主脑人物放入鱼缸，就可以大大增加他们不作为的风险。落后者在灯光下显露无遗，而迅速变革者也能在舞台上绽放光彩。所有主脑人物都置身于玻璃鱼缸，对每一位主脑人物变革中的业绩进行评估，一切都是清晰透明的，这就大大减少了在公司试图进行变革时存在于每个雇员心中的怀疑猜忌情绪。最后一个特别有效的影响因素就是分解任务，让变革实施变成看得见、可以识别和执行的分解任务。

4. 跨越资源障碍

变革实施需要必要的资源，缺乏资源的变革难以实施和成功。因此，变革过程中要积极调用和有效利用资源。企业要充分识别闲置资源，将闲置资源集中在变革的关键需要部位，将未能利用的资源通过内务部交换获得能够利用的资源，将资源用于关键的位置。

第十四章　管理决策思维

14.1　克服知行差距

今天的商业世界并不缺乏知识，当公司陷入困境时，可供管理层利用的资源很多：自己的经验、同事的看法、电脑产生的大量数据、数以千计的出版物，以及拥有最新管理理念和工具的咨询顾问。但通常情况是，即使拥有所有上述知识，却并不能将其付诸实践。

2000年，哈佛商学院出版社出版的斯坦福大学教授杰弗瑞·菲佛和罗伯特·萨顿合著的《知行差距：聪明的公司如何将知识转化为行动》一书，开宗明义就提出了一个尖锐的问题：知行差距是否影响绩效？很多人认为，绩效的低下是因为我们的管理知识不足，对卓有成效的新型管理方法不够了解。然而，菲佛的回答是，很多问题不是出于"无知"，而是出于"不行"。很多烂熟于胸的知识，在企业经营中不能转化为行动。

一个显而易见的事实就是，许多行之有效的经营方法，推广起来却阻力极大。例如，服装行业人人都知道，以分工合作为基础的标准化成衣生产，要比个体裁缝经济效果更好，然而直到20世纪90年代，服装生产中还有80%的成衣处于不讲分工的作坊式生产。可见，知道某种知识与把这种知识付诸行动，中间有漫长的道路要走。许多情况下，人们知道问题所在，也明白该怎样做，但就是在实践中做不到。几乎每个人，在自己的工作和生活中，都有"说起来都对，就是做不到"的现象。所以，菲佛断定，在许多情况下，企业绩效的差别，不仅仅是对战略、技术、产品、顾客、运营等方面的认识不足造成的，更多的是由不能实现知行转换造成的。知识的创造是重要的，把知识转化成行动至少同样重要。

知识用不上，原因有三个方面，一是知识回忆因素，二是习惯因素，三是政治因素。

菲佛指出了一个人们极易忽视的问题：在企业经营中，真正起作用的方法是熟知的方法，而不是最新的方法。许多经理人热衷于学习新知识和新方法，但是，真正支配他行为的，总是那些已经形成无意识的习惯、融化于血脉之中的老知识和老方法。新知识应用的首要条件就是它们能在恰当的时候被回忆起来。如果新知识不能在需要的时候被想起来，那么这种知识必然不能被应用。而对于那些能在恰当时候被回忆起来的知识，一是那些熟知原理的知识，即知其然与所以然的知识；二是通过特殊渠道获得的知识，如非正式途径或实践过的知识。

人们的行为在很大程度上受惯例支配，凡是下意识地认为"现在是过去的重现"者，在行为上肯定缺少知行转化能力。即使新知识能够被回忆起来，人们还是习惯于用他们各自过去的经验来评判各种信念，人们遇到问题时常见的是参照旧例的管理方法，即使遇到新的问题，也只是从过去的记忆中寻找类似的解决方案。而人们的信念是通过长期的学习积累起来的，存在一种路径依赖。当一种新知识产生的时候，而个人又不能及时作相应的调整来适应这种新变化时，不具有挑战性的人往往对新知识或新事物采取抵触行为，从而出现了对新知识应用的障碍。

在企业经营中，即便是发现旧例有弊端，人们也怯于指出，即便是指出了弊端，也难以改变。因为这种改变往往会触及相关信念和利益。由于企业政治的存在，结果会造成坏消息的信息屏蔽。雇员因为害怕老板或避免卷入企业政治的旋涡，会尽量封锁那些可能会使老板心情不好或可能会引起政治冲突的消息。最后导致的结果是，高层可能根本不知道实情。严重者不仅是封锁坏消息，甚至还会编造好消息。除此外，内部竞争也会造成知识应用的障碍。IBM的一位经理人曾经指出，强化内部竞争会严重影响企业的对外竞争力，会把朋友变成敌人。内部竞争机制忽视了脑力劳动和体力劳动的不同。体能竞争确实可以提高业绩，如竞技体育比赛。然而脑力劳动只有在不受监督、不受评判的情况下才能真正创新。组织生活的本质是相互依赖，而不是相互独立，内部竞争会在组织有协作和学习的地方阻碍知识的交流和分享。

菲佛论证了知行差距之后，以英国石油公司、巴克莱投资公司和新西兰邮政公司为例，说明了成功解决知行关系问题的企业应该怎样做。他强调，组织的业绩，取决于能否把知识转化为行动。为此，他提出了以下行动指南：①理论支撑十分重要，要重视人的行为机制和支配行为的理论价值意义，知其所以然和所以为；②知识来源于实践教学，只有遇到实际问题并去解决它，才能真正掌握知识；③行动的内涵远超计划与概念范畴，尤其要注重先实践再计划；④实践不可能不出错，关键是如何面对，坦然面对错误才能从错误中学到东西；⑤恐惧制造了知行差距，必须驱逐政治恐惧，领导人必须清楚，恐惧始于高层，也止于高层；⑥避免错误的类推，内部竞争不同于外部竞争；⑦评价指标要围绕企业的核心内容，并能促进知行转换；⑧领导怎样安排他的时间与资源很重要，如果领导要建立一个"知易行易"的企业，就需要以身作则，身体力行。

总之，企业的差别，不在于是否拥有素质更高的员工，而在于在制度体系和日常管理方面是否形成了产生知识、传播知识和应用知识的价值观。在一定意义上可以说，领导人最重要的事情不是决策，而是建立促进知行转换的体系，造就一个使人们知道自己该干什么的环境氛围。

14.2 管理实践中的"皇帝的新装"

丹麦著名童话作家安徒生曾写过一个有趣的童话叫《皇帝的新装》。这个童话为我们描绘了这样一个故事：

一个皇帝最喜欢穿新衣服，结果被两个骗子骗了。骗子说，他们制成的衣服漂亮无比，并且具有一种神奇的力量，凡是愚笨的或不称职的人就看不见。他们先织衣料，接着就裁，就缝，都只是用手空比划。皇帝派大臣去看好几次。大臣没看见什么，但是怕人家说他们愚笨，更怕人家说他们不称职，于是就都说看见了，衣服的确是非常漂亮。新衣服制成的那一天，皇帝要举行一种大礼，向人们展示自己的新衣服。两个骗子请皇帝穿上了新衣服。旁边伺候皇帝的人谁也没看见新衣服，可是都怕人家说他们愚笨，更怕人家说他们不称职，就一齐欢呼赞美。皇帝也没看见新衣服，可是他也不敢承认自己没有看到新衣服，装作自己很得意，就裸体走出去了。沿路的民众也都装出自己看得十分清楚，一致颂扬皇帝的新衣服。可是小孩子却天真无邪，喊道："看哪，这个人没穿衣服。"大家听到了，你看看我，我看看你，都笑了，终于喊了起来："啊！皇帝真是没穿衣服！"皇帝听得真真切切的，知道自己上了当，可是事情已经这样了，也不好意思再说回去穿衣服，只好硬着头皮往前走去。

类似"皇帝的新装"的管理实践在企业中比比皆是，也一直是困扰企业的主要管理问题。许多管理者在接受了研讨班、书籍或咨询师的宣传后，突然觉得自己明白了很多东西，认为自己获得了"真金"，于是就迫不及待地就想要大干一场。然而，在对自己所学的知识"不了解情况，或是还没弄清楚情况，就先动了手"，这势必会造成企业新的管理问题——"皇帝的新装"式的管理实践问题。

执掌GE公司20多年的杰克·韦尔奇在GE公司创造了企业发展奇迹，于是在GE炫目的业绩光环下，人们对韦尔奇的管理理念和方法深信不疑。不少CEO就将GE公司的活力曲线（末位淘汰法则）引入到企业人力资源实践中。在听了韦尔奇激情澎湃的演讲之后，福特公司前任首席执行官雅克·纳赛尔认为活力曲线无疑就是拯救福特的法宝，于是在福特公司生搬硬套了活力曲线，结果引起了轩然大波，在遭到强烈的抵制之后，福特公司很快宣布废除这项政策，纳赛尔最后也只好黯然离去。GE活力曲线之所以能有效发挥作用，是以GE公司10年打造的坦率和公开文化为基石的，不假思索地借鉴优秀企业做法，东施效颦，使纳赛尔栽了一个大跟头。

我们常常对那些能说到我们心坎里的观点深信不疑，我们习惯于模仿和套用自己和别人的经验。模仿和套用自然不是错误，但是不加思考和适应的套用就是错误的。假设你去看医生，医生对你说："我要给你做个阑尾切除手术。"当你问他为什么要这么做时，医生回答："因为我给上个患者做过后，他病情好转了。"听了这样的话，你恐怕会拔腿就跑吧？奇怪的是，在大多数公司，管理者宁可相信权威的观点和其他公司看似可行的措施，也拒绝采纳可信的证据，不愿意采用合乎逻辑的思考方式。当你对这种做法提出质疑时，通常得到的回答是"某某公司就是这样做的"。

人们常常对自己未经检验的意识信仰深信不疑，即使自己遇上更为正确的观点，他们也不愿意接受，因为人都有一种先天的自我保护潜意识。许多管理者以其激烈的信仰而非逻辑和证据引导管理思想和行为，即使发现了这种正确的逻辑和证据，他们也试图反驳和抵触。

14.3 评估管理思想的准则

出于商业的目的或自身利益的考虑，有些创造新理论的大师、咨询师和学者，在不断地以偏概全地推销自己的思想和方法，但作为企业管理实践者而言，一定要认识清楚这些理论和方法，以免误入歧途，上当受骗。

这些理论和方法常见的特征有：①把古老的点子当成全新的；②赞美、颂扬并应用突破性的概念；③赞美管理学大师、思想领袖、业绩明星等才华横溢的个人；④只强调向你推销的研究方法和管理实践的优点，不提它的缺陷和不确定的地方；⑤利用有关公司、团队和个人的成功与失败故事，揭示最好与最坏的实践；⑥利用流行的意识形态和理论来创造、证明管理实践，无视或拒绝所有存在的冲突证据。

针对这些鼓吹者的理论和方法，作为企业管理实践者，应该明确自己的判断标准：①老点子就是老点子；②对突破性概念和研究持怀疑态度，对所谓的突破应进行仔细审视；③应用整合的视角，赞美明智的团队和集体的智慧，而不是个别天才或大师；④强调你使用的实践的优点和缺陷及不确定的地方；⑤利用成功和失败的故事来阐述有其他证据支持的实践；⑥采用中立的方法对待意识形态和理论，用最佳的证据而不是流行的东西来支持管理实践。

14.4 什么是循证管理

解决管理认知偏颇最佳的方法就是循证管理。依靠循证管理，企业领导者直面确凿的事实，根据最佳的证据展开行动，从而在竞争中赢得胜利。对于流行的管理观念，应当采取理性的怀疑态度。实施循证管理有两大要素：首先，愿意把个人信仰和传统观念放到一边，坚持听信事实，并根据事实采取行动；其次，不懈地收集必要事实和信息，做到更明智、更有见地地进行决策，跟上新证据的发展步伐，利用新的事实更新实践。

循证管理脱胎于循证医学。在医学上遵循证据是很好理解的，但早期医生行医，靠的大多是经验。比方说"放血疗法"，在西方盛行了很久，从来没有人怀疑过它是否有效。要怎样才能证明"放血"对患者的病情没有改善作用？这需要对不同的人群进行长期的对照控制实验，同时排除一切可能的影响因素。在证据的基础上提出对某种治疗的观点。

　　几乎在每一个领域，指导决策和行动的，不是公认真理，就是传统观念。几乎在每一个领域，很多从业者及其顾问不愿意或不能够系统地观察世界，是因为他们受制于个人的信仰和意识形态。由于受内心愿望的左右，后因为思维缺乏逻辑性，他们的观察是失真的。这样一来，大多数传统观念都是错误的。如果组织不怕麻烦，坚持以事实替代常理，用数据检验传统观念，就能作出正确的决策。

　　如何实践和执行循证管理呢？杰弗瑞·菲佛在《管理真相：事实、传言与胡扯》中提出了9条原则。这些原则其实也并不是什么高深的道理，而是告诉我们如何有一个良好的循证管理心态。这些原则如下。

● 不要认为自己的组织很圆满，把组织和管理知识看成未尽的雏形，不断改进。

● 别吹牛，只讲事实；空话、大话、不实的吹擂，都是组织的毒药。

● 掌握显而易见的常识，不要对简单的常识视而不见而刻意追求专业深度。

● 以旁观者的眼光看待组织，过度乐观是一把双刃剑。

● 权力、威望和绩效让你顽固而愚蠢。

● 循证管理不仅是高管的事，要教导所有的人实践循证管理。

● 全力推销循证管理，把有效的证据变得生动鲜活，吸引人根据循证管理工作。

●至少也要阻止错误方式的蔓延。

●最佳诊断性问题：人们失败了会怎么样？要宽恕和包容错误才是正确的做法。

14.5　没有证据时如何循证

　　有人曾问管理大师彼得·德鲁克，为什么管理者会采纳糟糕的建议，而不采用合理的证据，德鲁克说"思考是很艰苦的工作，而管理时尚刚好是思考的完美替代品"。因此要克服这种错误，管理者要意识到自己的盲点、偏见及自己公司存在的问题，承担起寻找、采纳最佳数据和逻辑的责任。

　　有时候收集证据是困难的，但这并不意味着我们就可以放弃循证，而重新走回到信仰和传统观念的老路上。企业可以保持循证态度，采取各种措施，收集新的信息和证据，按当前情况积极寻找最佳做法。

很多决策有时很难得到数据和证据，此时管理者仍可以通过因果假设性逻辑做事，减少对猜测、信仰或传统意识的依赖性。因果关系并不简单，它是研究者的圣杯，科学研究的主要任务就是在纷繁芜杂的世界中，探索事件的真相，并寻找隐藏在现象后面的因果关系。

诺贝尔经济学奖得主卡尼曼经过对鸽子、老鼠和人的大量实验研究，得出一个很有信服力的结论：在技能训练中有一条重要原则，那就是对良好表现的嘉奖比对错误的惩罚更有效。当他将此结论传授给自己的学员时，一位学员根据自己多年的教练经历，举出了截然相反的例子予以反驳：在自己对飞行员训练中，当第一天训练，自己对表现不错的学员赞美时，这些学员第二天在训练中表现得并不好；而那些第一天训练中，自己对表现差劲的学员大声斥责时，这些学员第二天在训练中反而表现得很好。

从传统经验的角度来看，这个飞行教练得出的结论是正确的，然而从因果循证的角度看，这个教练的认识是错误的。因为飞行员的表现具有随机性，学员的表现总是在其平均值水平上下波动，第一天训练中表现不错的学员，第二天并不能保证还能表现得很好，不管你对他是赞美还是斥责，第二天这些学员在训练中表现不好是大概率的事；而那些第一天训练中表现不好的学员，第二天并不一定还会运气差到表现得不好，不管你对他是赞美还是斥责，第二天这些学员在训练中表现得好是大概率的事。掌握不了这种因果就会得出错误的结论，除非有更多大量的、科学的、逻辑的事实和证据能够证明这一结论。

因此，在决策难以得到数据和证据时，管理者要积极寻找因果关系，通过假设性逻辑做事，减少对猜测、信仰或传统意识的依赖性。由于经验归纳出的只能是偶然真理，因此必须要经过假设证伪，才能知道它是否正确。依据经验获得的结论需要经过"问题—猜想—反驳"的试错来替代"观察—归纳—结论"的证实机制。

在循证证伪方面，国内民营企业华为的做法值得我们借鉴和学习。华为提倡"自我批判"文化，1998年任正非讲："我们要不断地自我批判，不论进步有多大，都要自我批判，世界是在永恒的否定中发展的。"在战略决策方面，华为在公司层面的战略与发展委员会下设立了一个特殊机构：蓝军参谋部。它的任务就是唱反调，虚拟各种对抗性声音，模拟各种可能发生的信号，甚至提出一些"危言耸听"的警告。

14.6 组织管理思维的形成

"综合是管理的真正精髓",防止企业界这种对管理理论的偏颇滥用的最好办法是"综合"。作为良好的管理实践而言,依靠一招鲜是难以获得真正效果的。一种理论和工具即使曾经取得了多少实践的成功,总归还是有漏洞的。为此,在研究众多管理思想基础上,经过取舍整合,我们构建了"组织管理思维"模型。"组织管理思维"模型揭示,管理人员在寻找良好的组织管理问题解决方案时,应该以组织为中心、从顾客出发、进行循证假设检验、以成果为终。这个模型整合的最基本的管理思想是:企业生命周期理论、顾客导向、循证管理、目标导向管理(见图14-1)。

以组织为中心,就是站在本企业使命与愿景的立场上、站在企业生命周期的立场上考虑问题,以公司战略为依据,设计解决组织管理方案。作为企业而言,属于社会的器官,除了经济责任外,企业也承担了其他的社会责任。我们鼓励企业积极承担社会责任,但是企业所要承担的社会责任应该具有限度,要承担自己必须和应该承担的部分。这一点,德鲁克已经

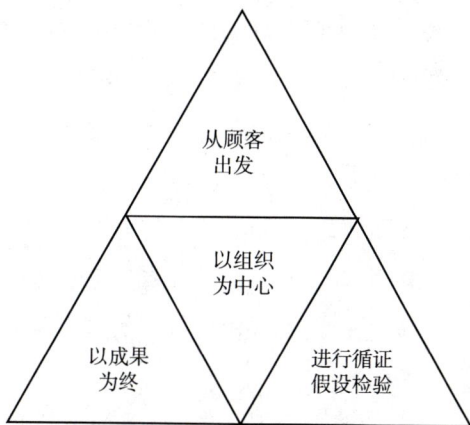

图 14-1 组织管理思维模型

在相关著作中讲得很清楚了。管理者要清楚自己要做什么,自己的界限在什么地方。例如,华为公司任正非强调"在商言商,在商不言政"。"活着"是企业基本的要求,顺应企业成长生命周期规律,健康活下去是企业的追求。离开这个中心,企业所有的组织管理方案都没有多大意义,甚至可能有害。

所谓顾客导向,是指在企业设计任何解决方案时,都要以顾客需求为出发点,要站在顾客的角度考虑问题,而不是从自己的立场出发。组织流程再造就是一种顾客导向的解决问题思维。企业生产经营不是我们要提供什么,而是顾客需求什么。脱离了顾客需求,产品或服务再好,也得不到回报,甚至提供的越多越招人反感。对于企业内部运营管理同样也是这个道理,部门之间的工作联系,也要站在联系对象的角度思考,否则官僚思想不可避免,企业运营效率

会大打折扣。进行顾客导向最基本的方法，就是要从顾客消费、使用服务整个过程，如购买者对商品的消费要经历购买、配送、使用、修配、保养、抛弃的六个阶段，进行移情分析，考虑以下六个问题：

- 顾客看到了什么？
- 顾客听到了什么？
- 顾客说了什么及做了什么？
- 顾客内心真实的想法与感受是什么？
- 顾客的痛楚是什么？
- 顾客的渴望是什么？

进行循证假设，就是要找出因果关系，寻找可靠数据和证据，进行假设性检验而获得最为可靠的方案，而不要被肤浅认知带入歧途，不要被经验所欺骗。在决策难以得到数据和证据时，管理者要积极寻找因果关系，通过假设性逻辑做事，减少对猜测、信仰或传统意识的依赖性。由于经验归纳出的只能是偶然真理，因此必须要经过假设证伪，才能知道它是否正确。在尝试一种商业概念或做法之前，应该考虑以下几个问题：

- 我偏好某一管理实践，是因为它符合我对人与组织的知觉吗？
- 不管我是否相信待议的观点，我是否得到了同等程度的证据和等量的数据呢？
- 我是否因为固有的信仰，不愿意收集、考虑可能与我决策有关的数据呢？
- 这个概念或做法对组织和人持有什么样的假设？
- 倘若该概念或做法确实有效，组织和人应该是什么样的？
- 这些假设里有哪些看似合理，哪些看似有误或可疑？
- 如果假设是错的，这种概念或想法仍能成功吗？
- 应该怎样快速、便捷地收集数据，检验假设的合理性？
- 还能想到哪些概念或实践可以解决同样的问题，并与你对人及组织的看法相吻合？

以成果为终，就是要以目标为导向，成果才是我们追求的目标。爱迪思认为，管理的职能有两个，一是实现效益，二是实现效率。如果方案不能为企业带来效益或效率，那么方案再完美都是失败的。效益就是企业取得的成绩或获得的结果，企业的效益包含长期的效益和短期的效益。效率就是企业为取得成绩或获得结果而付出的成本，企业的效率包含长期的效率和短期的效率。企业要想取得长期的效益，就必须对未来关注，通过创新来实现长期效益。企业要想实现短期效益，则需要关注眼前行动，通过加强执行来实现短期的效益。企业要想取得长期的效率，就必须整合协同相关的资源，而企业要想取得短期的效率，就必须要注重行政管理。一个良好的决策必须清楚逻辑地能解释"谁是顾客，我们为谁而存在（为谁做）""我们为什么而做，顾客的真正需求是什么（为何做、何时做）""我们做什么才能满足顾客需求（做什么）""我们如何满足需求（怎么做：规范、制度、最小成本）""是否可行，其他利益相关者想什么（谁来做）"。如果能解释清楚这几个问题，就是好的决策。

14.7　个人管理思维的形成

个人管理思维与组织管理思维不同，组织管理思维是管理人员为组织或他人寻找良好解决方案的思维，而个人管理思维则是管理人员为自己寻找良好解决方案的思维。组织管理思维与个人管理思维尽管有些时候看起来重叠，但其实是不一样的，如"领导力"就是一种最为典型的个人管理解决方案之道。除了领导力外，管理人员在处理其他与工作相关的自我管理问题时，也需要个人管理思维。

这个时代，我们对领导力相当着迷，仅自1975年以来，管理期刊数据库中发现出版的关于领导力研究的文章就将近15000篇，在亚马逊书店输入"领导力"的字样，就会出现110000多本著作。在这个领导力思想嘈杂的世界中，管理人员必须拨开云雾，抓住本质，将领导力的思维简单化，否则那么多的书籍或文章，也许几辈子你都不可能读完，更谈何实践。

个人管理思维虽然与组织管理思维之间在使用范围和对象上不同，但其方向上是基本一致的，因为大道相通，万物皆可归一。因此，这里我们仍然可以借用"组织管理思维"模型，稍作调整形成"个人管理思维"模型。"个人管理思维"模型与"组织管理思维"模型的最大区别之处在于强调的中心是"以责任为中心"，其他方面则基本相似（见图14-2）。

图 14-2　个人管理思维模型

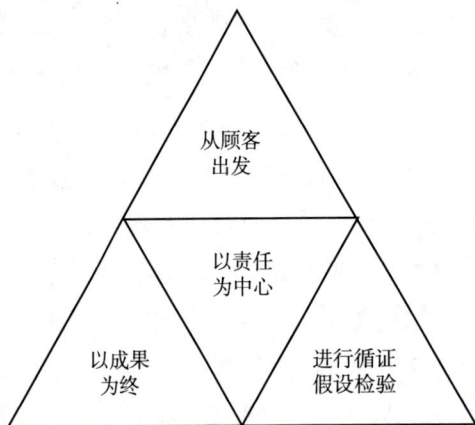

所谓以责任为中心，是指管理人员在进行个人管理时，要明确自己的职责界限，识别自己肩负的责任，秉承负责人的态度，尽心尽力解决问题或管理自己。每个管理者都有自己特定的职责范围，或者说是管理主权区域，超出自己的管理主权区域就是侵犯别人的主权。即使是董事长或总经理也一样，不能随便侵犯下属的主权。否则不仅问题得不到解决，还可能带来反抗，而且侵犯别人主权本身也是一种道德问题。

管理人员或部门之间如何界定主权呢？首先要以组织明确的岗位和职位说明书为依据，这是自己主权的法律依据。这好比你与你邻居之间的关系，各自的院墙围起来的是自己的主权领地。解决这个问题之后，有人问，和邻居之间共用的公共墙属于谁的呢？这就是我们在岗位或职位说明书中出现的交叉职能，对于这个问题应该需要邻居之间协调，两人可以共同协商，或者一方委托另一方负责管理。除了这个问题之外，还会出现第三种情况，邻居家种了一棵树，树长大了之后，树冠伸到自己的院子里，又怎么办呢？按道理树是种在邻居院子里的，并不侵犯自己主权，但是当树冠落到自己的院子里的时候，就要解决。管理中，对于别人的工作我们不应该干涉，但是当别人的工作影响到自己的工作时，就应该干涉。除了以下几种情况可以商榷外：紧急情况下、正常程序极大浪费效率时而又对主权人影响不大时、特殊组织结构（团队型、项目组型），无论何种原因，一般来讲不可越权管理。

导　读

《企业生命周期》《把握变革》伊查克·爱迪思

伊查克·爱迪思（Ichak Adizes）是美国最有影响力的管理学家之一，企业生命周期理论创立者，组织变革和组织治疗专家。1995年爱迪思创建了爱迪思研究所，是专门研究和教授组织变革和转型的学校。作为一名面向外国政府的顾问，爱迪思曾经担任过多个国家的首相和内阁的咨询人员，这其中有以色列、瑞典、巴西、加纳、冰岛、墨西哥、马其顿王国等。美国主流媒体曾评价爱迪思是20世纪90年代"唯一一名处于管理尖端领域的人"。《企业生命周期》论述了企业生命历程中的特征，《把握变革》用实践中概括出来的PAEI角色职能为基础，建立一个广泛适用的企业分析范式。爱迪思把企业比喻为有机的生命体，而且基本上是以人体比喻企业，并由此形成了三个贯穿于他的理论之中的主线。

《战略历程》《管理者而非MBA》亨利·明茨伯格

亨利·明茨伯格（Henry Mintzberg），是全球管理界享有盛誉的管理学大师，在国际管理界，他是最具原创性的管理大师，对管理领域常提出打破传统及偶像迷信的独到见解。亨利·明茨伯格的第一本著作《管理工作的性质》曾经遭到15家出版社的拒绝，但是，该书现在已是管理领域的经典。明茨伯格一直都以他在管理领域所提出的大胆、创新和颇具开拓精神的观点而为人所瞩目，他的思想非常独特，因此被很多正统学者认为是"管理领域伟大的离经叛道者"。然而谁也无法否认的是，每次当明茨伯格提出任何新的理论和观点之时，整个管理界都会为之沸腾。明茨伯格对管理学教育也颇有微词，他广为流传的一句名言是："MBA因为错误的原因用错误的方式教育错误的人。"明茨伯格认为，商学院教的是商业管理上的各种功能，而不是管理实践本身，它们向学生反复灌输狭隘的、唯利是图的思维方式，漠视社会责任感。

《管理实践》《管理：任务、责任和实践》彼得·德鲁克

彼得·德鲁克（Peter F. Drucker）以他建立于广泛实践基础之上的30余部著作，被翻译成30多种文字，传播及130多个国家，奠定了其现代管理学开创者的地位，被誉为"现代管理学之父"，甚至被尊为"管理大师中的大师"。1954年，德鲁克出版了《管理实践》，提出了一个具有划时代意义的概念——目标管理，从此将管理学开创成为一门学科，从而奠定管理大师的地位。1973年，德鲁克出版了巨著《管理：任务、责任和实践》，这是一本给企业经营者的系统化管理手册，为学习管理学的学生提供的系统化教科书，告诉管理人员付诸实践的是管理学而不是经济学，不是计量方法，不是行为科学。该书被誉为"管理学"的"圣经"。

《知行差距》《管理真相》杰弗瑞·菲佛

不少公司里都有经验丰富、才智兼备、行动力强的员工，他们明知道该怎么做，可没法子或是不能够照着自己掌握的知识去行事。《知行差距》指出了造成知行差距的主要原因，告诉组织该怎么消除障碍。写完《知行差距》后，作者很快又碰到一个全然不同且出乎意料的管理问题，许多管理者曾受了研讨班、书籍或咨询师的怂恿，在对自己所学的知识"不了解情况，或是还没弄清楚情况，就先动了手"，结果造成了企业新的管理问题。于是作者写了《管理真相》一书，该书告诉大家：管理没有灵丹妙药!企业不能只追求潮流，不能只听信不实的管理传言。

《基业长青》《再造卓越》吉姆·柯林斯

吉姆·柯林斯（Jim Collins）曾获斯坦福大学商学院杰出教学奖，先后任职于麦肯锡公司和惠普公司。《基业长青》《从优秀到卓越》是近10年来全球最热的商业书籍：探讨百年企业长青的秘诀，狂销全球成为管理经典。《哈佛商业评论》评选的"20世纪90年代最重要的两本管理书籍"之一就是《基业长青》。《再造卓越》揭示了企业衰落的五个阶段：狂妄自大、盲目扩张、漠视危机、寻找救命稻草和遭人遗忘或濒临灭亡。但即使企业已经陷入了衰退，它们仍然可以扭转乾坤。如果对于上述五个阶段能做到了然于胸，那么领导者就能极大地降低企业坠入谷底的概率。

《管理的真相》弗里克·韦穆伦

弗里克·韦穆伦（Freek Vermeulen），是伦敦商学院战略与国际管理副教授，负责 MBA 和高管培训课程。他设计并教授了这所商学院最为成功的几门课程，包括战略管理、管理通论、增长战略以及兼并、收购和联盟等，这些课程的成功为他赢得了学院"最佳教学奖"。在《管理的真相》一书中，韦穆伦用尖锐、机智而又通俗易懂的语言，揭开了一派光鲜的商业世界背后的秘密，分析了企业的 CEO、管理者和董事们以及他们在管理过程中面临的各种诱惑、影响、错误的关联和战略，将之前很少有人探讨或者不愿意承认（但又不得不认同）的商业世界的另一面展示给读者，让读者用自己的眼睛观察这一切。作者的大胆论证动摇了人们关于企业本质的基本认识，他以坚实的依据对当今商业世界中怪诞的行为、丑闻、反直觉的事实和无可救药的愚蠢进行了毫不留情的嘲讽，指出了各种管理时尚给企业带来的后果。

《HR转型突破：跳出专业深井成为业务伙伴》康至军

该书以德鲁克先生的人力资源理念为主线，通过对大师思想的解读和优秀企业实践的剖析，提出了中国企业 HR 转型的杠杆解：回归正确的角色定位、从客户需求而非职能专业出发、从目标成果而非专业活动出发、从假设而非最佳实践出发。作者跳出人力资源的专业局限，从更为宽广的视角采撷素材，通过大量的经典案例，对德鲁克近乎常识的理念进行了深入浅出的阐释，脉络分明、层层递进、一气呵成。德鲁克告诫说："思考是很艰苦的工作，而管理时尚刚好是思考的完美替代品。"与热衷于介绍流行概念的书籍不同，该书试图厘清中国企业 HR 转型之道，强调回归管理常识，启发读者的思考。

《下一个倒下的是不是华为》田涛

死亡是一个永恒的话题，说到底，组织存在的命理就是如何活得更长久些。过往的 20 多年，华为活下来了，华为的许多同行却倒下了，那些貌似"战无不胜"的"巨无霸"企业在这个快速变化的时代里，几乎毫无征兆地从正午的辉煌急剧地走向没落。下一个是谁？华为是不是也会盛极而衰，重蹈前辈覆辙？当舆论将称赞的目光投向"世界第二""世界第一"的华为时，下一个倒下的是不是华为？这是一本研究企业成长管理的很有借鉴意义的书，有助于理解企业文化基因及其变异，你可以仔细琢磨任正非是如何顺应公司发展阶段进行变革成长的。任正非的伟大，华为的伟大之处，就在于较大程度上正确地把握了企业成长管理的真谛。

《在痛苦的世界中尽力而为》俞敏洪

该书为俞敏洪口述作品，真实地反映了俞敏洪所走过的五十年人生风雨路程。俞敏洪以淡定幽默的口吻，回忆新东方的发展历程，以一种成熟平和的心态讲述了创业过程中的风风雨雨，引起所有人内心的共鸣，道出事业和人生的通行准则，激发出每个人内心的成长力量。透过该书你可以品味企业成长阶段的典型特征。

《马化腾的坎》彭征

每个人在创业的路上都会遭遇困境，也都会犯错，"QQ帮主"马化腾也是如此。腾讯QQ是我们非常熟悉的聊天工具，甚至已经成为我们工作和生活的一部分，但很多人可能不知道，QQ的诞生却经历了一波三折，因为资金困境，马化腾当初险些卖掉QQ。从一个单纯的聊天工具到游戏、门户、腾讯搜搜等后续产业的开发，QQ曾经更是被视为"全民共敌"，并且经历了无数波折。《马化腾的坎》首次梳理了马化腾在创业历程中所遭遇的种种难题或挫折，管理者和创业者值得仔细阅读，反复品味企业成长的历程。

《阿里巴巴神话：马云的美丽新世界》孙燕君

阿里巴巴成立于1999年，而在8年之后，当年由18个人50万元资金创业的网络小作坊，就已经变成了世界最大的B2B商业网站。2014年阿里巴巴又在美国纽交所挂牌，开盘当日，股价飙升，使得阿里巴巴的市值一举超越了Face-book、亚马逊、腾讯和eBay，成为仅次于谷歌的全球第二大互联网公司，这就是阿里巴巴成长的神话和成长史。透过该书，你可以细细品味阿里巴巴各个成长阶段的特征，尤其是企业在创业期、婴儿期的典型特征。

参考文献

[1] 明茨伯格,等.战略历程:纵览战略管理学派[M].刘瑞红,译.北京:机械工业出版社,2002.

[2] 杰弗瑞·菲佛.管理真相:事实、传言与胡扯[M].邓瑞华,译.北京:中国人民大学出版社,2008.

[3] 汤姆·彼得斯.重新想象:激荡年代里的卓越商业[M].向妮,等,译.北京:华夏出版社,2004.

[4] 伊查克·爱迪斯.企业生命周期[M].赵睿,等,译.北京:中国社会科学出版社,1997.

[5] 弗里克·韦穆伦.管理的真相[M].孙忠,译.北京:中国财政经济出版社,2012.

[6] 明茨伯格,等.管理者而非MBA[M].杨斌,译.北京:机械工业出版社,2010.

[7] 杰弗瑞·菲佛.你所知道的管理是胡扯[M].王恒,等,译.北京:中国人民大学出版社,2009.

[8] 阿德里安·伍尔德里奇,等.管理大师[M].熊睦铭,等,译.北京:中信出版社,2013.

[9] 米可斯维特,等.企业巫医[M].汪仲,译.北京:华夏出版社,2007.

[10] 杰弗瑞·菲佛,等.管理者的误区[M].尤咏,译.南京:江苏人民出版社,2000.

[11] 康志军.HR转型突破:跳出专业深井成为业务伙伴[M].北京:机械工业出版社,2013.

[12] 亚当·斯密.国富论[M].胡长明,译.北京:人民日报出版社,2009.

[13] 马克思.资本论[M].朱登缩,译.海南:南海出版社,2007.

[14] 马歇尔.经济学原理[M].朱志泰,译.北京:商务印书馆,1979.

[15] COASE R. The nature of the firm[J]. Economic N. S. ,1937(4).

[16] WILLIAMSON O E. The Economic Institute of Capitalism[M]. New York:The Free Press,1975.

[17] 约瑟夫·熊彼特.经济发展理论[M].何畏,等,译.北京:商务印书馆,1990.

[18] 薛求知,等.企业生命周期理论:一个系统的解析[J].浙江社会科学,2005(5):192-197.

[19] GREINER L E. Evolution and revolution as organizations grow[J]. Harvard Business Review,1972,50:37-46.

[20] 恩格斯.反杜林论[M].高玉宽,译.北京:中央民族大学出版社,2007.

[21] NELSON E T. An evolutionary theory of economic change[M]. Boston:The Belknap Press of Harvard Univers ity Press,1982.

[22] WINTER S G. Schumpeterian competition in alternative technological regimes[J]. Economic Behavior and Organization,1984,5:287-320.

[23] QUINN R E. Organization life cycles and shifting criteria of effectiveness：some preliminary evidence[J]. Management Science，1983，29：33-51.

[24] NEIL C. CHURCHILL E T. The five stages of small business growth[J]. Harvard Business Review，1983,61(3):30-50.

[25] 保罗·霍肯. 商业生态学[M]. 夏善晨，等，译. 上海：上海译文出版社,2001.

[26] 詹姆斯·弗·穆尔. 竞争的衰亡[M]. 梁骏，等，译. 北京：北京出版社,1999.

[27] 肯·巴斯金. 公司DNA：来自生物的启示[M]. 刘文军，等，译. 北京：中信出版社,2001.

[28] 罗启义. 企业生理学：企业活力探源[M]. 王晓路，等，译. 北京：新华出版社,2001.

[29] 彭罗斯. 企业成长理论[M]. 赵晓，译. 上海：上海人民出版社,2007.

[30] 约瑟夫·熊彼特. 资本主义、社会主义与民主[M]. 吴良健，译. 北京：商务印书馆,1999.

[31] 小艾尔弗雷·D. 钱德勒. 看得见的手：美国企业的管理革命[M]. 重武，译. 北京：商务印书馆,1987.

[32] PRAHALAD C K，HAMEL. The core competence of the corporation[J]. Harvard Business Review，1990(5-6):79-91.

[33] 迈克尔·波特. 竞争战略[M]. 陈小悦，译. 北京：华夏出版社,2005.

[34] TEECE D，ei. Dynamic capabilities and strategic management[J]. Strategic manangement，1997，18(7):509-533.

[35] ZOLLO M. From organizational routines to dynamic capabilities[D]. The Wharton School University of Pennsylvania，1999.

[36] 朱晓霞. 企业成长研究脉络梳理及评价[J]. 华东经济管理,2011,24(4):99-102.

[37] GULATI R，LETTER D. Shrinking core，expanding periphery：the relarional architecture of hingh-performing organizations [J]. California Management Review,2005,47(3):75-106.

[38] SHEPHERD D，WIKLUND J. Are we comparing apples with apples or apples with oranges? A propriateness of knowledge accumulation across growth studies[J]. Entrepreneuship Theory and Practice,2009,33(1):105-123.

[39] POWELL T. How much does industry matter? An alternative empitical test [J]. Entrepreneuship Theory and Practice,1996,26:57-66.

[40] F. 赫塞尔本，等. 未来的组织[M]. 储开方，译. 成都：四川人民出版社,1998.

[41] ZOLLO M，WINTER S G. Deliberate learning and evolution of dynamic capabilities[J]. Organization Science,2002,13(3):339-358.

[42] 刘冀生. 企业战略管理[M]. 北京：清华大学出版社,2003.

[43] 胡正奎. 我国民营企业管理模式选择研究[D]. 河北大学,2010.

[44] 陈佳贵. 关于企业生命周期与企业蜕变的探讨[J]. 中国工业经济,1995(11):5-13.

[45] 李业. 企业生命周期的修正模型及思考[J]. 南方经济, 2000(2): 47-50.

[46] 韩太祥. 企业成长理论综述[J]. 经济学动态, 2002(5): 82-86.

[47] 魏光兴. 企业生命周期理论综述及简评[J]. 生产力研究, 2005(6): 231-232.

[48] 吴军. 浪潮之巅[M]. 北京: 电子工业出版社, 2011.

[49] 任雪峰. 我的成功不是偶然: 马云给年轻人的创业课[M]. 北京: 中国画报出版社, 2010.

[50] 彭征, 田旭凤. 马化腾的坎[M]. 北京: 当代中国出版社, 2013.

[51] 魏昕, 石海娥. 马云帝国内幕[M]. 北京: 新世界出版社, 2013.

[52] 胡笑红. 俏江南要求清退鼎晖遇挫: 创始人张兰称当初引进投资是错误[N]. 京华时报, 2011-08-31.

[53] 伊查克·爱迪斯. 把握变革[M]. 赵睿, 等, 译. 北京: 华夏出版社, 1998.

[54] 一位总经理的辞职信[J]. 企业管理, 2010(9).

[55] 对《一位总经理的辞职信》的回复[J]. 企业管理, 2011(10).

[56] 俞敏洪. 敏洪口述: 在痛苦的世界中尽力而为[M]. 北京: 当代中国出版社, 2012.

[57] 郭强, 等. 基于组织演化的企业基因研究[J]. 水运管理, 2013(12): 37-39.

[58] 余时飞. 经济增长理论文献综述[J]. 经济研究, 2009(8): 38-39.

[59] 孟晓斌, 等. 企业动态能力理论模型研究综述[J]. 外国经济与管理, 2007(10): 9-16.

[60] 黄江圳, 等. 从能力到动态能力: 企业战略观的转变[J]. 管理学前沿, 2002(22): 13-17.

[61] 李允尧. 企业成长能力研究[M]. 北京: 中国物资出版社, 2010.

[62] 许芳. 企业的类生命特征[J]. 湖南商学院学报, 2003(4): 43-44.

[63] 徐全军. 现代企业成长理论研究状况分析[J]. 山东经济, 2009(5): 54-63.

[64] 赵晓英. 我国中小企业可持续发展研究[D]. 湖南农业大学, 2006.

[65] 风进, 等. 西方企业生命周期模型比较[J]. 商业研究, 2003(7): 179-181.

[66] 杨杜. 企业成长论[M]. 北京: 中国人民大学出版社, 1996.

[67] 许晓明, 等. 基于资源基础观的企业成长理论探讨[J]. 研究与发展管理, 2005(2): 91-97.

[68] 李钢. 基于企业基因视角的企业演化机制研究[D]. 复旦大学, 2006.

[69] 王伟. 基于企业基因重组理论的价值网络构建研究[J]. 中国工业经济, 2005, 2(2): 58-65.

[70] 加里·尼尔逊, 等. 什么是企业DNA[J]. 哈佛商业评论, 2005(1): 72-75.

[71] 阿里·德赫斯. 长寿公司: 商业"竞争风暴"中的生存方式[M]. 王晓霞, 等, 译. 北京: 经济日报出版社, 1998.

[72] WINTER. The research program of the behavior theory of the firm: orthodox critique and evolutionary perspective, handbook of behavioral eeonomies[M]. Greenwich, CT: Jai Press, 1986.

[73] FOSS N J. Theories of the firm: contractual and competence perspectives[J]. Evolutionary Eeonomics, 1993, (3): 127-144.

[74] 诺埃尔·蒂奇. 领导力循环[M]. 杨斌, 译. 杭州:浙江人民出版社,2014.

[75] 周晖,等. 企业生命模型初探[J]. 中国软科学,2000(10):110-115.

[76] 李贤柏. 企业 DNA 模型研究综述[J]. 商业研究,2006(9):41-42.

[77] 许丽娟. 文化基因与企业成长机制解析[D]. 江南大学,2008.

[78] 吉姆·柯林斯,等. 基业长青[M]. 真如,译. 北京:中信出版社,2009.

[79] ANDREWS K R. The concept of corporate strategy[M]. Boston:Richard D. Irwin, Inc. ,1980.

[80] 戴维·J. 科利. 公司战略:基于资源论的观点[M]. 王永贵, 译. 北京:机械工业出版社,2006.

[81] 许可,等. 企业资源学派与能力学派的回顾与比较[J]. 经济管理,2002(2):10-17.

[82] WILLIAMS J R. How sustainable is your competitive advantage?[J]. California Management Review Spring , 1992 : 29-51.

[83] BARNEY J. Firm resources and sustained competitive advantage[J]. Journal of Management, 1991,17(1):99-120.

[84] ZOTT C. Dynamic capabilities and the emergence of intraindustry differential firm performance : insighs for a simulation study[J]. Strategic Management Journal,2003,(24):97-125.

[85] BARNEY J. Organizational culture: can it be a source of sustained competitive advantage?[J]. Academy of Management Review,1986,(11):656-665.

[86] WILLIAMSON O E. The economics of discretionary behavior manangerial objectives in a theory of the firm[M]. Prentice Hall,1964.

[87] 耿小庆. 组织知识创新与企业能力成长[M]. 北京:中国物资出版社,2010.

[88] 王庆喜. 企业资源与企业成长[J]. 商业研究,2004(15):109-110.

[89] 许晓明,等. 基于资源基础观的企业成长理论探讨[J]. 商业研究,2005(2):91-97.

[90] 李成彦. 组织文化研究综述[J]. 学术交流,2006(6):183-185.

[91] 苏勇. 中国企业文化的系统研究[M]. 上海:复旦大学出版社,1996.

[92] 孙成志. 组织行为学[M]. 北京:中央广播电视大学出版社,2004.

[93] 周梁,张明. 企业使命的概念解读[J]. 经济师,2008(5):198-200.

[94] 彼得·德鲁克. 卓有成效的管理者[M]. 许是祥,译. 北京:机械工业出版社,2009.

[95] 彼得·德鲁克. 管理的实践[M]. 齐若兰,译. 北京:机械工业出版社,2009.

[96] 彼得·德鲁克. 管理:使命、责任、实务[M]. 王永贵,译. 北京:机械工业出版社,2009.

[97] 杨锡怀. 企业战略管理[M]. 北京:高等教育出版社,2010.

[98] 彼得·圣吉. 第五项修炼[M]. 郭进隆,译. 上海:上海三联出版社,1998.

[99] 迈克尔·茨威格. 创造基于能力的企业文化[M]. 王申英,等,译. 北京:华夏出版社,2002.

[100] 马克·利普顿. 愿景引领成长[M]. 范微,等,译. 广州:广东经济出版社,2004.

[101] 查尔斯·E. 班福德,等. 战略管理[M]. 栾玲,等,译. 北京:中国人民大学出版社,2011.

[102] 纳尔逊,温特. 经济变迁的演化理论[M]. 胡世凯,译. 北京:商务印书馆,1997.

[103] 唐京,等. 从"组织气氛"到"组织文化":概念发展的逻辑[J]. 心理学动态,2001,9(1):62-65.

[104] 钮先钟. 西方战略思想史[M]. 南宁:广西师范大学出版社,2003.

[105] ANSOFF H I. Corporate strategy, business policy for growth and expansion[M]. New York: McGraw-hill, Inc., 1965.

[106] 席酉民,等. 西方战略思想史战略与变革:管理思想大系[M]. 北京:中国人民大学出版社, 2009.

[107] 亚历山大·奥斯特瓦德. 商业模式新生代[M]. 王帅,等,译. 北京:机械工业出版社,2011.

[108] BADEN F C,Morgan M S. Business models as models[J]. Long Range Planning,2010,43:156-171.

[109] MORRIS M, et. The entrepreneur's business model: toward a unified perspective[J]. Journal of Business Research,2005,58(6):726-735.

[110] PORTER M E. Strategy and the internet[J]. Harvard Business Review,2001,79(3):62-78.

[111] HAMEL G. Leading the revolution [M]. Boston: Harvard Business School Press,2000.

[112] OSTERWALDER A, et. Clarifying business models: origins, present, and future of the concept[J]. Communications of AIS, 2005, 15(5): 751- 775.

[113] TEECE D. Business models,business strategy and innovation[J]. Long Range Planning, 2010, 43:172-194.

[114] YIP G S. Using strategy to change your business model[J]. Business Strategy Review,2004,15(2):17- 24.

[115] 郭天超. 商业模式与战略的关系[J]. 企业导报,2011(8):39-42.

[116] 罗伯特·S. 平狄克,丹尼尔·L. 鲁宾费尔德. 微观经济学[M]. 朱海洋,等,译. 北京:中国人民大学出版社,2006.

[117] 贝赞可,等. 战略经济学[M]. 詹正茂,等,译. 北京:中国人民大学出版社,2006.

[118] 罗杰·A. 麦凯恩. 战略分析与入门[M]. 原毅军,等,译. 北京:机械工业出版社,2006.

[119] 迈克尔·波特. 竞争论[M]. 高登第,等,译. 北京:中信出版社,2003.

[120] 梅尔达德·巴格海,等. 增长炼金术:企业启动和持续增长之秘诀[M]. 奚博铨,等,译. 北京:经济科学出版社,1999.

[121] 汪群. 战略是什么:一种历史视角的考察[J]. 理论学刊,2007(2):92-93.

[122] 王汝津,等. 什么是战略[J]. 生产力研究,2005(11):214-216.

[123] 卡波萨罗纳,等. 战略管理[M]. 王迎军,译. 北京:机械工业出版社,2004.

[124] 乔治·斯坦纳. 战略规划[M]. 李先柏,译. 北京:华夏出版社,2001.

[125] MILLER D. Confugurations of strategy and structure[J]. Strategic Management Journal, 1986,7(1):233- 250.

[126] 瞿燕舞,等. 战略导向的概念、先行因素及其绩效影响机制研究综述[J]. 管理学报,2009,6（3）:420-426.

[127] 倪义芳,等. 论企业战略管理思想的演变[J]. 经济管理,2001,（6）:4-11.

[128] W. 钱·金,勒妮·莫博涅. 蓝海战略[M]. 吉宓,译. 北京:商务印书馆,2005.

[129] 庄东,等. 战略形成的深思熟虑观和应急观[J]. 科技进步与对策,2003,（3）:92-94.

[130] 孙树杰. 战略规划流程与思考方法[J]. 企业研究,2004,（5）:14-17.

[131] 魏文培. 公司层面战略规划的过程分析[J]. 改革与战略,2009,25(1):67-69.

[132] 饶文军. 企业战略管理理论发展评述[J]. 商业时代,2009,（26）:51-52.

[133] 大卫·A. 艾克,等. 品牌领导[M]. 曾晶,译. 北京:新华出版社,2001.

[134] 温克勒. 快速建立品牌[M]. 赵怡,等,译. 北京:机械工业出版社,2000.

[135] 冯正虎. 论安索夫的战略管理模式[J]. 外国经济与管理,1988,（1）:16-19.

[136] 柳茂平. 战略本质与企业战略内在层次结构[J]. 南开商业评论,2003,（1）:31-43.

[137] 周三多,等. 管理学[M]. 上海:复旦大学出版社,2005.

[138] 马林,等. 六西格玛管理[M]. 北京:中国人民大学出版社,2004.

[139] 亨利·明茨伯格. 卓有成效的组织[M]. 魏青江,译. 北京:中国人民大学出版社,2013.

[140] 亨利·明茨伯格. 战略规划的兴衰[M]. 张猛,等,译. 北京:中国市场出版社,2010.

[141] 斯蒂芬·P. 罗宾斯. 管理学[M]. 孙健敏,等,译. 北京:中国人民大学出版社,2012.

[142] 罗伯特·雅各布斯,等. 运营管理[M]. 任建标,译. 北京:机械工业出版社,2011.

[143] 李文. 企业项目化管理实践[M]. 北京:机械工业出版社,2010.

[144] 汪克夷,等. 基于流程管理的组织再造研究[J]. 大连理工大学学报,2005,26(1):26-30.

[145] 西奥多·舒尔茨. 人力资本投资:教育和研究的作用[M]. 北京:商务印书馆,1990.

[146] 惠宁,等. 试论人力资本理论的形成及其发展[J]. 江西社会科学,2008,（3）:75-80.

[147] 房宏君,等. 国际人力资本研究的图谱可视化分析[J]. 科技管理研究,2010,（18）:147-151.

[148] 张虎,等. 智力资本与人力资本、无形资产的比较研究[J]. 现代管理科学,2006,（11）:84-85.

[149] 威廉·P. 安东尼,等. 人力资源管理:战略方法[M]. 赵玮,等,译. 北京:中信出版社,2004.

[150] 宋培林. 战略人力资源管理:理论梳理和观点评述[M]. 北京:中国经济出版社,2011.

[151] 李汉雄. 人力资源策略管理[M]. 广州:广东南方日报出版社,2002.

[152] 李瑾,等. 企业发生认识论:巨变时代企业成长与变革逻辑[M]. 北京:中国广播电视出版社,2014.

[153] 威廉·大内. Z理论[M]. 朱雁斌,译. 北京:机械工业出版社,2007.

[154] 黎建新. 品牌管理[M]. 北京:机械工业出版社,2011.

[155] 大卫·阿克. 管理品牌资产[M]. 奚卫华,等,译. 北京:机械工业出版社,2006.

[156] 宋旭琴,等. 品牌理论研究综述[J]. 商业时代,2006,（33）:32-33.

[157] 李耀. 国外品牌关系理论新探索[J]. 商业研究,2011,(415):34-39.

[158] 卢泰宏. 品牌资产评估的模型与方法[J]. 中山大学学报,2002,42(3):90-94.

[159] 菲利普·科特勒. 营销管理[M]. 梅清豪,译. 北京:中国人民大学出版社,2005.

[160] 徐爱军,等. 品牌管理中的品牌价值评估方法探讨[J]. 重庆工学院学报,2006,(7):84-87.

[161] AAKER D A. Managing Brand equity:capitalizing on the value of a brand name[M]. Simon & Schuster,1991.

[162] 谢春昌. 营销组合理论的回顾与展望[J]. 商业研究,2009,(3):6-9.

[163] 艾登伯格. 4R营销:颠覆4P的营销新论[M]. 文武,等,译. 北京:企业管理出版社,2003.

[164] 吴金明. 新经济时代的"4V"营销组合[J]. 中国工业经济,2001,(6):70-75.

[165] 杰克·特劳特,史蒂夫·里夫金. 重新定位[M]. 谢伟山,等,译. 北京:机械工业出版社,2011.

[166] 刁宇凡,周立军. 社会责任标准导论[M]. 北京:机械工业出版社,2012.

[167] 宋健. 企业内部审计职能定位研究[D]. 山西财经大学,2012.

[168] 易宏海. 管理审计在我国企业的应用研究[D]. 中南大学,2003.

[169] 冯英浚. 绩效审计与管理审计[J]. 哈尔滨工业大学学报,2006,8(3):78-82.

[170] 杜海燕. 企业伦理与社会责任[J]. 社会科学战线,2012,(6):273-274.

[171] 魏文川. 基于战略导向的企业伦理行为研究[J]. 商业时代,2010,(8):71-73.

[172] 龚天平. 管理伦理:进展与评论[J]. 长沙电力学院学报,2004,19(1):20-24.

[173] 王吉鹏. 公司政治与企业生态[J]. 企业管理,2013,(8):28-29.

[174] 多恩布什. 宏观经济学[M]. 范家骧,等,译. 北京:中国人民大学出版社,2000.

致　谢

　　本人最先是打算写关于战略及整合管理方面的书籍，2011年有幸参与了蓝泰致铭管理咨询有限公司董事长李瑾先生主持的《企业发生认识论：剧变时代企业成长与变革的逻辑》的编写后，触发了本人先写作这本书的念头。李瑾董事长深邃的管理思想以及黄观祯老师严谨的写作态度深深地影响和启发着本人的创作。在此，对他们表示深深的感谢。

　　本书特别感谢伊查克·爱迪思、亨利·明茨伯格和彼得·德鲁克，他们的作品对本书的形成起到了重要启发作用。同时也感谢本书中所提到的所有作品的作者，本书不同程度借鉴和引用了他们的成果。

　　本人同时也感谢美国西雅图城市大学营销学教授玛瑞拉·C.雷蒙德（Mariella Remund）博士及美林银行管理委员会金融服务专家马艳教授给予的鼓励及支持。他们不仅亲授管理学方面的知识，而且为自己后期的研究给予了无私的帮助。对于他们曾经给以的帮助，将终生难忘。

　　最后，本人感谢家人的理解与支持，感谢身边朋友们的鼓励与帮助，感谢编辑的精心编排与指导！

王树毅

2015年7月

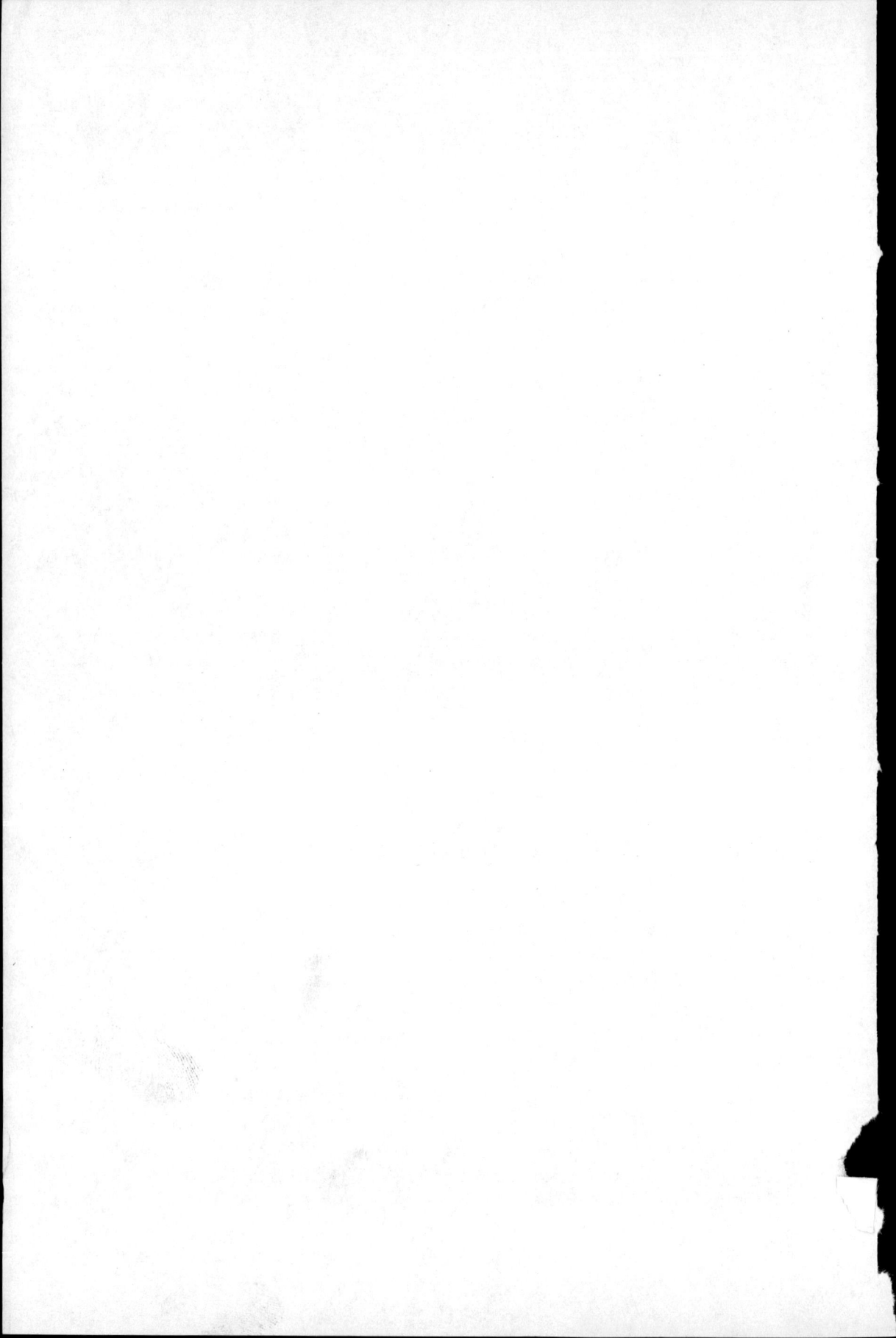